古代歷史文化 研究輯刊

三編

王明蓀 主編

第 5 冊

漢初的政治局勢論析

林岳樞 著

國家圖書館出版品預行編目資料

漢初的政治局勢論析／林岳樞 著 — 初版 — 台北縣永和市：
花木蘭文化出版社，2010〔民 99〕
目 2+206 面；19×26 公分
（古代歷史文化研究輯刊 三編：第 5 冊）
ISBN：978-986-254-090-9（精裝）
1. 西漢史　2. 中國政治制度
622.1　　　　　　　　　　　　　　　　　99001236

ISBN - 978-986-2540-90-9

9 789862 540909

古代歷史文化研究輯刊
三　編　第　五　冊　　　　　　　ISBN：978-986-254-090-9

漢初的政治局勢論析

作　　者　林岳樞
主　　編　王明蓀
總 編 輯　杜潔祥
出　　版　花木蘭文化出版社
發 行 所　花木蘭文化出版社
發 行 人　高小娟
聯絡地址　台北縣永和市中正路五九五號七樓之三
　　　　　電話：02-2923-1455／傳真：02-2923-1452
網　　址　http://www.huamulan.tw 信箱 sut81518@ms59.hinet.net
印　　刷　普羅文化出版廣告事業
初　　版　2010 年 3 月
定　　價　三編 30 冊（精裝）新台幣 46,000 元

漢初的政治局勢論析

林岳樞　著

作者簡介

林岳樞，男，民國 73 年 2 月 7 日生，民國 95 年 6 月畢業於中國文化大學史學系，獲文學學士學位；民國 98 年 6 月畢業於中國文化大學史學系碩士班，獲文學碩士學位。民國 95 年至 98 年間由陳文豪副教授指導學位論文，研究方向為漢代前期政治史，題目為《漢初的政治局勢論析》，此文結合傳統文獻、出土史料與前人時賢的研究，重新對漢初外戚（諸呂）、諸侯王、功臣作進一步探討，冀求對漢代初年的政治局勢有新的了解。

提　要

　　本文以漢初的政治局勢為題，是因為漢初政局的發展對漢朝日後的發展有密切關係。漢武帝能夠北伐匈奴、征西南夷，將漢朝國勢推向鼎盛，其基礎就是皇權的穩固，亦即中央集權。但這與漢初的情勢不同，漢初的皇權較不穩固，除了中央有外戚與功臣間的分歧，地方上更有同姓諸侯王與之分權，因此對漢初政治的研究，如同了解漢朝皇權的發展。

　　關於漢初的政治，有些問題因文獻史料的侷限，無法進一步的探討，如從《史記》、《漢書》可以了解漢初中央與地方間有對立的情況，但詳情卻無法了解，而漢中央怎麼防範諸侯王，其細節也無從得知。張家山漢簡《二年律令》的出土，除了對上述問題能夠有所探討外，對於外戚呂氏政治地位以及二十等爵制下，功臣們所享有的權利與地位，也有新的了解。所以本文以傳世文獻為主，張家山漢簡《二年律令》為輔，來重新討論漢初的政治局勢。

　　本文內容架構，分為四個部分，首先第一個部分為漢初的局勢及其國策，第二部分是外戚呂氏，第三部分是諸侯王，最後為軍功功臣。

　　漢初的局勢及其國策，主要以高祖劉邦初年，從異姓諸侯王到同姓諸侯王的變化，所導致的「支強幹弱」、「關東與關中分立」局勢做為切入點。並且探討統治者採用黃老無為治術與法家治術對於漢初政治的影響。

　　關於外戚呂氏的部分，在張家山漢簡《二年律令》中有突顯諸呂政治地位的資料，一為諸呂刑罰減免適用範圍等同皇室的問題；二為在禁馬出關令中特許呂后、魯王張偃得買馬的問題。關於諸呂政治發展的侷限，大致有三個原因，一為無後繼領袖，二為空間小，三為時間短。而諸呂的滅亡除了上述的原因外，其主因為劉姓諸侯王與功臣的聯手的政變，其中的關鍵是諸侯王。從《史記》、《漢書》中發現外戚呂氏被定位為危害漢朝的人，在後漢仍是如此，且其地位不亞於王莽，雖然在諸呂事件後，外戚的鋒芒減弱，但到武帝以後外戚鋒芒再現，以一種新的型態掌權，最後成為有心人篡位之資。因此漢朝皇帝雖以諸呂為戒，但其效果卻不是很好。

　　漢初的諸侯王擁有政治、經濟、軍事上的權力，與漢中央處於相對半獨立狀態，且其封域大，大者數郡，小者二郡。因此諸侯王對漢中央是一種威脅。可是諸侯王與中央仍然有羈絆，即為「法律」上的關係。而從法律關係來看，文帝以後的「漢法非立」、「漢令不行」的問題，主要是指諸侯王僭越的問題，但此一問題並非文帝以後才出現，應該在漢初就已經存在，為何文帝以後才出現此種論調，因為之前皇權並非穩固，加上諸侯王勢力龐大，暫時無暇顧及。文帝以後，中央沒有分歧，可以一致對外，且諸呂事件時諸侯王的威脅性已經浮出檯面，到了必須處理的地步。漢初中央對於諸侯王也並非完全沒有防範，在張家山漢簡《二年律令》中就有許多防範與限制諸侯王的法令。但是這樣的方式是消極的，對於諸侯王權力過大，封域太廣沒有影響。文帝以後，漢朝對於諸侯王的政策有了改變，就是從原先的消極政策轉為積極政策，即是將諸侯王的權力漸次收回，並使其封域縮小。至武帝時期諸侯王問題就大致解決，從此諸侯王成為與富家無異，只能衣食租稅，對漢朝無法產生威脅。

漢初的軍功功臣，他們所得到的地位與利益，是從二十等爵制而來，其中最大的利益是依爵位高低授與土地、宅地，在張家山漢簡《二年律令‧戶律》中，可以看到詳細的規定。爵制是一種身分的象徵，也是一種人民與國家產生關係的一種途徑，其所帶來的利益與權利不只是土地，還有用爵來減刑贖罪，更可依爵位高低獲得不同數量的食物、衣服、金錢等，還有減免服勞役年限。可是漢朝給予軍功功臣的權利與利益，也非永遠。從《二年律令‧置後律》來看，漢初軍功功臣可分為侯爵與非侯爵兩大類。其中非侯爵占大多數，這些人經由《置後律》的規定，經過一至五代後就成為無爵者，不再享有任何特權。只有侯爵者(列侯與關內侯)的嫡長子，可以繼續保有原爵，一直享有特權。此為顯示出侯爵者與非侯爵者政治地位不同的一個面向。且結合《史記》、《漢書》與《二年律令》的資料來看，漢初到文帝有賜爵制的改變，此改變將造成《二年律令》中有關軍功功臣的特權遭到修改，甚至廢止。非侯爵者的沒落是從法令可以預見，而文帝以後爵制的改變，使爵制有了新的意義，即國家統治權的強化。侯爵者的沒落，依《漢書‧高惠高后文功臣表》來看，主要是犯罪、絕後而失爵，至武帝時已所剩無幾。文帝時，列侯政治漸漸瓦解，文帝打擊周勃一事就是例子。景武以後漢朝中央的集權達鼎盛，諸侯王問題也解決，漢朝皇權達至最高點。

　　本文結合傳統文獻與前人時賢的研究成果，再配合張家山漢簡《二年律令》的相關資料進行討論，對於漢初的政治局勢的研究，基本上得出上述的看法與見解。

目

次

第一章 緒 論

第一節 研究動機、範圍與方法

一、研究動機

秦二世元年（西元前 209 年）九月，漢高祖劉邦於沛縣起義，殺縣令自稱沛公，走上反秦道路，約兩年時間，劉邦入武關，至霸上，秦王子嬰投降，[註1] 後來項羽殺秦王子嬰，秦亡。秦滅亡後，項羽大封諸王，自稱西楚霸王，漢元年（西元前 206 年）八月，劉邦反攻三秦，此後與項羽展開約三年半的戰爭，[註2] 史稱「楚漢相爭」，最後漢高祖劉邦得到勝利，建立漢朝。

不過剛剛建立的漢朝，並非相當穩固，在政治上仍存在許多問題，如外戚問題、漢中央與諸侯王的對立、功臣掌握中央朝政等等。而這些問題主要涉及漢初三大政治群體，即外戚呂氏、諸侯王、軍功功臣。這三大政治群體，或互相鬥爭，如諸呂與諸侯王、軍功功臣間的爭權奪利，造成「諸呂事件」；或與中央的皇權進行對抗，即漢中央與諸侯王的對立；或掌控中央政權，即

[註1] 司馬遷，《史記》，（標點本，台北：鼎文書局，民國 91 年 12 月第 13 版），卷八，〈高祖本紀第八〉，頁 362 云：「漢元年（西元前 206 年）十月，沛公兵遂先諸侯至霸上。秦王子嬰素車白馬，係頸以組，封皇帝璽符節，降於軹道旁。」

[註2] 「楚漢相爭」的實際時間，據《史記》，卷十六，〈秦楚之際月表第四〉計算，從漢元年（西元前 206 年）八月劉邦反攻三秦，到漢五年（西元前 202 年）十二月項羽身亡，共為三年五個月的時間。因為漢初以十月為歲首，所以戰爭的時間，第一年僅二個月，第五年僅三個月，加上漢二年到四年整整三年時間，總數為三年又五個月。

軍功功臣中的列侯，形成「列侯政治」，〔註3〕但其對於政治局勢有所影響，亦有貢獻。雖然這些相關問題已有學者進行研究，但有些問題因史料缺乏，無法進一步討論，如漢初中央與諸侯王有衝突的形勢，二者間如何對立以及漢中央如何防範諸侯王，無詳細紀錄。

　　近年出土的張家山漢簡《二年律令》，為本文研究漢初三大政治群體提供新的資料與觀點，如關於外戚呂氏的政治地位的新資料、漢中央防範諸侯王的相關法律規定以及漢中央對諸侯王政策的改變、爵制改變對於軍功功臣的影響等等為本文主要的研究目的。藉此結合傳世文獻與時賢研究成果，重新分析外戚呂氏、諸侯王、軍功功臣的興衰以及漢朝初年政治局勢有何變化、發展、影響。

二、研究範圍

　　自秦始皇建立統一的中央集權王朝，〔註4〕此後「中央集權」、「君尊臣卑」就成為往後各個朝代，每位帝王追求的目標，余英時云：

> 「尊君」論包括積極與消極方面的內容。在積極方面，君主必須把一切最高的權力掌握在自己的手上，不能容許有大權旁落、君弱臣強的情況發生。在消極的方面，君主必須出乎一切批評之上，君主縱有過失，也要由臣下來承擔責任。所以在實踐「尊君」必歸於「卑臣」。臣愈卑則君愈尊，而且非卑臣亦無以見君之尊。〔註5〕

所以中央集權與君尊臣卑不可分離，因為君尊才能夠集權中央。但是秦朝國

〔註3〕　芮和蒸，〈論呂后專政與諸呂事件〉，《國立政治大學學報》，第20期，頁245，云：「至言此一『諸呂事件』對實際政治所發生之衝激作用，則尤為強烈，不僅使周勃、陳平輩成為當時支配漢廷政局之強有力之領袖人物，而且強化漢初軍功臣執政之『列侯政治』之特殊態勢。」廖伯源，〈試論西漢時期列侯與政治關係〉，《新亞學報》，第14卷，頁123，云：「漢初功臣列侯集團……他們在高祖、惠帝、高后時及文帝之初年為領兵將領，政府官吏之主要人選，百餘人聚居京師，外派者則為郡國守相。同功一體，利益與共，可謂漢初勢力強大的政治集團。」

〔註4〕　徐復觀，〈漢代專制政治下的封建問題〉，《兩漢思想史〔第一卷〕》（上海：華東師範大學出版社，2001年12月第1版），頁120，云：「一人專制政治，是秦國長期法家思想培育之下所形成。」中央集權為一人專制政治的表現形態。

〔註5〕　余英時，〈反智論與中國政治的傳統——論儒、道、法三家政治思想的分野與匯流〉，收錄於《歷史與思想》，（台北：聯經出版公司，2001年11月初版第22刷），頁27。

祚短暫，僅十五年而滅亡，其中央集權制度尚未完善、鞏固。漢朝繼之建立，但在走向中央集權的道路上，仍遇上種種的問題，如外戚、諸侯王、軍功功臣，因此當漢朝中央一一解決這些政治群體之間的角力鬥爭或壟斷政權的問題之後，漢朝的中央集權也大致鞏固。

所以本文所研究的主要範圍就是漢初政治局勢中，有關於上述漢初的三大政治群體——即外戚、諸侯王、軍功功臣。而在研究漢初三大政治群體，須先將漢初的立國形勢與治國方針策略加以敘述、討論，以瞭解漢初的政治局勢的背景以及這樣的立國形勢與治國方針對於漢初政治有何影響。

對於「漢初」這個時間點作界定，本文將漢初的範圍基本上是定爲高祖五年（西元前 202 年）到武帝元鼎五年（西元前 112 年），總共 91 年的時間，當然這只是大致的分界。

將上限定在高祖五年（西元前 202 年），爲漢朝正式統一天下，其「支強幹弱」與「關中、關東對立情勢」就是從此時開始確定下來，因爲高祖五年（西元前 202 年）確定所有異姓諸侯王封國，高祖六年（西元前 201 年）開始進行以同姓諸侯王取代異姓諸侯王的政策；下限定於武帝元鼎五年（西元前 112 年），因爲這年武帝利用酎金律讓約一百餘名列侯，失去其列侯爵位，而其針對的對象是王子侯，此爲漢朝中央打擊諸侯王政策的尾聲，之後便無較大規模的打壓諸侯王政策的出現，多依循文、景、武以來的策略。加上文帝以後軍功功臣多已死亡，其子孫也多因自身不肖而失去侯位，武帝時軍功列侯已經剩下個位數，「列侯政治」至此消失，所以以此年爲下限。

但是有時因爲討論問題的需要會超出此下限，在此提出說明。如第三章討論外戚呂氏的問題中，爲了論述諸呂事件對於漢朝人的影響，將運用到後漢光武帝時期的詔文予以呼應，這是爲了反映其影響而超出本文對於漢初界定的基本範圍。

三、研究方法

本文運用二重證據法，[註6] 以傳統文獻結合出土的簡牘文獻，尤其以張

〔註6〕 王國維，〈古史新證〉，《國學月報》（述學社），第 2 卷 8、9、10 號合刊（《王靜安先生專號》），民國 16 年 10 月，頁 404，云：「吾輩生於今日，幸於紙上材料外，更得地下之新材料。由此種材料，我輩固得據以補正紙上之材料，亦證明古書之某部分全爲實錄，即百家不雅訓之言，亦不無表示一面之事實。此二重證據法，惟在今日使得爲之，雖古書之未得證者，不能加以否定，

家山漢簡《二年律令》與漢初政治有關之材料，輔以張家山漢簡《奏讞書》中相關材料，透過整理、歸納與分析，並參照相關的前人時賢研究成果，對漢初的政治局勢作一全面的探討與研究。

同時整理《二年律令》中有關諸侯王的法律規定，加以分類，並進行分析與討論。以了解漢初中央與諸侯王之間的對立情況與漢朝中央如何防範諸侯王，讓漢初建國到文、景、武時期對諸侯王政策的相關變化，有一個清晰的脈絡，以還原傳統文獻失載的部分。且爲了更進一步了解漢初諸侯王的情況，本文還參考有關漢初諸侯王陵墓的考古資料，例如：河北滿城漢墓、江蘇徐州北洞山漢墓、江蘇徐州獅子山漢墓等相關考古報告，從墓葬方面來探討漢初諸侯王的權勢。

最後，對於相關問題的分析與討論，有時將以量化統計的方式進行，如爲瞭解軍功功臣中列侯的沒落原因與時間，本文利用《史記・高祖功臣侯者年表》、《史記・惠景間侯者年表》與《漢書・高惠高后文功臣表》進行統計，以作爲進一步討論的基礎。

第二節 漢初政治研究回顧

學界研究漢初的政治，對於外戚呂氏、諸侯王、軍功功臣等三大政治群體已有相當的注意，並以之作爲研究對象。在此先回顧前人的研究，以作爲本文研究「漢初的政治局勢」的基礎與啓發，以下分爲綜合性研究、外戚呂氏、諸侯王、軍功功臣，四個部分予以回顧。

一、綜合性的研究回顧

將外戚呂氏、劉姓諸侯王、軍功功臣三者綜合起來討論，以陳玉屏的《西漢前期的政壇》爲代表，其認爲漢初君權衰弱，因此皇帝在統治集團內部的抑制力量和調節能力是不足的，所以造成各權勢集團，即外戚、宗室（諸侯王）、功臣得以公開表現自我的意志和爭權奪利。由於漢初有多個勢力集團並立，各權力集團在爭權上有不斷選擇、調整結盟的對象。

首先，外戚呂氏因呂后有心扶植下，成爲功臣與宗室打擊的對象，所以呂后一死，功臣與宗室聯手鏟除諸呂，原因即諸呂嚴重侵奪功臣與宗室的權力。

而其已得證明者，不得不加以肯定，可斷言也。」

外戚呂氏被消滅後，身爲宗室的劉姓諸侯王，因本身在其王國中擁有政治、經濟、軍事上的權力，處於半獨立狀態，隨時間的推移，宗室諸侯王，從中央的藩輔轉變爲中央的敵人，即專制體制與分封諸侯王是對立的，文、景以後，開始對諸侯王勢力過大問題進行抑制，最重要是景帝奪取諸侯王的治民權。武帝時以「推恩眾建」、「左官律」、「附益之法」給予諸侯王最後一擊。

功臣集團則相當的制約了皇權，功臣的目的是要長期壟斷政柄，達到與皇帝的「共和政治」，但漢初自劉邦開始就有心想抑制功臣集團，如劉邦分封諸侯王、文帝令列侯之國、景帝打壓條侯周亞夫等，至景帝時功臣集團勢力已經大大萎縮，武帝再用酎金律對付王子侯與功臣列侯，加上平民、儒生的進入統治集團中，都衝擊功臣集團的勢力，功臣集團最後走向衰弱。〔註7〕

二、外戚呂氏的研究回顧

漢朝開國不久，就出現女主當政的情況，即惠帝的七年和呂后臨朝稱制的八年，共約十五年間，這是個值得重視的問題。前人研究呂后時期的政治局勢多聚焦在「諸呂氏否欲爲亂」的問題上，關於此問題有正反兩面的極端看法。清人中，持肯定看法的以王鳴盛爲著稱，持否定看法的以郭嵩燾爲代表。〔註8〕

近人受到上述兩位的影響，仍不斷對這問題進行研究，而以主張諸呂不欲爲亂的人較多，如有呂思勉、傅樂成、芮和蒸、廖伯源等。呂思勉認爲「漢世所傳后事，悉非實錄」，若諸呂欲亂關中，呂祿要謀反，豈能將兵權授與他人，呂產豈會徒手入未央宮。〔註9〕傅樂成對於《史記》的記載提出懷疑與分析，總結出呂產並非欲爲亂，而是「欲上朝」、「欲辦公」，就糊里糊塗的成爲政治鬥爭的犧牲品。〔註10〕芮和蒸則認爲關於「諸呂事件」的歷史記載，語

〔註7〕 陳玉屏，《西漢前期的政壇》，（成都：成都出版社，1996年1月第1版），239頁。

〔註8〕 王鳴盛，《十七史商榷》，（上海：上海書店出版社，2005年12月第1版），卷五，史記五，〈灌嬰於平諸呂爲有功〉條，頁34~35。郭嵩燾，《史記札記》，（台北：樂天出版社，民國60年3月），頁76，云：「產、祿庸才，并所將兵亦解以屬之太尉，是豈欲爲亂者？史公以周勃除誅呂，特重呂氏之罪，以疑似被之名耳。」

〔註9〕 呂思勉，《秦漢史》，（台北：台灣開明書店，民國56年1月第1版），頁70。

〔註10〕 傅樂成，〈西漢的幾個政治集團〉，《漢唐史論集》，（台北：聯經出版公司，民

爲不詳，又諸呂子弟才能平庸，還有呂嬃、賈壽等言論，總結諸呂欲爲亂是欲加之罪，何患無辭。〔註11〕廖伯源以諸呂若欲爲亂，豈能將兵權受與他人，認爲此事爲子虛烏有。〔註12〕傅樂成等皆將「諸呂事件」視爲一場政治上的權力鬥爭，爲外戚呂氏與劉姓諸侯王、功臣間的鬥爭，而諸呂子弟則爲這場鬥爭的犧牲品。

之後，鄭曉時以《史記》爲主要資料重新分析，指出持肯定與否定的兩派，分別是受到司馬遷的「明文」和「隱文」，各偏一方說詞而來的。提出以「明文」爲依據者認爲諸呂欲爲亂，是罪有應得；以「隱文」爲證據者則指責功臣進行政變，除掉諸呂，以保護自身權力，皆有失偏頗。鄭氏認爲呂產雖盡其責任欲請兵止亂，此即爲「欲爲亂於天下」，將造成劉、呂的內戰；功臣們阻止了一場內戰，保護了剛建立不久的漢朝，才是「諸呂事件」真相。〔註13〕鄭氏的研究提供對此問題新的思考方向。

本文認爲諸呂欲爲亂是子虛烏有，但事實則應當是功臣、劉姓諸侯王對外戚諸呂進行的一場政變，因爲當時的少帝是漢朝皇帝，諸侯王起兵便爲謀反，與其合作的功臣當然也是謀反。若功臣真心要安劉，平息內戰，何必一定要殺少帝及惠帝子嗣？其防範遭報復之心昭然若揭，不能因其平息內戰，就抹殺功臣參予政變之事實。

另外，因爲《史紀》、《漢書》對於惠帝的紀錄相當少，而惠帝在位七年是否真「日飲爲淫樂，不聽政」，〔註14〕鄭曉時對此問題作出分析，認爲惠帝其實是個善良正直，勤政愛民，有主見肯聽諫，是一個具有守成之主條件的皇帝，並與其母呂后相爭，堅決行使皇權，對抗呂后的侵權。總結出呂后「在惠帝主政期間具有壓倒性的影響力，形成令出二門、『兩主』相抗的局面，她在親政時期則具有絕對皇權。」〔註15〕此道出呂后時期的政治情況，即劉氏皇權遭到侵奪。

國66年9月初版），頁3～9。

〔註11〕 芮和蒸，〈論呂后專政與諸呂事件〉，《國立政治大學學報》，第20期，頁240～248。

〔註12〕 廖伯源，〈試論西漢時期列侯與政治之關係〉，《新亞學報》，第14卷，1984年8月，頁133。

〔註13〕 鄭曉時，〈漢初「誅呂安劉」政變的過程與歷史意義〉，《臺灣政治學刊》，2004年第8卷第2期，頁226～233。

〔註14〕 《史記》，卷九，〈呂太后本紀第九〉，頁397。

〔註15〕 鄭曉時，〈漢惠帝新論〉，《中國史研究》，2005年第3期，頁33。

三、諸侯王的研究回顧

　　漢初諸侯王，有從異姓諸侯王到同姓諸侯王的演變過程，劉邦分封異姓諸侯王乃出於形勢所迫，所以異姓諸侯王幾乎被劉邦剷除，只剩長沙王吳芮，改封同姓諸侯王為漢中央的藩輔。但因諸侯王權力始終過大，漢中央於文帝開始著手施行抑制諸侯王政策，終於景帝時爆發七國之亂，七國之亂後，漢中央繼續推行打壓諸侯王的政策，最後諸侯王僅「衣食租稅」而已。

　　柳春藩在《秦漢封國食邑賜爵制》一書中，有系統討論秦漢時代王國、侯國的分封，封君與關內侯，及二十等賜爵制。王國、侯國分封，是賜爵，有封國、食邑。封君、關內侯，也是賜爵，食邑，最大不同為無封國。二十等賜爵制，將列侯、關內侯除外，則僅是賜爵，無食邑、封國。關於諸侯王的部分，柳春藩此書著重補強前漢諸侯王的經濟特權，其研究對於秦漢時代，尤其是漢代的分封制度能有更進一步的了解，諸侯王經濟特權分為公稅賦、私奉養，公稅賦為田租、人頭稅，私奉養為山川池澤稅收及鹽、鐵之利，經濟上的力量是諸侯王與中央對抗的支柱。〔註16〕

　　董平均在《西漢分封制度研究——西漢諸侯王的隆替興衰考略》總結諸侯王的興衰過程云：

> 漢政府對待諸侯王的政策是利用、限制和打擊，隨著皇帝權力不斷增強，漢政府對諸侯王的抑制政策也開始加大。由於雙方力量的此消彼長，王國由此經歷強盛、到中弱和衰微的歷史過程，二者相互制約，又相互促進，對西漢王朝的治亂興衰產生深刻的影響，所以全面揭示西漢諸侯王國的歷史演變過程，對於我們正確把握西漢歷史發展規律是非常有益的。〔註17〕

董平均於此書中提出一些新穎的意見，如同姓諸侯王國是在異姓王國基礎上的改造，即劉邦為順應新的歷史條件，對秦末漢初的封國制度加以改造，其遠端可上溯到秦代王綰等「請立諸子為王」的議論，近端源於田肯的建言。〔註18〕劉邦為何要大封同姓子弟為王，董氏從古代中國各地經濟、文化上有所不同來解釋，是一種新的角度，他認為劉邦的分封同姓諸侯王，是一種政治經濟體制

〔註16〕柳春藩，《秦漢封國食邑賜爵制》，（瀋陽：遼寧人民出版社，1984年12月第1版），頁33～107。
〔註17〕董平均，《西漢分封制度研究——西漢諸侯王的隆替興衰考略》，（蘭州：甘肅人民出版社，2003年11月第1版），頁232。
〔註18〕同前注，引書，頁93。

的改革，有其獨道的見解。〔註19〕在諸侯王「獻費」問題，其提出獻費應爲諸侯王、列侯、地方長官覲見皇帝時進獻的禮物，最初沒有固定的標準，漢高祖十一年（西元前 196 年）後規定每人每年六十三錢，於十月進獻，文帝時曾一度取消。〔註20〕

傅樂治〈西漢七國之亂的分析〉一文，將景帝時的七國之亂作爲研究對象，將七國之亂的前因、經過、結果作系統分析。傅氏從文帝眾建諸侯的析藩開始討論，認爲此舉爲景帝鋪路，讓景帝能夠較輕易的平亂。七國之亂遠因在於文帝時，吳王劉濞太子被時爲太子的景帝所殺，心生不滿；近因則爲晁錯的「削藩政策」，引起吳、楚等國聯手反叛。梁國在此亂中，爲抵擋吳、楚叛軍的中流砥柱，傅氏提出梁孝王爲何而戰，因爲梁孝王劉武爲景帝之弟而站在同一戰線；另一方面，梁孝王有私心，爲本身利益而戰，因爲景帝未立太子，梁孝王自認爲有機會繼承皇位，所以當然要捍衛成爲威脅的吳、楚叛軍。傅氏以爲七國之亂，吳、楚等叛軍的失敗，是諸侯王的態度並非一致，且被脅迫者大有人在，因此戰力不集中，加上吳王戰略錯誤、不聽勸諫爲主要原因。七國之亂平定後，漢朝中央集權大勢已定，諸侯王割據局面告終。〔註21〕

何爲義於〈也評吳楚七國之亂〉一文，認爲吳王劉濞謀反之心已久，非中央削藩而激變。而漢中央分封同姓諸侯王是以其爲藩輔，但因其權力過大而胡作非爲，爲穩固漢中央政權，解除同姓諸侯王的「內憂」是必要的。七國之亂是諸侯王對於最高統治權的爭奪，七國之亂平定之後，漢朝中央集權因此得到鞏固。〔註22〕

高建立、劉大倫在〈西漢梁國與七國之亂的平定〉一文，認爲七國之亂之所以能快速平定，主要是有梁國擋住吳楚叛軍，使漢軍在戰略上能掌握大局，此論傅樂治已經提出。其文在分析梁國爲何能擋住叛軍的原因，是梁國疆域遼闊，國力雄厚及漢中央用人得當，梁王劉武盡忠職守。〔註23〕

張福運在〈西漢吳楚七國之亂原因辨析〉一文，認爲吳楚反叛並非蓄意，

〔註19〕同前注，引書，頁 45。

〔註20〕同前注，引書，頁 214。

〔註21〕傅樂治，〈西漢七國之亂的分析〉，《中國史新論》，（台北：台灣學生書局，民國 74 年初版），頁 159～195。

〔註22〕何爲義，〈也評吳楚七國之亂〉，《遼東大學學報》，1997 年第 2 期，頁 99～102。

〔註23〕高建立、劉大倫，〈西漢梁國與七國之亂的平定〉，《南都學壇》（哲學社會科學版），1998 年第 18 卷第 1 期，頁 12～13。

而是遭漢景帝、鼂錯的「削藩」政策太過激烈。在逼迫下因而造反，這是七國之亂的主因。〔註24〕張福建觀點與何為義有所不同。

四、軍功功臣的研究回顧

漢初軍功功臣，就是替漢高祖劉邦打天下的人，劉邦也依照二十等爵制賜與其相應的爵位，功勞最大者封為列侯，其他依大小功勞賜與關內侯至公士爵位。前人研究多著重在軍功功臣中的「列侯政治」及軍功功臣形成的基礎「二十等爵制」上。

著重於軍功功臣中的「列侯政治」研究的有廖伯源的〈試論西漢時期列侯與政治之關係〉一文，認為他們既是在高祖到文帝初年的領兵將領，也是政府官吏的主要人選，內則群聚於京師，外則為王國相郡太守，同功一體，利害與共，為漢初勢力強大的政治集團。〔註25〕

廖氏認為劉邦分封列侯為其安撫功臣集團的策略，令其發揮安定國家的力量與繼續效忠漢朝。功臣列侯經惠帝、呂后、文帝時期漸漸走向衰弱，尤其是文帝時的「令列侯之國」措施，為功臣列侯力量瓦解的主要原因。〔註26〕漢初有非侯不相的政治傳統，廖氏認為為丞相若非列侯，就於拜相時封為列侯。而文帝時，申屠嘉拜相即是由關內侯封為列侯開始，但申屠嘉仍為功臣的一員，在此之前皆為功臣列侯拜相。之後景武之世，仍多由功臣列侯子孫繼位列侯者為丞相，直到武帝時，公孫弘拜相才封侯，才打破此政治傳統。〔註27〕

李開元研究列侯政治從劉邦集團下手，他將這一集團命名為「軍功受益階層」，並分析其內部結構與興衰過程。其將軍功受益階層細分為核心中的核心的豐沛元從集團、核心的碭泗楚人集團，中堅的秦人集團，外圍的多國合縱集團。四個集團呈現同心圓狀、同心圓錐柱體的形態。李氏再從高祖到武帝時，漢中央任職三公九卿，地方上擔任王國相、郡太守的人加以統計，得出結論：漢初軍功受益階層從高祖五年左右出現到武帝末年消失，存在一世紀左右。自高帝到文帝末年近五十年間，軍功受益階層支配漢朝政權。漢初軍功受益階層之勢力，隨時間推移而逐漸衰退。其衰退，大致是一種由下而上的漸進方式，即先

〔註24〕張福運，〈西漢吳楚七國之亂辨析〉，《人文雜誌》，2003 年第 5 期，頁 121～125。

〔註25〕廖伯源，〈試論西漢時期列侯與政治之關係〉，《新亞學報》，第 14 卷，頁 123。

〔註26〕同前注，引書，頁 140。

〔註27〕同前注，引書，頁 142。

由下層政權的喪失，如縣級政權，漸漸波及上層政權。〔註28〕

研究軍功功臣形成的基礎「二十等爵制」的有廖伯源的〈漢代爵位制度試釋〉、西嶋定生的《中國古代帝國的形成與結構——二十等爵制研究》、朱紹侯的《軍功爵制研究》。

廖伯源的〈漢代爵位制度試釋〉一文分上、下兩篇，上篇專論列侯；下篇分論關內侯與大庶長以下十八等爵。

廖氏認為列侯的受封資格不外乎軍功和身分，即功臣、王子、恩澤。侯國封法先以戶口數劃定侯國疆域，之後侯國疆域內的戶口增長歸列侯所有，後漢封侯則直接以戶數為限。前漢列侯一等，後漢五等，列侯為爵位，唯天子可以封賜，列侯只隸屬中央政府，列侯向天子朝晉、朝貢，即是證明。漢初侯國屬於郡，亦有屬於王國，文景之世，只屬於郡，後漢的侯國則屬於郡，或屬於王國皆可。列侯在漢代為貴族階級，列侯本身為爵位，無行政職責，但因其身分尊貴，且漢初列侯多高祖功臣，在中央政府有強大勢力，自成一集團，所以漢初自高帝以下諸帝，皆尊重列侯，列侯得以參政。武帝以後列侯幾乎完全失去政治勢力，但列侯參與朝議及選舉的政治傳統則不完全遭廢除。〔註29〕

廖氏又認為關內侯絕不只是封食邑於關中，而關內侯的食邑是有特殊原因者才能擁有，是特殊情況，前漢關內侯食邑者限戶食租，在後漢為計斛為食，關內侯不另立國。第十八爵大庶長以下有特殊原因一樣能食邑，甚至無爵者也可食邑，爵位是身分等級制度，食邑為經濟利益，從天子到平民皆可享有，與爵位無關。漢代規定賜民爵不得超過公乘，但爵要到五大夫才能免除徭役，只有買爵時不限不得過公乘。〔註30〕

西嶋定生的《中國古代帝國的形成與結構——二十等爵制研究》一書，主要是二十等爵所形成漢朝的統治結構的研究，即由將每個編戶良民拉進爵制秩序中，形成國家秩序，再由國家秩序形成皇帝支配結構的公權力。〔註31〕爵制本身有如此重要的作用，值得注意。

〔註28〕 李開元，《漢帝國的建立與劉邦集團——軍功受益階層研究》，（北京：生活・讀書・新知三聯書店，2003 年 3 月第 1 版）。

〔註29〕 見廖伯源，〈漢代爵位制度試釋（上篇）〉，《新亞學報》第 10 卷第 1 期（下），頁 93～184。

〔註30〕 見廖伯源，〈漢代爵位制度試釋（下篇）〉，《新亞學報》第 12 卷，頁 183～242。

〔註31〕 西嶋定生著，武尚清譯，《中國古代帝國的形成與結構——二十等爵制研究》，（北京：中華書局，2004 年 10 月第 1 版）。

　　朱紹侯的《軍功爵制研究》分為兩部分，第一部分是軍功爵制從產生到衰亡的過程。第二部分是一些專題研究，如軍功爵制與土地制度的關係，軍功爵制在前漢的變化、關內侯在漢代爵制中的地位等等。名田制是軍功爵制的經濟基礎，但名田（占田）只是土地長期占有制，非土地私有制。軍功爵在前漢的變化，因其承襲秦代爵制，有三大改變：一為民爵、吏爵有嚴格的界限，二為改變無功不封原則，三為軍功封爵轉嚴。朱氏認為關內侯非貴族爵，而是官爵的第一位，是其他官爵無法比擬的，但比起諸侯王、列侯等貴族爵，身分地位仍有差別。〔註32〕

　　柳春藩在《秦漢封國食邑賜爵制》中關於軍功功臣的部分，討論前漢列侯的分封情況演變和經濟特權；漢代封君和關內侯的食邑；漢代封國食邑的性質；後漢時期的封國食邑制度等問題。列侯地稅收入，以二千戶者列侯為例，其地稅收入比擁有一百頃土地的地主還要多，另外侯有俸祿、私田，所以列侯的財富相當多。列侯的分封特權，自文、景、武以後不斷遭侵奪，即王子侯、恩澤侯出現，其數量也越來越多。關內侯基本上都有食邑，食邑非特殊情況。二十等賜爵制的高爵有不斷往上的趨勢，從高祖時的七（公）大夫、公乘，惠帝時提高到五大夫，才能享有免役權，文帝時成定制。〔註33〕

　　董平均在《出土秦律漢律封君食邑制度》一書，也討論賜爵制度的變化，其利用《奏讞書》研究漢初賜爵制度有著楚爵轉變為漢爵的變化；漢爵發展到前漢中後期是否輕與濫的問題，其認為從軍功爵到普賜民爵，是歷史從戰亂走向和平的產物，不可以其輕與濫視之。並且對於二十等爵制與賜田宅制、國家統治、刑法減免等問題，提出其看法，認為這些制度的互相配合對國家的統治秩序產生一定的影響。〔註34〕

　　因此漢初的政治研究，以外戚呂氏、諸侯王、軍功功臣三方面來回顧。關於外戚呂氏研究著重於諸呂是否欲為亂問題上，其本質上是研究外戚呂氏與宗室諸侯王、軍功功臣的權力鬥爭問題。至於諸侯王的研究，已有以前漢諸侯王的興衰過程的整體研究，為中央與諸侯王此消彼長的鬥爭，最後諸侯王難逃中央集權的趨勢而走向衰弱。最後軍功功臣方面，主要著重於「列侯

〔註32〕見朱紹侯，《軍功爵制研究》，（上海：上海人民出版社，1990 年 1 月第 1版）。

〔註33〕柳春藩，《秦漢封國食邑賜爵制》，頁 108〜146。

〔註34〕董平均，《出土秦律漢律所見封君食邑制度研究》，（哈爾濱：黑龍江人民出版社，2007 年 4 月第 1 版），頁 125〜189 及 388〜420。

政治」對於漢初政治的影響上，還有對形成軍功功臣團體的制度基礎的二十等爵制，從中能進一步了解其因制度上得到的權力與利益。

第三節　《二年律令》出土對漢初政治研究的啓發

關於漢初三大政治群體，外戚呂氏、諸侯王、軍功功臣等相關問題的研究，前人已經多有注意。本論文會再以「漢初的政治局勢」作爲研究題目，主要是因爲張家山漢簡《二年律令》的出土，其中有許多材料，可以重新探討漢初的政治局勢。

一、張家山漢簡《二年律令》內容與價值的介紹

根據張家山247號漢墓竹簡整理小組的說法，張家山247號漢墓位在湖北省江陵縣（今荊州市荊州區）城外西南1.5公里處的江陵磚瓦廠，於1983年12月開始進行挖掘。發掘者推斷墓葬年代是前漢早期，據墓中出土的《曆譜》可知，墓主人死於前漢呂后二年（西元前186年）或其後不久，墓主人身分可能爲低級官吏，通曉法律，能計算，好醫術、導引。其墓出土有竹簡，其內容爲《曆譜》、《二年律令》、《奏讞書》、《脈書》、《算數書》、《蓋廬》、《引書》、《遣策》等，共計1236枚（不含殘片）竹簡。上述各簡涉及前漢早期的律令、司法訴訟、醫學、數學、軍事理論等方面，是非常重要的歷史文獻，對研究前漢社會狀況和科學技術的發達有不可估量的價值。〔註35〕

張家山247號漢墓出土的漢簡，不僅僅對前漢社會、科學技術狀況的研究有價值，其中的《二年律令》與《奏讞書》對於前漢早期的政治研究一樣是價值連城的史料。〔註36〕《二年律令》，總數526枚簡，包括二十七種律與一種令，是漢初的法律條文與刑罰制度，內容涉及前漢政治、社會、軍事、經濟、地理等方面。〔註37〕《奏讞書》共228枚簡，是議罪案例的匯編，

〔註35〕 參見張家山二四七號墓竹簡整理小組，《張家山漢墓竹簡〔二四七號墓〕（釋文修訂本）》，（北京：文物出版社，2006年5月第1版），前言，頁1。

〔註36〕 高敏，〈漫談《張家山漢墓竹簡》的主要價值與作用〉，《秦漢魏晉南北朝史論考》，（北京：中國社會科學出版社，2004年7月第1版），頁117，云：「特別值得我們重視的，是《二年律令》的具體律文所反映出來的西漢前期（即漢高祖五年到呂后二年）的政治、經濟制度，在許多方面提供了根本不見於現存漢代史籍的新史料，填補了不少空白點。」

〔註37〕 張家山二四七號墓竹簡整理小組，《張家山漢墓竹簡〔二四七號墓〕（釋文修

包含春秋到前漢時期的二十二個案例，不少案例是完整的司法文書，爲當時司法訴訟程序和文書格式的具體紀錄。〔註 38〕而《奏讞書》中約有十一個漢初的司法文書，大約皆在高祖時期，它亦能與《二年律令》中的相關律文有所關聯性，二者可以互相參照、比對，這是值得重視的。所以《二年律令》與《奏讞書》可以一起用於研究漢初的政治，必將有許多新的觀點與啓發。

在討論張家山漢簡《二年律令》對於漢初政治局勢研究的啓發前，對於《二年律令》的題名需要討論一下。

張家山 247 號漢墓竹簡整理小組推斷，《二年律令》爲全部律令的總稱，簡文中有優待呂宣王及其親屬的律文，呂宣王爲呂后於呂后元年（西元前 187 年）贈與其父的諡號。加上與《二年律令》共存的《曆譜》所記最後年號是呂后二年（西元前 186 年），因此《二年律令》是呂后二年施行的法律。〔註 39〕但是學術界對於《二年律令》的題名，其二年究竟所是爲何，仍有爭議。據李力在〈關於《二年律令》題名之再研究〉〔註 40〕一文中所整理，共有四派說法，即呂后二年、惠帝元年、惠帝二年、高祖二年。

「呂后二年」爲主流的通說，持此論者也較多。可是李力認爲「漢簡《二年律令》，就是在高祖五年至呂后二年之間抄寫的。」，而其正本應產生於「高祖二年」，其云：

> 今見《二年律令》錄有蕭何在高祖二年制定的律令，也透露出一個信息：很可能在漢二年「爲法令約束」時，蕭何就將其受命制定並沿用的秦律，編纂爲法律彙編，統稱爲「二年律令」。高祖五年二月西漢王朝建立後，仍然沿用並將該法律彙編推向整個國家。「二年」作爲國家所編纂律令彙編的名稱，就是以示漢朝開國起步、始創法律之紀念。……《二年律令》之「二年」，就是指「漢二年」（前 205）。這是正本《二年律令》這一法律彙編開始制定、編纂的時間，也是其成文的上限。〔註 41〕

訂本）》，頁 7。

〔註 38〕同前注，引書，頁 91。

〔註 39〕同前注，引書，頁 7。

〔註 40〕參見李力，〈關於《二年律令》題名之再研究〉，收於卜憲群、楊振紅主編，《簡帛研究》2004，（桂林：廣西師範大學出版社，2006 年 10 月第 1 版），頁 144～157。

〔註 41〕同前注，頁 156。

李力整理和分析各家說法後，雖然其提出的論點合情合理，但學界以「二年」爲呂后二年者爲多，所以究竟《二年律令》的「二年」所指爲呂后二年，或高祖二年，可能尙需更多進一步的研究。雖然如此，張家山漢簡《二年律令》爲高祖五年到呂后二年時期的法律應屬無疑，所以其內容對於漢初政治的研究是絕對有助益的。

二、張家山漢簡《二年律令》與漢初政治的研究

（一）外戚呂氏方面

以往對於此部分的討論大多聚集在「諸呂氏否欲爲亂」問題上，或從爲何產生諸呂事件的觀點切入研究。張家山漢簡《二年律令》的出土對於研究外戚呂氏的啓發，在於能更深入了解呂后時期的外戚呂氏的政治地位的突出，即是《二年律令》中《具律》、《津關令》有關諸呂的特權，《具律》有諸呂刑罰減輕的特權；《津關令》則有特許呂后及其外孫魯王張偃買馬於關中的規定。〔註42〕因此從諸呂政治地位的突出，可以進一步了解爲何劉姓諸侯王會在呂后死後舉起反旗，誅殺諸呂的因素之一。

（二）諸侯王方面

關於諸侯王的部分，在傳統史籍《史記》、《漢書》裡，只能了解到漢中央與諸侯王之間存在著對立與衝突，漢中央對諸侯王有所防範，但卻不知道具體的措施爲何。張家山漢簡《二年律令》的《賊律》、《捕律》皆可了解到漢中央與諸侯王間，從平時到戰時可能存在的對立之實際情況，如平時派遣間諜的行爲、戰時的攻守防禦等。〔註43〕另外《津關令》也可以充分看見二者有對立的局面及反映出當時關中與關東的對立情勢，且《津關令》所見的五關（杆關、郞關、武關、函谷、臨晉關）爲「大關中」的體現。〔註44〕

而《津關令》所見的漢中央與諸侯王間的對立，主要是中央禁止黃金、

〔註42〕 參見張家山二四七號墓竹簡整理小組，《張家山漢墓竹簡〔二四七號墓〕（釋文修訂本)》，《二年律令・具律》，簡85，頁21；《二年律令・津關令》，簡519～522，頁87～88。

〔註43〕 參見張家山二四七號墓竹簡整理小組，《張家山漢墓竹簡〔二四七號墓〕（釋文修訂本)》，《二年律令・賊律》，簡1～2，頁7；《二年律令・捕律》，簡150～151，頁29。

〔註44〕 參見王子今、劉華祝，〈說張家山漢簡《二年律令・津關令》所見五關〉，《張家山漢簡《二年律令》研究文集》，頁362～373。

馬匹流向關東地區，〔註45〕表現出中央對於諸侯王具有防備之心態，因為當
時諸侯王的政治地位在其王國幾乎等同於皇帝，加上其於封國內擁有政治、
經濟、軍事的權力，在地方上勢力強大。但漢初經濟凋零，所以禁止黃金流
向關東，為防止經濟力量的流失；並禁止馬匹流向關東，尤其是諸侯王手上，
乃馬匹一方面為戰爭的戰力之一，另一方面為身分地位的象徵，且因為在漢
初馬匹稀少，〔註46〕當然要有所管制。還有《津關令》的禁馬出關的政策，
為文帝解除關禁與景帝在七國之亂後再度施行的「馬弩關」措施得到其源頭
與脈絡。

　　詳細的討論可以參見李均明，〈漢簡反映的津關制度〉、陳偉，〈張家山漢簡
《津關令》涉馬諸令研究〉、臧知非，〈張家山漢簡所見漢初馬政及相關問題〉、
及〈張家山漢簡所見漢初中央與諸侯王國關係略論〉、龔留柱，〈論張家山漢簡
《津關令》之「禁馬出關」——兼與陳偉先生商榷〉、董平均，〈《津關令》與漢
初關禁制度論考〉、陳蓓，〈西漢「禁馬出關」令辨析〉等研究。〔註47〕

　　自從張家山漢簡《二年律令》出土後對於漢初的諸侯王是否有「立法權、
司法權」的問題，學界進行了一些討論，如陳蘇鎮，〈漢初王國制度考述〉、
梁安合，〈也談西漢初期諸侯王國的法律制度——與陳蘇鎮先生商榷〉、孫家
洲、張忠煒，〈由新出漢簡看漢初朝廷與諸侯王國之法律關係〉。對此問題，
陳蘇鎮持肯定的態度，〔註48〕梁安合持否定的看法，〔註49〕孫家洲、張忠煒
提出折衷的觀點。〔註50〕

〔註45〕參見張家山二四七號墓竹簡整理小組，《張家山漢墓竹簡〔二四七號墓〕（釋
　　　　文修訂本）》，《二年律令・津關令》，簡492～493以及504～517，頁83～87。
〔註46〕班固，《漢書》，（標點本，北京：中華書局，2006年1月第12刷），卷二十四
　　　　上，〈食貨志第四上〉，頁1127，云：「自天子不能具醇駟，而將相或乘牛車。」
〔註47〕詳見李均明，〈漢簡反映的津關制度〉，《歷史研究》，2002年第3期；陳偉，〈張
　　　　家山漢簡《津關令》涉馬諸令研究〉，《考古學報》，2003年第1期；臧知非，
　　　　〈張家山漢簡所見漢初馬政及相關問題〉，《史林》，2004年第6期及〈張家山
　　　　漢簡所見漢初中央與諸侯王國關係論略〉，《陝西歷史博物館館刊》，第10輯；
　　　　龔留柱，〈論張家山漢簡《津關令》之「禁馬出關」——兼與陳偉先生商榷〉，
　　　　《史學月刊》，2004年第11期；董平均，〈《津關令》與漢初關禁制度論考〉，
　　　　《中華文化論壇》，2007年第3期；陳蓓，〈西漢「禁馬出關」令辨析〉，《陰
　　　　山學刊》，2007年第20卷第4期。
〔註48〕陳蘇鎮，〈漢初王國制度考述〉，《中國史研究》，2004年第3期，頁32。
〔註49〕梁安合，〈也談西漢初期諸侯王國的法律制度——與陳蘇鎮先生商榷〉，《咸陽
　　　　師範學院學報》，2006年第21卷第1期，頁1。
〔註50〕孫家洲、張忠煒，〈由新出漢簡看漢初朝廷與諸侯王國之法律關係〉，《安作璋先

從《二年律令》的律文中，還有值得注意的爲「漢中央與諸侯王間的法律關係」。漢中央與諸侯王國的連繫紐帶，依靠的就是法律。因爲漢初的諸侯王在「一用漢法」下政治地位崇高，且擁有政治、經濟、軍事等權力，對於漢中央是有潛在的威脅性，所以漢中央運用「法律」來防範諸侯王與降低其政治地位，並限制漢中央直轄郡的人民與諸侯王國發生來往，甚至逃亡到諸侯王國。這在《二年律令》中除了《賊律》、《捕律》、《津關令》外，還有在《亡律》、《置吏律》、《戶律》、《秩律》等律文中，〔註51〕皆可以看到一些例子。

最後，《二年律令》中對於諸侯王等的規定，與文、景、武時期對諸侯王採取的策略，二者間作一比較，可以了解到漢中央政府對於諸侯王的「態度」上有了轉變，致使政策隨之改變。

（三）軍功功臣方面

漢初軍功功臣的研究，主要在於兩方面，即「列侯政治」與軍功功臣形成的基礎「二十等爵制」上。張家山漢簡《二年律令》出土後，在《戶律》裡有依二十等爵授與田宅的規定，〔註52〕因此在此方面的研究轉向二十等爵與名田宅制度相結合的研究。例如有朱紹侯，〈呂后二年賜田宅制度試探——《二年律令》與軍功爵制研究之二〉、于振波，〈張家山漢簡中的名田宅制及其在漢代實施情況〉、楊振紅，〈秦漢「名宅田制說」——從張家山漢簡看戰國秦漢土地制度〉、王彥輝，〈論張家山漢簡中的軍功名田宅制度〉及〈《二年律令·戶律》與高祖五年詔書的關係〉、朱紅林，〈從張家山漢簡看漢初國家授田制度的幾個特點〉、賈麗英，〈漢代「名田宅制」與「田宅逾制」論說〉等。〔註53〕

生史學研究六十周年紀念文集》，（濟南：齊魯書社，2007年11月初版），頁375。

〔註51〕 參見張家山二四七號墓竹簡整理小組，《張家山漢墓竹簡〔二四七號墓〕（釋文修訂本）》，《二年律令·亡律》，簡157～172，頁30～32；《二年律令·置吏律》，簡221，頁38；《二年律令·戶律》，簡305～306，頁51；《二年律令·秩律》，簡440～441，頁69。

〔註52〕 參見張家山二四七號墓竹簡整理小組，《張家山漢墓竹簡〔二四七號墓〕（釋文修訂本）》，《二年律令·戶律》，簡310～316，頁52。

〔註53〕 詳見朱紹侯，〈呂后二年賜田宅制度試探——《二年律令》與軍功爵制研究之二〉，《史學月刊》，2002年第12期；于振波，〈張家山漢簡中的名田宅制及其在漢代實施情況〉，《中國史研究》，2004年第1期；楊振紅，〈秦漢「名宅田制說」——從張家山漢簡看戰國秦漢土地制度〉，《中國史研究》，2003年第3期；王彥輝，〈論張家山漢簡中的軍功名田宅制度〉，《東北師大學報》（哲學社會科學版），2004年第4期及〈《二年律令·戶律》與高祖五年詔書的關係〉，《湖南大學學報》（社會科學版），2007年第21卷第1期；朱紅

上述各家對於二十等爵與名田制度相結合的討論，其討論內容多針對以軍功行名田制的功用爲何；名田制在實際情況下是否能實行，或是部分施行，對於高爵者先行，低爵者得不到；或僅僅只是依照爵位高低占有相應的田宅數量的規定而已；《二年律令・戶律》對於賜田宅規定是來自高祖五年五月詔，或是呂后時期所頒行，還是呂后時期對於高祖的規定加以修改而來等等。

另一方面，《二年律令》對於二十等爵的名稱能有更進一步的討論，如朱紹侯，〈西漢初年軍功爵制的等級劃分——《二年律令》與軍功爵制研究之一〉、于振波，〈張家山漢簡中的「卿」〉、董平均，〈《二年律令》所見「卿」與「卿侯」獻疑〉等。主要是對於《二年律令》中出現的卿是否爲一個爵級，即從第十八等大庶長到第十等左庶長，有所爭論，朱紹侯、于振波認爲卿爲二十等爵中第十八級到第十級爵位的稱呼，〔註54〕董平均則提出否定的看法，其云：

> 「卿」並非一級爵檔，而應該是西漢前期賜爵制中的爵位；因其不
> 屬於二十等爵系統，高祖五年爵制改革後，其經濟利益在短期內被
> 允許保留下來，而社會政治功能則日益淡化，之後逐漸演化爲左庶
> 長或五大夫以上高爵的代名詞。〔註55〕

以前著重在軍功功臣中的列侯政治進行討論，張家山漢簡《二年律令》的出土，可以對於其他爵等的軍功功臣展開新的研究，如朱紹侯，〈從《二年律令》看漢初二十級軍功爵的價值——《二年律令》與軍功爵制研究之四〉、張鶴泉，〈《二年律令》所見二十等爵對西漢初年國家統治秩序的影響〉等，就是以《二年律令》中有關於軍功功臣的特權的規定進行討論，軍功功臣依其爵位高低享有多少不等的特權，比如受田宅、減刑贖罪、受賜食物、衣服、金錢等等，所以軍功功臣在漢初是享有許多特權的階層，在此階層中再以二十等爵進形身分高低的區別。

最後，漢初軍功功臣的政治地位是有區別的，這可以由《二年律令・置

林，〈從張家山漢簡看漢初國家授田制度的幾個特點〉，《江漢考古》，2004年第 3 期；賈麗英，〈漢代「名田宅制」與「田宅逾制」論說〉，《史學月刊》，2007 年第 1 期。

〔註54〕參見朱紹侯，〈西漢初年軍功爵制的等級劃分——《二年律令》與軍功爵制研究之一〉，《河南大學學報》（社會科學版），2002 年第 42 卷第 5 期，頁99～101。于振波，〈張家山漢簡中的「卿」〉，《文史》2004 年 8 期，頁 73～74。

〔註55〕董平均，〈《二年律令》所見「卿」與「卿侯」獻疑〉，《首都師範大學學報》（社會科學版），2007 年第 2 期，頁 15。

後律》的規定來分析，〔註56〕其區別二十等爵中，侯爵與非侯爵的特權是否能世襲，或是因繼承而漸漸縮小與限制其特權，即列侯、關內侯等侯爵者，基本上可以一直延續其爵位給後代，其特權可以一直保留，其政治地位也能持續下去，而大庶長以下爵者經歷數代就淪為無爵者，相對其特權就消失，而無任何政治地位，此制度設計對於軍功功臣的政治地位的影響，是值得注意的。

總而言之，張家山漢簡《二年律令》的出土對於漢初的政治研究有許多的價值與幫助，如諸呂政治地位的突出、漢中央與諸侯王的對立、軍功功臣的特權與其政治地位等等。尤其是諸侯王的部分啟發最多，填補傳統史料的空缺，以當時的「法律」規定切入了解漢中央與諸侯王國間的關係，即以漢中央對於諸侯王國的防範與限制，顯示其對立的關係。

〔註56〕參見張家山二四七號墓竹簡整理小組，《張家山漢墓竹簡〔二四七號墓〕（釋文修訂本）》，《二年律令·置後律》，簡367～368，頁59。

第二章　前漢初年的政治形勢及國策

第一節　「支強幹弱」的立國形勢

秦王政二十六年（西元前221年），嬴政消滅六國，統一天下，建立了秦朝，至秦始皇三十七年（西元前 210 年）而崩。傳位二世胡亥，其元年（西元前209年）七月爆發「陳勝、吳廣起義」。之後，六國後裔及反秦平民份子，紛紛起而響應，天下再度陷入分裂局面。秦二世三年（西元前207年）八月，趙高弒二世，立二世兄子公子嬰爲秦王，隔年（西元前206年）十月，〔註1〕沛公劉邦破咸陽，秦王子嬰降，此亦即漢元年十月，之後子嬰被項羽所殺，秦朝滅亡。接下來的五年是所謂「楚漢相爭」的時代，在這期間劉邦以分封諸侯王爲手段，達到與其他人合作，以孤立項羽的目的。最後，漢高祖五年（西元前 202 年）十二月，漢王劉邦誅除項羽，二月劉邦便在諸王及群臣的簇擁下即皇帝位，〔註2〕漢朝自此才算正式建立。

劉邦所封的異姓諸侯王分別爲：

高祖二年（西元前205年）十一月，「立韓太尉信爲韓王。」〔註3〕

高祖四年（西元前203年）十一月，「漢立張耳爲趙王。」〔註4〕

〔註1〕　《史記》，卷六，〈秦始皇本紀第六〉，頁237，云：「始皇推終始五德之傳，以爲周得火德，秦代周德，從所不勝。方今水德之始，改年始，朝賀皆自十月朔。」，因此秦以十月爲歲首，漢初因之而不改，直到漢武帝太初改正朔，才以正月爲歲首。

〔註2〕　《漢書》，卷一下，〈高帝本紀第一下〉，頁52，云：「於是諸侯王及太尉長安侯臣綰等三百人，與博士稷嗣君叔孫通謹擇良日二月甲午，上尊號。漢王即皇帝位于汜水之陽。」

〔註3〕　《漢書》，卷一上，〈高帝本紀第一上〉，頁33。

高祖四年二月，「齊王韓信始，漢立之。」〔註5〕

高祖四年七月，「立黥布爲淮南王。」〔註6〕

高祖五年（西元前202年）正月，「齊王信習楚風俗，更立爲楚王。」
〔註7〕

高祖五年正月，「魏相國建成侯彭越……常以少擊眾，數破楚君，其以
魏故地王，號曰梁王，都定陶。」〔註8〕

高祖五年二月，「詔曰：『故衡山王吳芮……其以長沙、豫章、桂林、
南海立番君吳芮爲長沙王。』」〔註9〕

又，原爲項羽所封燕王臧荼，在楚漢相爭時期採中立觀望態度。韓信破趙後
得廣武君問策，因以其計說燕王臧荼附漢。〔註10〕高祖五年（西元前202年）
七月，燕王臧荼反，九月被虜伏誅，劉邦於是召諸侯王問立誰爲燕王，諸侯
王皆曰：「太尉長安侯盧綰功最多，請立以爲燕王。」〔註11〕因而立盧綰爲燕
王。如此就形成《漢書·韓彭英盧吳傳第四》贊中所云：

> 昔高祖定天下，功臣異姓而王者八國。張耳、吳芮、彭越、黥布、
> 臧荼、盧綰與兩韓信，皆徼一時之權變，以詐力成功，咸得裂土，
> 南面稱孤。〔註12〕

雖然這些人以當時的時勢，能夠裂土封王，但是這也不能夠純粹就說他們
是以「詐力成功」，在當時成侯王之業的思想相當普遍，而且也因爲有這些人與
劉邦合作，劉邦才能夠正式登基爲漢朝開國皇帝，這是各取所需下的結果。

漢高祖劉邦就是在這種「異姓諸王」和群臣擁立的情勢下，即位爲皇帝，
所以才會造成漢初「支強幹弱」〔註13〕的立國形勢。其實，高祖劉邦的天下

〔註4〕 同前注，引書、卷，頁45。
〔註5〕 《史記》，卷十六，〈秦楚之際月表第四〉，頁793。
〔註6〕 《漢書》，卷一上，〈高帝本紀第一上〉，頁46。
〔註7〕 《漢書》，卷一下，〈高帝本紀第一下〉，頁51。
〔註8〕 同前注，引書、卷，頁51。
〔註9〕 同前注，引書、卷，頁53。
〔註10〕 《漢書》，卷三十四，〈韓彭英盧吳傳第四〉，頁1871，云：「於是用廣武君策，
發使燕，燕從風而靡。」
〔註11〕 《漢書》，卷一下，〈高帝本紀第一下〉，頁58。
〔註12〕 《漢書》，卷三十四，〈韓彭英盧吳傳第四〉，頁1895。
〔註13〕 此處的「支強幹弱」是指的中央與地方的相對關係而言，因爲漢初的異姓諸
侯王及同姓諸侯王，雖然他們皆爲漢臣，但都有相當的獨立性，具有相當大
的權力、影響力。所以這是指中央集權較不明顯，或較弱的一種比喻。

是依靠著眾人而得來的，其中不乏被封爲王，如韓信、彭越、黥布等，而這些人的封王也不是沒有原因。柳春藩曾分析其原因大抵有三：

> 第一，有的是因爲功高震主，不得不封其爲王……第二，有些諸侯王原來由項羽分封，歸漢後，劉邦爲了爭取他們共同對付項羽，便承認其原來諸侯王的地位，或賜予新封號，或保持原封號。……第三，有的諸侯王是劉邦主動分封的……他分封異姓王的主要目的是以此爲手段，戰勝強大的對手項羽。〔註14〕

第一類即是韓信、彭越，第二類如張耳、黥布、吳芮，第三類則爲韓王信、盧綰。董平均亦提及劉邦分封的是「實現『盡吞天下』的一種手段」。〔註15〕所以話說回來劉邦分封異姓王的原因是他與其豐、沛集團無法獨立取得天下，需與其他人合作，而這只是其權宜的手段，等目的達成後，這種現況對於擁有「大一統」及「家天下」思想的漢高祖劉邦來說，就是一種備受威脅的情形。

的確，劉邦分封異姓王是其爲了打敗項羽、統一天下的手段，可是相較於當時人們的想法來說，這種裂地封王的情況未嘗不可。董平均就以陳勝以有「功」、有「德」稱王，創立了平民王侯的思想來解析這種情況。所謂功，即用力、以勞定國之意。而德，則爲外得於人，內得於己的意思。〔註16〕所以曾經幫助劉邦定天下的人，就當時的人來說，有尺寸之封，也是在情理之中。張耳、陳餘與武臣受陳勝之命略河北趙地時，曾遊說當地豪傑云：

> 於此時而不成封侯之業者，非人豪也。夫因天下之力而攻無道之君，報父兄之怨而成割地之業，此一時也。〔註17〕

這裡提及的「封侯之業」、「割地之業」就是反應當時裂土思想的存在。陳玉屏提出一個觀點，項羽分封諸王所反映的時代思想，其云：

> 在人們心目中，秦滅六國、專有天下即多行不義的罪惡之一。……既然一人專有天下被作爲過惡而被否定，分封就成了唯一合理的方式。〔註18〕

在這種秦末楚漢相爭，群雄逐鹿中原的時代，確實會讓人回想起春秋戰國的情況，但是這種想法，在秦朝建立後產生的大一統專制的指導思想是相違背。

〔註14〕柳春藩，《秦漢封國食邑賜爵制》，頁37～38。
〔註15〕董平均，《西漢分封制度研究——西漢諸侯王的隆替興衰考略》，頁19。
〔註16〕董平均，《西漢分封制度研究——西漢諸侯王的隆替興衰考略》，頁5～6。
〔註17〕《漢書》，卷三十二，〈張耳陳餘傳第二〉，頁1831。
〔註18〕陳玉屏，《西漢前期的政壇》，頁13。

在高祖劉邦誅殺淮陰侯韓信之後，問蒯通爲何教韓信謀反時，蒯通云：

> 當彼時，臣獨知齊王韓信，非知陛下也。且秦失其鹿，天下共逐之，
> 高材者先得。天下匈匈，爭欲爲陛下所爲，顧力不能，可殫誅邪！
> 〔註19〕

《史記·淮陰侯列傳第三十二》則言「高材疾足者先得焉」，文意就更明白易懂。此實指劉邦只是比其他競爭者早一步，因而取得天下罷了的意味。又人人皆有資格取得天下，何況是封王了。這裡蒯通的話「爭欲爲陛下所爲，顧力不能」，也從側面讓我們了解到，憑劉邦自己是無法取得天下，相信當時的項羽、韓信等都無法以一己之力進行統一工作，所以劉邦的天下，也是合縱連橫而來的。

但是劉邦並沒有真心的對待這些異姓諸侯王，反之，而是以猜忌、擔憂、懼怕的心理來面對他們，爲何？第一，分封異姓王只是一種手段，以如上述；第二，主要是劉邦本身對於天下的看法，即天下是劉姓的天下，董平均言劉邦在楚漢相爭時期展現「共天下」的想法，至高祖十二年詔時仍反映這種共天下的想法。〔註20〕可是仔細看這詔文：

> 吾立爲天子，帝有天下，十二年于今矣。與天下之豪士賢大夫共定
> 天下，同安輯之。其有功者上致之王，次爲列侯，下乃食邑。……
> 吾于天下賢士功臣，可謂亡負矣。其有不義背天子擅起兵者，與天
> 下共伐誅之。〔註21〕

確實，劉邦所言是實話，可是這些異姓諸侯王大多不得善終，到高帝十二年，異姓王只剩長沙王吳臣（吳芮子），真的是無負所有與之共定天下者嗎？而這詔書的重點除了歌功頌德外，就是在最後面的「其有不義背天子擅起兵者，與天下共伐誅之。」其實，這是劉邦爲自己所打下的預防針，說明前者誅殺異姓王是有其合理性，因爲他們「不義背天子」，又有警告剩餘的異姓諸侯王及同姓諸侯王之意味。所以共天下的前提，應該是以不會危害到劉邦的「家天下」爲前提。

爲何劉邦在消滅大部分異姓諸侯王後，於其將死之前下此詔書，可以從當時天下的形勢來作爲一個切入點。當時分封異姓王容易造成劉邦家天下的

〔註19〕《漢書》，卷四十五，〈蒯伍江息夫傳第十五〉，頁2165。
〔註20〕董平均，《西漢分封制度研究——西漢諸侯王的隆替興衰考略》，頁20～23。
〔註21〕《漢書》，卷一下，〈高帝本紀第一下〉，頁78。

危機及形成「支強幹弱」的形勢，因為第一，從疆域上來看，整個漢朝建立之初是承襲秦舊有的大部分疆域，但「七異姓王國的封域佔去漢疆域的一半」。〔註22〕又賈誼在其著名的〈陳政事疏〉中云：「高祖以明聖威武即天子位，割膏腴之地以王諸公，多者百餘城，少者乃三四十縣。」〔註23〕也是在追述漢初異姓王的情況。另外還有一些劉邦完全管不著的異姓諸侯王，高祖五年（西元前 202 年）所封閩粵王亡諸，〔註24〕十一年（西元前 196 年）五月，立趙它為南粵王，〔註25〕十二年（西元前 195 年）「詔曰：『南武侯織亦粵之世也，立以為南海王。』」〔註26〕如此看來，劉邦直轄的疆域少於秦原疆域的一半。第二，異姓諸侯王在其封疆內擁有相當的權力，雖然說不是完全獨立於漢朝之外，但是仍算是半獨立狀態。第三，異姓諸侯王之中也不乏有優越能力者，尤其是韓信，為劉邦喻為三人傑之一，其云：

> 夫運籌帷幄之中，決勝千里之外，吾不如子房；填國家，撫百姓，
> 給餽饟，不絕糧道，吾不如蕭何；連百萬之眾，戰必勝，攻必取，
> 吾不如韓信。〔註27〕

所以韓信被劉邦認為是一位相當能征擅戰的軍事人才。另外，彭越、黥布之輩也相當受到當時人的注意，彭越被告謀反，劉邦赦為庶人，在流徙途中遇見呂后，越言其無罪，與呂后俱東返，呂后卻上言：「彭越壯士也，今徙蜀，此自遺患，不如遂誅之。」〔註28〕又在韓信、彭越等相繼被誅殺後，黥布終因自身疑懼自己成為下一個受害者而反叛，在進攻當時楚王劉交時，有人說楚將云：「布善用兵，民素畏之。」〔註29〕因此歸結上述三點，可以說當時的情勢，如果異姓王有計畫的謀反，彼此有所聯合的話，劉邦就不可能如此輕易的收拾局面，而是遭到三面受敵的窘境，這對於剛剛建立的漢朝是相當危險的情況。在此情

〔註22〕周振鶴，《西漢政區地理》，（北京：人民出版社，1987 年 8 月第 1 版），頁 8。

〔註23〕《漢書》，卷四十八，〈賈誼傳第十八〉，頁 2234。

〔註24〕《漢書》，卷一下，〈高帝本紀第一下〉，頁 53，云：「又曰：『故粵王亡諸世奉粵祀；秦侵奪其地，使其社稷不得血食。……今以為閩粵王，王閩中地，勿使失職。』」

〔註25〕班固，《漢書》，卷一下，〈高帝本紀第一下〉，頁 73，云：「詔曰：『粵人之俗，好相攻擊，前時秦徙中縣之民南方三都，使與百粵雜處。會天下誅秦，南海尉它居南方長治之，……今立它為南粵王。』」

〔註26〕同前注，引書、卷，頁 77。

〔註27〕同前注，引書、卷，頁 56。

〔註28〕《漢書》，卷三十四，〈韓彭英盧吳傳第四〉，頁 1881。

〔註29〕同前注，引書、卷，頁 1889。

況中，中央集權較不能彰顯，所以稱爲「支強幹弱」的立國形勢。

就因爲有這種危機的存在，劉邦可能在登基爲皇帝時就計畫誅滅這些對漢朝天下有危險性的異姓諸侯王。首先被誅滅的是燕王臧荼。〔註30〕高祖六年（西元前201年），有人告楚王信反，十二月高祖用陳平計大會諸侯於雲夢，執韓信，廢爲淮陰侯。〔註31〕九月（西元前198年），匈奴圍韓王信，信於是降匈奴。〔註32〕九年，趙王張敖相貫高謀逆事發，正月廢張敖爲宣平侯。〔註33〕十一年（西元前196年）正月，韓信反於長安伏誅，三月，梁王彭越反誅，七月，淮南王黥布反誅。〔註34〕十二年（西元前195年），燕王盧綰與陳豨之謀曝光，又審其食言綰有謀反的現象，二月劉邦使樊噲等擊綰，盧綰避難長城下，至劉邦崩，遂竄逃入匈奴。〔註35〕至此，異姓諸侯王只餘長沙王吳臣。

在劉邦誅滅異姓諸侯王的過程中，最重要的癥結點應該是異姓諸侯王是否眞的有反意。陳玉屏曾對此問題提出其結論，其云：

> 考察被消除的七國，可以分爲四種情況：本無反意而遭削國者，張敖、彭越；造反原因不詳，臧荼；本無反意，而被形勢迫得反者，韓王信、黥布，盧綰；因心懷不滿而圖謀造反者，韓信。因此，確有謀反主動意識者，僅韓信一人而已，而且韓信在削國之前並無反意，其主動謀反的意識萌生于削國之後。〔註36〕

這個結論已經是考察詳實了。又董平均云：

> 分析《史》、《漢》有關史料，漢初異姓王並沒有堅持分裂路線，功臣封王與分裂、割據也沒有必然的聯繫。〔註37〕

董氏之言不錯，也側面證明異姓諸侯王無反叛之意，雖然異姓諸侯王並沒有分裂、割據的態勢，但是異姓王的存在，對於劉邦本身家天下想法仍然有衝突。而從陳豨反于代地，劉邦親征，徵兵于梁王彭越時，彭越稱病，只使將將兵往赴，劉邦大怒，責罵彭越一事來看。彭越已經有抗君命，尾大不掉的

〔註30〕 《漢書》，卷一下，〈高帝本紀第一下〉，頁58，云：「（高祖五年）秋七月，燕王臧荼反，自將征之。九月，虜荼。」
〔註31〕 同前注，引書、卷，頁59。
〔註32〕 同前注，引書、卷，頁63。
〔註33〕 同前注，引書、卷，頁67。
〔註34〕 同前注，引書、卷，頁70～73。
〔註35〕 同前注，引書、卷，頁77～79。
〔註36〕 陳玉屏，《西漢前期的政壇》，頁34。
〔註37〕 董平均，《西漢分封制度研究——西漢諸侯王的隆替興衰考略》，頁30。

心態,當然,這應該是分封制度下的必然趨勢。所以異姓王此時雖無反意,但已有保護自己的心態,與中央相抗命。

至於劉邦爲何要誅滅異姓王,則班固在《漢書·韓彭英盧吳傳第四》贊中分析,其云:

> 見疑強大,懷不自安,事窮勢迫,卒謀叛逆,終於滅亡。〔註38〕

這裡說明了「見疑強大」展現了劉邦對於異姓王強大的隱憂,而「懷不自安,事窮勢迫」則是諸侯王對劉邦這種心理的眞實反應。而陳玉屛、董平均對此問題皆得出相同的結論,陳玉屛云:

> 更重要的是,不能僅僅從劉邦個人稟性上去爲「見疑」二字尋求解釋,應當從當時的政治體制和社會觀念意識上去尋找深層次的原因。……建立在分封制基礎上的、權力相對分散的政治結構漸次由專制集權主義的政治結構所取代,社會心理意識也逐漸轉變以適應專制主義體制所帶來的社會環境的複雜變化。〔註39〕

董平均則云:

> 自從秦始皇創立專制主義中央集權制度以後,皇帝成爲天下的主宰,擁有至高無上的權力。因此那種建立在分封制度基礎之上的權力相對分散的政治模式逐漸被專制主義中央集權政治結構所取代。
> 劉邦不甘心異姓王同其分享這種政治權力……〔註40〕

而徐復觀也認爲劉邦是天下爲其一人之產業,只要是有可能奪取其產業者,就是罪大惡極的人,此爲專制者的基本心態。〔註41〕

異姓諸侯王的分封固然是當時時勢下的產物,但這種分封制度,造成劉邦所建立的漢家天下是一種「支強幹弱」立國形勢,對於最高統治者「皇帝」追求的大一統中央集權的政治體制與思想是格格不入,甚至可以說是一種阻礙,也可視爲一種危險的存在。因此異姓諸侯王的覆滅亦是當時的政治思想主流下的政治犧牲品,儘管這些人並沒有反意,所以可以說是「狡兔死,走狗烹」、「飛鳥盡,良弓藏」的悲劇,劉邦視自己的天下比曾一齊奮鬥的合作夥伴還要重要,這就是劉邦誅殺功臣的原因,即其不允許「支強幹弱」的立國形勢存在。

〔註38〕《漢書》,卷三十四,〈韓彭英盧吳傳第四〉,頁1895。
〔註39〕陳玉屛,《西漢前期的政壇》,頁38~39。
〔註40〕董平均,《西漢分封制度研究——西漢諸侯王的隆替興衰考略》,頁32。
〔註41〕徐復觀,〈漢代專制政治下的封建問題〉,《兩漢思想史〔第一卷〕》,(上海:華東師範大學出版社,2001年12月第1版),頁99。

　　可是當消滅異姓諸侯王的同時，劉邦又因爲當時的情勢無法直接將分封制度廢除，所以只能對於「支強幹弱」的形勢做進一步的改善而已，即是分封同姓宗室子弟爲諸侯王，但其所擁有的封疆卻比異姓王時代還大。因此「支強幹弱」情況只是從異姓轉變爲同姓，可是對劉邦而言同姓總是比異姓來的放心、安心一些。

第二節　關中與關東的對立情勢

　　漢高祖劉邦爲了鞏固他的天下，因此進行了一連串的誅殺功臣的行動，廢除的異姓王封地沒有直接收歸成爲中央管轄的郡縣，而是繼續於其地進行分封，只是封分的對象從異姓轉變爲同姓。同姓諸侯王的分封，是以一種除去一個異姓王後，馬上立一同姓宗族子弟爲王的過程，似乎是一種塡補的機制。高祖末年，當異姓王分封完成時，不但「支強幹弱」的情形不變，天下也進入一種新情勢，即「關中與關東」〔註 42〕分立的情勢。進一步說，同姓諸侯王分封大抵完成後，天下格局呈現出「關中與關東分立」的狀態，是比異姓諸侯王時期更爲明顯，因爲第一，異姓王存在時間短，第二，異姓王時有東西秦的「東秦」之稱的齊地，尚無封王，因此分立情勢也未成形。至此關東，或說是漢帝國的東半部幾乎成爲了諸侯王的世界；關中，或是漢帝國的西部則爲施行郡縣制的地區。〔註 43〕

〔註 42〕傅樂成論關東、關西云：「漢代的『山東』、『山西』，又稱爲『關東』、『關西』，乃指華山、函谷關東西之地。山東主要包括今河北、河南、山東、山西、江蘇、安徽、以及湖南、湖北諸省；山西主要包括今陝西、甘肅、四川三省。」見傅樂成，〈漢代的山東與山西〉，《漢唐史論集》（台北：聯經出版社，民國66 年 9 月初版），頁 65。又邢義田談關中、關東及山西、山東云：「其中出現最早的可能是『山東』一詞，應該只華山以東。隨著秦國的擴張，秦以函谷關、崤山與六國對峙，『山東』指崤山以東的用法開始通行……大致而言，終兩漢四百年，漢人所說的山東、山西通常以崤山爲界，至於這些名詞指涉的範圍則有新舊廣狹之分。」見邢義田，〈試釋漢代的關東、關西與山東、山西〉，《秦漢史論稿》（台北：東大圖書股份有限公司，民國 76 年 6 月初版），頁 113。而本文所指的關中與關東，是以崤山、函谷關爲分界線。

〔註 43〕秦始皇統一六國後，曾與大臣討論行封建或行郡縣，其內容：「丞相綰等言：『諸侯初破，燕、齊、荊地遠，不爲置王，毋以塡之。請立諸子，唯上幸許。』……廷尉李斯議：『……今海內賴陛下神靈一統，皆爲郡縣，諸子功臣以公賦稅重賞賜之，甚足易制。……』始皇曰：『天下共苦戰鬭不休，以有侯王。……廷尉議是。』分天下以爲三十六郡，郡置守、尉、監。」見《史記》，卷六，

　　高祖五年（西元前 202 年）是異姓諸侯王的高峰時代，就僅僅這一年而已，或說就是一年左右，高祖六年（西元前 201 年）年到十二年可以說是異姓諸侯王與同姓諸侯王交替的時期，至十二年（西元前 195 年）同姓諸侯王的封置才算是告一段落。以下為同姓諸侯王代替異姓諸侯王略表：

表 2～1　異姓諸侯王與同姓諸侯王交替表

時　間	原封異姓王	同姓諸侯王	封　域
高祖六年 （西元前 201 年）	楚王韓信廢為淮陰侯。	1.封高祖從父兄劉賈為荊王。 2.封高祖少弟劉交為楚王。	荊國：東陽郡、鄣郡、吳郡五十三縣。 楚國：薛郡、彭城郡、東海郡三十六縣。
高祖六年 （西元前 201 年）	韓王信反降匈奴。	封高祖兄劉喜為代王。〔註44〕	代國：雲中、燕門、代郡五十三縣。（劉恆的代國增太原郡）
高祖六年 （西元前 201 年）	原漢郡。	封高祖子劉肥為齊王。	齊國：膠東、膠西、臨淄、濟北、博陽、城陽郡七十三縣。
高祖九年 （西元前 198 年）	趙王張敖廢為宣平侯。	封高祖子劉如意為趙王。	趙國：邯鄲郡、巨鹿郡、常山郡。
高祖十一年 （西元前 196 年）	梁王彭越反。	1.封高祖子劉恢為梁王。 2.封高祖子劉友為淮陽王。	梁國：碭郡、東郡。 淮陽國：陳郡、潁川郡。
高祖十一年 （西元前 196 年）	淮南王黥布反。	封高祖子劉長為淮南王。	淮南王：原黥布封域，九江郡、衡山郡、廬江郡、豫章郡。
高祖十二年 （西元前 195 年）	燕王盧綰反入匈奴。	封高祖子劉建為燕王。	燕王：原盧綰封域，廣陽郡、上谷郡、漁陽郡、右北平、遼東郡、遼西郡。
高祖十二年 （西元前 205 年）		封高祖兄劉喜子劉濞為吳王。	原荊國封域，高祖十一年，荊王賈被黥布所殺，國除。十二年改封為吳國。

資料出處：《漢書》，卷一，〈高帝本紀第一下〉、卷十四，〈諸侯王表第二〉、卷三十五，〈荊燕吳傳第五〉、卷三十六，〈楚元王傳第六〉及周振鶴，《西漢政區地理》，上篇：高帝十王國地區沿革。

〈秦始皇本紀第六〉，頁 238～239。

〔註44〕代國的情況其實較他國都還複雜，因為代國從高祖六年分封後，仍有相當之演變，七年十二月，因為匈奴攻代國，代王喜棄國，廢為侯，改立高祖子劉如意為代王，九年正月，趙王張敖被廢為侯，代王如意喜封趙王。十一年改封其子劉恆為代王，參見《漢書》，卷一下，〈高帝本紀第一下〉、卷四，〈文帝本紀第四〉及卷三十八，〈高五王傳第八〉。

從上表2～1所整理來看，異姓諸侯王改爲封同姓諸侯王時，大致上疆域變化是不太大，甚至有些是割漢所屬郡增益其國，有些則分置兩國，如楚國分爲荊國、楚國。而整個天下形勢便形成《史記・漢興以來諸侯王年表》所云：

> 自雁門、太原以東至遼陽，爲燕、代國；常山以南、大行左轉，度河、濟，阿、甄以東薄海，爲齊、趙國；自陳以西，南至九疑，東帶江、淮、穀、泗，薄會稽，爲梁、楚、淮南、長沙國：接外接於胡、越。而内地北拒山以東盡諸侯地，大者五六郡，連城數十，置百官宮觀，僭於天子。漢獨有三河、東郡、潁川、南陽，自江陵以西至蜀，北自雲中至隴西，與内史凡十五郡，而公主列侯頗食邑其中。〔註45〕

又《漢書・諸侯王年表》略有不同，其云：

> 自雁門以東，盡遼陽，爲燕、代。常山以南，太行左轉，度河、濟、漸于海，爲齊、趙。穀、泗以往，奄有龜、蒙，爲梁、楚。東帶江、湖，薄會稽，爲荊吳。北界淮瀕，略廬、衡，爲淮南。波漢之陽，亙九嶷，爲長沙。諸侯（北）〔比〕境，周（市）〔帀〕三垂，外接胡越。〔註46〕

從《史》、《漢》二書來看，已經充分表現出本文所指的關中與關東的區別性。基本上從當時地理方位來看，大致可以由北而南可以畫出一條簡單的分界線，從雁門、太原郡的西界往下接至上黨郡東界，再往東沿著東郡、潁川的西界，往下直到九嶷山，此線以東爲諸侯王的封疆，以西則是漢朝直轄十五郡。而漢的十五郡則爲「内史、上郡、北地、隴西、漢中、巴郡、蜀郡、廣漢、雲中、上黨、河東、河內、河南、南陽、南郡。」〔註47〕從上面的敘述來看，這裡的「關中」和「關東」兩詞皆爲廣義「關中」和「關東」，先就廣義關東而言，邢義田言「漢人仍然沿襲戰國的觀念，以六國舊地爲山東。」〔註48〕而廣義的關中，爲「三秦、三輔、函谷關和散關之間的地區或殽函與隴蜀之間」，〔註49〕加上巴蜀、漢中及北地、上郡的廣大地區。

又以張家山漢簡中的《二年律令・津關令》中提及五關，亦可應證當時

〔註45〕《史記》，卷十七，〈漢興以來諸侯王年表第五〉，頁801～802。

〔註46〕《漢書》，卷十四，〈諸侯王表第二〉，頁393～394。

〔註47〕周振鶴，《西漢政區地理》，頁10。

〔註48〕邢義田，〈試釋漢代的關東、關西與山東、山西〉，《秦漢史論稿》，頁107。

〔註49〕同前註，引文、書，頁109。

關中與關東分立的狀態，其云：

> 制詔御史，其令杆〈杅〉關、鄖關、武關、函谷【關】、臨晉關，及
> 諸其塞之河津，進無出黃金，諸奠黃金器及銅，有犯令（以下爲殘
> 簡）〔註50〕

這一條律文是有關於禁止黃金及銅等實質物資流向關東諸侯王地區所制定防
範條文，目的就是不讓自己物資流失及壯大諸侯王實力，關於這部分問題在
後文有更詳細的討論，此略不談。上引這條律文是指從這五個關，可以了解
到漢帝國分成東西兩半部。〔註51〕首先，先了解一下五關的地理位置，杆〈杅〉
關即江關，在今四川奉節東、〔註52〕鄖關在今湖北鄖縣東北、武關在今陝西
商州東，關在其東南、函谷關在今河南靈寶西南（此爲武帝元鼎三年未廣關
前位置）、臨晉關在今陝西大荔東朝邑鎮東北。〔註53〕再者，從這當時五關的
分布，可以看出，漢廷中央相當重視京畿，即關中地區，在這設了三個關，
即臨晉關、函谷關、武關；而鄖關、杆〈杅〉關則是在漢中、巴蜀四川東界
形成一道防線，至此由北而南，將關中與關東分隔開來。三者，分析爲何在
漢初《二年律令》律中上郡、雲中一線無關隘，在上郡、雲中郡東界自戰
國以來就是以黃河及秦長城爲天險，從簡文「諸其塞之河津」可以了解到此
利用自然地理環境發揮防衛能力，〔註54〕並且雲中郡亦有關防措施，以用來

〔註50〕張家山二四七號漢墓竹簡整理小組，《張家山漢墓竹簡〔二四七號墓〕（釋文
修訂本）》，《二年律令・津關令》，簡 492，頁 83。

〔註51〕王子今、劉華祝，〈說張家山漢簡《二年律令・津關令》所見五關〉，《張家山
漢簡《二年律令》研究文集》，（桂林：廣西師範大學出版社，2007 年 6 月第
1 版），頁 373，云：「如果以張家山漢簡所見『杆關、鄖關、武關、函谷、臨
晉關』劃定『關中』與『關外』，其界定，正與我們今天劃定『西部』與『東
部』的分界線大略相同。」

〔註52〕同上注，引文、書，頁 371，云：「捍關、杆關、杅關的大致位置，當在今湖
北秭歸附近。」可備一說。

〔註53〕張家山二四七號漢墓竹簡整理小組，《張家山漢墓竹簡〔二四七號墓〕》，見
於四九二簡下簡整理小組注釋二到六，頁 83～84。而關於漢初涵谷關的現今
位置，依《漢書》，卷六，〈武帝紀第六〉，頁 183，云：「（元鼎）三年冬，徙
函谷關於新安。以故關於弘農縣。」再參照譚其驤主編，《中國歷史地圖集〔第
二冊：秦、西漢、東漢時期〕》，（北京：中國地圖出版社，1996 年 6 月再版），
頁 5～6 及 15～16，應該位於今河南省靈寶縣東北。

〔註54〕辛德勇，〈兩漢州制新考〉，《文史》，2007 年第 1 輯，頁 22，云：「雲夢睡虎
地秦簡《田律》記述秦朝有所謂『河禁』，這應當是設在大關中東面黃河岸邊
的禁地；聯繫張家山漢簡《津關令》中與關中東部函谷關諸要隘相並稱的『河
塞』可證秦至西漢初年，一直以這段黃河河道，作爲大關中北部區域的界線。」

防範關東。〔註55〕而在漢中、巴蜀的置關是爲了防止有「天府之國」之喻的四川地區的物資外流而設置。四者,可以看出在關中與關東的界線上,尤其是京畿內史以東存在著緩衝區域,即河南、河東、河內、上黨、南陽、南郡等郡,這應該爲保護關中京畿地區的措施,以防諸侯王叛亂馬上就危害到京畿地區。最後,要提到的是《二年律令·津關令》中五關所分別關中、關東是廣義的關中與關東。〔註56〕

上述是分封同姓諸侯王之後形成的關中與關東分立的天下態勢,而這樣的態勢其中隱藏著衝突對立的氣息。這種氣息可以從漢中央與諸侯王所掌握的疆域、疆域中的資源及物產和政治情勢來做進一步的分析。

首先,漢中央與諸侯王所領有的疆域本身就已經帶來了問題。因爲基本上,劉邦所分封的同姓王,其封疆跟異姓王一樣,都是相當遼闊,鼂錯曾上書景帝云:

> 昔高帝初定天下,昆弟少,諸子弱,大封同姓,故孽子悼惠王齊七十二城,庶弟元王王楚四十城,兄子王吳五十餘城。分三庶孽,分天下半。〔註57〕

鼂錯此言說明當時同姓諸侯王封地廣大一事。而漢中央所領十五郡,而同姓諸侯王,擁有三十八郡,〔註58〕異姓長沙王有武陵、長沙二郡,〔註59〕共四十郡,因此諸侯王所領佔天下一半以上。這種情況,無疑會爲當時漢朝皇帝帶來恐懼與疑慮,所以啓用關禁也是理所當然的防備措施。

其次,以雙方所擁有的物產及勞動力來看,雙方的對立氣息,也可以從這裡看出一些端倪,以下就用《漢書·地理志》的資料,稍作整理爲表 2~2

〔註55〕 辛德勇,〈張家山漢簡所示漢初西北隅邊境解析——附論秦昭襄王長城北端走向與九原雲中兩郡戰略地位〉,《歷史研究》,2006 年第 1 期,頁 31,云:「而這兩個郡(案爲九原郡及雲中郡)之所以能夠獲得這樣的待遇(案指兩郡獨立設郡),則應當是由於其位居交通要津,控制著東出『關東』以及北出塞外的渡口。」

〔註56〕 王子今、劉華祝,〈說張家山漢簡《二年律令·津關令》所見五關〉,《張家山漢簡《二年律令》研究文集》,頁 370,云:「而張家山漢簡《二年律令·津關令》中的五關的列定,則說明漢出這種『大關中』觀已經得到法律的支持與確定。」

〔註57〕 《漢書》,卷三十五,〈荊燕吳傳第五〉,頁 1906。

〔註58〕 周振鶴,《西漢政區地理》,頁 10,〈同姓王國封域郡目表〉統計,有楚國三郡、齊國七郡、趙國六郡、代國四郡、梁國二郡、淮陽國三郡、淮南國四郡、吳國三郡、燕國六郡,共三十八郡。

〔註59〕 周振鶴,《西漢政區地理》,頁 119。

和表2～3，來進行說明：

表2～2　禹制九州物產表

地域（州）	賦〔註60〕（排名）	田〔註61〕（排名）	礦　　產
冀　州	上上（一）	中中（五）	
兗　州	貞〔下下〕〔註62〕（九）	中下（六）	
青　州	中上（四）	上下（三）	
徐　州	中中（五）	上中（二）	
揚　州	下上（七）	下下（九）	金三品：金、銀、銅〔註63〕
荊　州	上下（三）	下中（八）	金三品：金、銀、銅
豫　州	上中（二）	中上（四）	
梁　州	下中（八）	下上（七）	鐵、銀〔註64〕
雍　州	中下（六）	上上（一）	

資料出處：《漢書》，卷二十八上，〈地理志第八上〉。

此表爲《漢書‧地理志》記錄大禹分天下九州的九州，如以漢朝當時的關中與關東分立來約略對照，漢初中央有雍、梁二州及豫州西半部，諸侯王則有冀、兗、青、徐、揚、荊六州及豫州東半部。以此分析，諸侯王所統疆域物產資源遠遠多於漢中央屬地，而土地產量，雖然雍州土地產量高居第一，但是諸侯王領地土地產量總合應該也是相當可觀。值得注意，揚州、荊州有相當數量的貴金屬礦，尤其是銅，是當時鑄錢的主要原料之一，漢初中央屬地卻無，可是梁州鐵礦這一重要礦產亦不可忽視，所以在礦產上各有千秋。

〔註60〕《漢書》，卷二十八上，〈地理志第八上〉，頁1524，顏師古注云：「賦者，發斂土地所生之物以供天子」。此指物產及資源。

〔註61〕同前注，引書、卷，頁1525，顏師古注云：「一曰，爲其肥瘠之等差也。」，如此乃指各地土地的肥沃貧瘠的情況

〔註62〕同前注，引書、卷，頁1525，原文云：「厥田中下，賦貞，……」頁1526，顏師古注云：「貞，正也。州第九，賦亦正當也。」

〔註63〕同前注，引書、卷，頁1528，原文云：「貢金三品，……」，顏師古注云：「金、銀、銅。」

〔註64〕同前注，引書、卷，頁1531，云：「貢璆、鐵、銀、鏤、砮、磬，……」，因此有鐵礦、銀礦等礦產。

表2～3　周代九州物產和男女比例表

地域（州）	物　產	穀　物	男女比例〔註65〕
揚　州	金、錫、竹、箭	稻	二男五女
荊　州	丹、錫、齒、革	稻	一男二女
豫　州	林、漆、絲、枲	黍、稷、菽、麥、稻	二男三女
青　州	蒲、魚	稻、麥	二男三女
兗　州	蒲、魚	黍、稷、稻、麥	二男三女
雍　州	玉、石	黍、稷	三男二女
幽　州	魚、鹽	黍、稷、稻	一男三女
冀　州	松、柏	黍、稷	五男三女
并　州	布、帛	黍、稷、菽、麥、稻	二男三女

資料出處：《漢書》，卷二十八上，〈地理志第八上〉。

　　表2～3是《漢書‧地理志》記錄周代九州的記錄，〔註66〕由此來看漢初中央疆域相當於雍州及冀州、并州西部，其餘爲諸侯王領地。此表可以補充說明爲男女比例，因爲唯冀州及雍州是男多於女的情況，再參表2～2中田地地力來看，冀州土地中中，雍州則上上來看。雍州因爲土地產量高，而勞動人口集中，冀州可能因爲分出幽州、并州，且當地土地較惡，所以集中勞動力於冀州。但是總歸而言，諸侯王所擁有的勞動力，是絕對比漢初中央朝廷所屬的還多。又漢初中央即擁有秦舊地，《漢書‧地理志》云：

　　　　故秦地天下三分之一，而人眾不過什三，然量其富居什六。〔註67〕
也可以作爲關中人口少於關東一個例證。

　　所以物資及勞動力來看，諸侯王是不遜於中央朝廷，可以說是雙方旗鼓相當，或諸侯王甚至略勝於中央，因此會造成因實力而發生衝突的問題，畢竟漢朝中央實力如無法勝過諸侯王，更遑論能控制諸侯王的僭越或叛亂了。

　　最後，從政治的角度來看，以漢初同姓諸侯王的政治地位來說，賈誼曾

〔註65〕同前注，引書、卷，頁1539～1541，描述各州皆云：「民X男X女，畜宜……，穀宜……」，這裡推測爲男女比例，因爲畢竟當時的社會是以男性爲主要生產勞動力，應可以此來看當時的勞動力的分布情況。
〔註66〕同前注，引書、卷，頁1539，云：「殷因於夏，亡所變改。周既克殷，監於二代而損益之，定官分職，改禹徐、梁二州合之於雍、青，分冀州之地以爲幽、并。」
〔註67〕《漢書》，卷二十八下，〈地理志第八下〉，頁1646。

對此發表言論：

> 諸侯王所在之宮衛，織履蹲夷，以皇帝所在宮法論之；郎中、謁者
> 受謁取告，以官皇帝之法予之；事諸侯王或不廉潔平端，以事皇帝
> 之法罪之。曰一用漢法，事諸侯王乃事皇帝也。誰是則諸侯之王乃
> 將至尊也。〔註68〕

這裡提到了政治地位的問題，即「漢法」賦予諸侯王在其王國內的政治地位跟皇帝在直轄郡縣的政治地位是等同的，亦即賈誼所說的「一用漢法」，可以解釋說諸侯王在王國的政治地位如同皇帝，因此諸侯王於其封國內擁有相當的獨立性，獨立性其實也代表著一種實力。

賈誼更進一步敘述這種情況，云：

> 天子之相，號為丞相，黃金之印；諸侯之相，號為丞相，黃金之印，
> 而尊無異等，秩加二千石之上。天子列卿秩二千石，諸侯王列卿秩
> 二千石，則臣已同矣。……天子衛御，號為太僕，銀印，秩二千石；
> 諸侯之御，號為太僕，銀印，秩二千石，則御已齊矣。……天子宮
> 門曰司馬，闌入者為城旦；諸侯宮門曰司馬，闌入者為城旦。殿門
> 俱為殿門，闌入之罪亦俱棄市。宮牆門衛同名，其嚴一也，罪以鈞
> 矣。天子之言曰令，令甲令乙是也；諸侯之言曰令，□儀之言是也。
>
> 〔註69〕

因此不單單只是諸侯王在王國的地位與皇帝一樣，諸侯王的臣子與皇帝的臣子名稱也相同。諸侯王所用的東西、所行的法令亦跟皇帝沒有兩樣。這也難怪同姓諸侯王會越來越跋扈自大、目中無人了。

因為諸侯王在其王國的政治地位，或類似於皇帝在其直轄郡縣的政治地位一樣，同樣尊貴，這也是產生對立的一種重要因素。可是對諸侯王來說「皇帝」與「諸侯王」的名號還是有所差別，因為「皇帝」是獨一無二的名號，而皇帝懼怕其名號被別的諸侯王所取代，甚至自己的天下被其取走，雖然是說同姓一家，但彼此卻互相猜忌，即是基於這個原因。

又漢朝皇帝承襲了秦朝所建立起來「一人專制政治」的思想，〔註70〕成

〔註68〕賈誼著，閻振益，鍾夏校注，《新書校注》，（北京：中華書局，2000年7月第
　　　　1版），卷一，〈等齊〉，頁46。

〔註69〕同前注，引書、卷，頁46～47。

〔註70〕徐復觀云：「一人專制政治的特質，首先將皇帝個人的身份地位絕對化、神聖
　　　　化……一人專制政治，是秦國長期在法家思想培育之下所形成的。法家思想

爲其中心思想，皇帝被此思想引導自然會對諸侯王有所猜忌和防備。可是因爲漢初的局勢不得不樹立同姓諸侯王以爲中央的藩輔，又要其發起「鎮撫」的作用，於是提升其於封國內的地位與皇帝同等，但這對漢朝皇帝而言，實是權宜之策，內心是極其憂心，諸侯王的權力與地位太大，如果可予之，卻不可收，對皇帝而言是一種威脅。最後，一定會造成雙方的對立。

總結而言，劉邦大封同姓諸侯王，使天下局勢形成關中與關東的分立，而從這種分立局勢，因爲關東的諸侯王國封域太大，佔天下之一半以上，而有土地就有物資、勞動力、賦稅等等，雖說「關中之富居什六」，但是諸侯王國的人口、資源卻是可以跟漢中央相比美，甚至超過，這不得不使漢朝皇帝有所防範，上述〈津關令〉設置五關，以防止關中物資流向關東，可以說是不想壯大諸侯王的實力，也可以說是要保存漢中央自己的實力，避免自己的物資減少。更重要的，因爲領土、物資、政治地位，諸侯王都能跟皇帝並駕齊驅，皇帝對諸侯王有所猜忌，將使諸侯王對皇帝的恐懼，所以對立是不可避免的。賈誼曾云：

> 夫樹國固必相疑之勢，下數被其殃，上數爽其憂，甚非所以安上而全下也。〔註71〕

可以說明爲何漢中央與諸侯王的對立。其實，這樣的對立最主要的因素應該是「皇帝自身」先發起了防範、敵意、對立心，至於同姓諸侯王多半是強迫與之對立的。關中、關東的分立，所產生的問題，即是漢朝皇帝與諸侯王的對立關係，亦是關中與關東的對立。

所以說，漢朝初年皇帝與同姓諸侯王之間的關係，是一個既「支強幹弱」又「關中與關東分立」的對立情勢，這就顯示出漢初「中央集權」及「一人專制」仍不明顯，並且不是能很順利的伸張，從漢朝皇帝與同姓諸侯王的對立是可以看到這種狀況的展現。

第三節　「黃老無爲」治術的實質

國家運作的根本在於治國的大政方針，此或可謂爲施政的指導思想，亦可言爲一國的國策。國策的制定，關係著一個國家的強盛與否，可令其壯大，

特點之一，是君臣關係的緊張，因而在心理上所引起的非常尖銳的猜防作用」見徐復觀，〈漢代一人專制政治下的官制演變〉，《兩漢思想史〔第一卷〕》，頁120。

〔註71〕《漢書》，卷四十八，〈賈誼傳第十八〉，頁2232。

亦可使其國走向衰亡。如秦國以法家思想最爲其指導思想，以其內容爲其國策，進而統一天下，但是卻二世而亡。賈誼在其有名的〈過秦論〉中談及秦亡的原因，云：

> 然秦以區區之地，致萬乘之勢，序八州而朝同列，百有餘年矣。然後以六合爲家，殽函爲宮。一夫作難而七廟墮，身死人手，爲天下笑者，何也？仁義不施，攻守之勢異也。〔註72〕

所謂「攻守之勢異也」，可以說是以法家思想作爲國策，可以富國強兵、統一天下，但是用來守成，單單依靠法家思想是不夠的。也可從此了解到國策是應隨時作調整，因時、因勢而變，沒有亙古不變的國策，更沒有可用萬世的國策。

所以劉邦在經歷亡秦戰爭、楚漢相爭後，好不容易終於重新統一天下，絕對不可能、亦不敢再力行嚴厲的國策了。對於這個新建立的朝代而言，擬定一個新指導思想、新治國國策是相當重要的任務。因爲當時天下人民，苦於秦朝的賦役，又歷經七、八年的戰亂的殘害，已經到了「丁壯苦軍旅，老弱罷轉饟」的地步，〔註73〕並且當時天下元氣大傷，人民嗷嗷待哺，經濟急待恢復，《漢書‧食貨志》提及當時的社會經濟情況有深刻的描述，其云：

> 漢興，接秦之弊，諸侯並起，民失作業，而大饑饉。凡米石五千，人相食，死者過半。高祖乃令民得賣子，就食蜀漢。天下既定，民無蓋藏，自天子不能具醇駟，而將相或乘牛車。〔註74〕

民以食爲天，這是人活命的基本要件之一，可是卻到了人吃人的地步。這樣的情況與漢武帝初年「太倉之粟陳陳相因，充溢露積於外，腐敗不可食。」〔註75〕及昭帝時的「穀至石五錢」無法相比。〔註76〕雖然說漢初所行的榆莢半兩錢和武帝之後行的五銖錢幣值有差，但是五千錢與五錢是個相當大的差距，還是可以說明漢初經濟與武帝之後經濟的天差地遠。

漢初社會經濟從戰亂過後得到恢復，實在是有賴於其國策選擇的正確，即「黃老無爲」的治國指導思想。首先，有關於「黃老道家」〔註77〕的出現

〔註72〕賈誼著，閻振益，鍾夏校注，《新書校注》卷一，〈過秦上〉，頁3。
〔註73〕《史記》，卷八，〈高祖本紀第八〉，頁376。
〔註74〕《漢書》，卷二十四上，〈食貨志第四上〉，頁1127。
〔註75〕同前注，引書、卷，頁1135。
〔註76〕同前注，引書、卷，頁1141。
〔註77〕有關於漢初的道家即是黃老道家，熊鐵基云：「在司馬遷《史記》當中，老子、

是有一發展的過程，其發源的時間與地點根據前輩學者的研究，應該是在戰國的齊國稷下學宮無疑。〔註78〕再來是有關於黃老道家的內容說明，司馬遷之父司馬談的〈論六家要指〉對於陰陽、儒、墨、名、法、道德六家有精要的論點，其對道家之論云：

> 道家使人精神專一，動合無形，贍足萬物。其為術也，因陰陽之大順，采儒墨之善，撮名法之要，與時遷移，應物變化，立俗施事，無所不宜，指約而易操，事少而功多。〔註79〕

又云：

> 道家無為，又曰無不為，其實易行，其辭難知。其術以虛無為本，以因循為用。無成勢，無常形，故能究萬物之情。不為物先，不為物後，故能為萬物主。有法無法，因時為業；有度無度，因物與合。故曰「聖人不朽，時變是守。虛者道之常也，因者君之綱」也。羣臣並立，使各自分明也。〔註80〕

從上面兩段引文可以了解到「黃老道家」的一些基本思想，如應時變化、因事制宜、無為無不為、虛無、因循等等。然而，其最大的特點即為「融合」，〔註81〕因此能夠「與時遷移，應物變化，立俗施事，無所不宜，指約而易操，事少而功多。」，所以最能應付漢初經濟殘破，急需恢復及穩定民心的社會情

道家、道德、黃老這些詞，常常視同一意義。」見熊鐵基，《秦漢新道家》，（上海：上海人民出版社，2001 年 3 月第 1 版），頁 5。又云：「黃老之學（黃老道德之術）發生和流行於戰國時期，黃老道家學派的形成則在秦漢之際。提出道家的是司馬談的《論六家要指》，或曰『道家』或曰『道德家』，他所概括的特點主要是黃老道家。……在司馬遷父子心目中，乃至於在多數漢代士人心目中，道家就是黃老。」見同書，頁 11～12。

〔註78〕 陳麗桂，《秦漢時期的黃老思想》，（台北：文津出版社，民國 86 年 2 月初版），頁 124～125，云：「『黃老』正式被推上政治舞台，是由曹參，在齊國，以蓋公為指導開始的。蓋公是膠西人，齊國則不但是戰國以來大宗黃帝傳說的發源地，也是戰國時期黃老思想的大本營——稷下學宮的所在地。」及熊鐵基，《秦漢新道家》，頁 23 云：「黃老之學的產生是有一定條件的，是有一個過程的，很難有十分具體的標誌，而稷下黃老倒是一個比較明顯的標誌，因而稷下黃老的地位十分重要的，其所起的作用——對黃老之學的產生、黃老道家的形成所起的作用是很大的。」

〔註79〕 《史記》，卷一百三十，〈太史公自序第七十〉，頁 3289。

〔註80〕 同前注，引書、卷，頁 3292。

〔註81〕 因黃老道家「因陰陽之大順，采儒墨之善，撮名法之要。」是結合了陰陽、儒、墨、名、法各家之所長，所以研究黃老道家的思想，都不難發現其中包含有以上各家的思想理論及觀點。因此說其特點是「融合」。

況。以這種虛無、因循的思想理論來治理國家，正好符合當時的時勢，此亦是應時變化的表現，使人民可以得到充分的修養生息的時間。

　　黃老道家的「無爲」思想成爲漢初的國策，確實是合乎當時天下社會的需求，但是卻不是漢朝唯一及整體的國策，其實漢初所採取的國策是有「黃老無爲」與「法治」二種既互爲表裏，〔註82〕又相輔相成的國策，〔註83〕因爲在黃老無爲之下，仍然需要用法治來維持國家和社會秩序。在此節先談黃老無爲國策，因爲「黃老無爲」主要是爲了穩定整個國家社會爲其目的，它的出發點是人民，雖說無爲的適用對象上至皇帝，下達平民，值得注意的就是在於它鞏固了國家的基礎，即「人民」，加強平民百姓對國家的信心及向心力。另一方面，鞏固國家的「法治國策」，最主要是對於當時的最高統治者皇帝，讓其更注意到他的權力的穩固，這才是統治國家的核心，皇帝權力穩固，賴於穩定的國家秩序、社會秩序，關於這一點，漢朝皇帝採用的就是法家思想，此在下節討論。所以說穩固國家根本是屬於黃老無爲國策，而鞏固皇帝權力的則爲法治國策。

　　既然黃老無爲是爲人民，爲穩定社會、國家量身訂做的國策，其具體的表現首要在於減輕平民百姓的負擔，是使社會經濟能穩定恢復的必要方法，這樣的政策從漢高祖劉邦就極力推行，高祖五年（西元前202年）五月的詔書云：

　　（漢五年）帝西都洛陽。夏五月，兵皆罷歸家。詔曰：「諸侯子在關
　　中者，復之十二年，其歸者半之。民前或相據保山澤，不書名數，
　　今天下已定，令各歸其縣，復故爵田宅，吏以文法教訓辨告，勿笞
　　辱。民以飢餓自賣爲人奴婢者，皆免爲庶人。」〔註84〕

從此詔書就可以看出，劉邦積極處理一些受戰爭結束後所面臨的問題，除了原籍屬於諸侯王國的人，若留在關中者予以免除十二年賦稅，如回故國者則

〔註82〕陳麗桂，《秦漢時期的黃老思想》，頁4，云：「事實上，我們如果仔細分析檢討西漢的黃老治術，會發現，劉漢朝廷，一方面基於嬴秦苛法覆亡的教訓，與長年征戰，民生凋敝的現實社會需要，不得不走道家清靜寬緩之路；但在另一方面，卻又因承襲秦制的先天因素，與中央集權政體確立的後天要求，無法拋棄刑名法制，這就使得漢初七十年的黃老治局呈現出表『道』裡『法』，先『道』後『法』，剛柔並濟、刑德並用的雙面融通性格，與黃老帛書的理論情況相當一致。」

〔註83〕林聰舜，《西漢前期思想與法家的關係》，（台北：大安出版社，1991年4月第1版），頁5，云：「由黃老、賈誼、董仲舒的思想中皆明顯表現了道法或儒法結合的特色……但持守任何立場的思想家幾乎都不能廢棄法家思想，法家思想在漢初已站穩了腳步。」

〔註84〕《漢書》，卷一下，〈高祖本紀第一下〉，頁54。

免除六年賦稅之外，對於一般因戰亂離鄉背井的平民大眾，恢復其原有田地宅地，這對於人民重新投入生產工作是一種莫大的鼓舞。至於讓因遭逢亂世淪落爲奴婢的人重新得到平民的身份，這對於增加國家生產力更是有幫助。從此看來這詔書是爲恢復社會經濟爲著眼點。這些措施也符合黃老道家「無爲無不爲」，此即「因循」的思想，其所因、所循的就是人的本性，人性即本於安穩、不變動，這亦是穩定當時飽受戰爭破壞的社會之道。《淮南子》云：

> 是故天下之事，不可爲也，因其自然而推之。萬物之變，不可究也，秉其要趣而歸之。……人生而靜之，天之性也。感而後動，天之害也。〔註85〕脩道理之數，因天地之自然，則六合不足均也。……由此觀之，萬物固以自然，聖人又何事焉！〔註86〕

又云：

> 聖人之治天下，非易民性也，拊循其所有而滌蕩之，故因則大，化（作）則細矣。……夫物有以自然，而人事有治也。……故先王之制法，因民之所好，而爲之節文者也……因其所喜勸善，因其所惡以禁姦。〔註87〕

從上引文來參看劉邦的高祖五年（西元前 202 年）五月詔書，可以發現其中多有共通之處，天下事因自然，萬物皆以自然，那人民之本性亦爲自然之一，人民有所喜好，統治者就循其所好，即劉邦「復故爵田宅」、「免奴婢爲庶人」，重新給人民安身立命之所，因「人生而靜之」，人喜安定，不悅於動亂，更不願爲奴婢。所以劉邦此政策合乎黃老道家的思想。

另外，漢初的嘉話「蕭規曹隨」的主角中的曹參，更是讓黃老道家思想理論浮出政治舞台的第一人。曹參在出任漢朝相國前，曾爲齊國相，用膠西蓋公之言，推行黃老治術。〔註88〕及曹參代蕭何爲漢相國，《漢書》載其行跡云：

〔註85〕劉安著，劉文典集解，《淮南鴻烈集解》，（北京：中華書局，2006 年 3 月），卷一，〈原道訓〉，頁 10～11。

〔註86〕同前注，引書、卷，頁 15～19

〔註87〕劉安著，劉文典集解，《淮南鴻烈集解》，卷二十，〈泰族訓〉，頁 669～671。

〔註88〕《漢書》，卷三十九，〈蕭何曹參列傳第九〉，頁 2018，云：「孝惠元年，除諸侯王相國法，更以（曹）參爲齊丞相。……天下初定，悼惠王富於春秋，參盡招長老諸先生，問所以安百姓。而齊故諸儒以百數，言人人殊，參未之所定。聞膠西有蓋公，善治黃老言，使人厚幣請之。既見蓋公，蓋公爲言治道貴清靜而民自定，推此類具言之。……其治要用黃老術，故相齊九年，齊國安集，大稱賢相。」

舉事無所變更，壹尊何之約束。擇郡國吏長大，訥於文辭，厚謹長
者，即召除爲丞相吏。吏言文刻深，欲務聲名，輒斥去之。〔註89〕

「舉事無所變更」就是無爲，亦即因循。選擇木訥之人爲丞相吏，除去深刻、
汲汲於名聲之人，是因爲後者會擾民，前者可寧民；後者迫使民動，前者能
使民靜，此自然是因秦亡於使用民力過當，〔註90〕這爲「應時變化」、「因事
制宜」的思想表現。《淮南子・泰族訓》云：

治大者道不可以小，地廣者制不可以狹，位高者事不可以煩，民眾
者教不可以苛。〔註91〕

又云：

故爲治之本，務在寧民；寧民之本，在於足用；足用之本，在於勿
奪時；勿奪時之本，在於省事；省事之本，在於節用；節用之本，
在於反性。〔註92〕

身處高位的曹參，爲事不可以煩，所以日日飲酒，不視事。選擇長者之吏，
除去苛深之吏，因此民眾就不會覺得苛刻。此即漢初爲了「寧民」所制之宜。

　　因漢高祖劉邦與蕭何、曹參等人的努力，目的是穩定了遭遇秦末群雄並
爭、楚漢相爭，而流離失所的大批民眾的信心，依靠的是黃老道家「無爲」
因循的思想理論之國策。接下來爲了減輕人民的負擔，而推行輕繇薄賦及屢
屢減稅的政策。輕繇方面，漢初最有名的例子應屬於惠帝時築長安城廓的措
施，惠帝共發民四次築城，費時五年，第一次於元年（西元前 194 年）正月
無人數、時間的記錄，其餘三次，據《漢書・惠帝本紀》整理成下表：

表2～4　惠帝期間征民築長安城表

時　間	身　分	人　數	役　期
惠帝三年（西元前 192 年）春	長安六百里內男女	十四萬六千人	三十日
惠帝三年（西元前 192 年）六月	諸侯王、列侯徒隸	二萬人	無　載
惠帝五年（西元前 190 年）正月	長安六百里內男女	十四萬六千人	三十日

資料出處：《漢書》，卷二，〈惠帝紀第二〉。

〔註89〕同前注，引書、卷，頁 2019。

〔註90〕秦朝之滅亡，當然不單單只有一個原因，是許多因素及時勢的變化使然，在
此僅言「使民力過當」，是比較於漢初採以「與民休息」的黃老道家國策而言。

〔註91〕劉安著，劉文典集解，《淮南鴻烈集解》，卷二十，〈泰族訓〉，頁 677。

〔註92〕同前注，引書、卷，頁 686。

築長安城廓其發起的人民是長安附近的居民及徒隸，人數最多不超過十五萬，役期僅一月。比起秦始皇築阿房宮及皇陵，就發起七十餘萬人，〔註93〕實可稱之為輕繇了。薄賦方面，在漢高祖十一年（西元前196年）二月詔書中可略知一二，其云：

> 欲省賦甚。今獻未有程，吏或多賦以為獻，而諸侯王尤多，民疾之。
> 令諸侯王、通侯常以十月朝獻，及郡各以其口數率，人歲六十三錢，
> 以給獻費。〔註94〕

雖然漢朝另外還有算賦、口賦、更賦等等，但是在此可以看到高祖想要減輕人民的負擔，避免地方統治者及諸侯王藉獻費為理由，無止境的搜括人民財產，因而制定人民每人固定的數目。減稅方面，也是漢初一個相當明顯的政績，根據董仲舒的說法，秦朝的稅高達十分之五，致使人民難以存活。〔註95〕而漢初高祖定田租稅率為十五分之一，〔註96〕為漢初到景帝元年（西元前156年）為田租的常制，而在文帝二年（西元前168年）、十二年（西元前178年）有過「賜天下民今年田租之半」、「賜農民今年租稅之半」〔註97〕的優待，此即是減稅為三十分之一，文帝十三年更是全免一年田租。〔註98〕至景帝元年，「令田半租」，〔註99〕從臨時性的減免正式成為定制，從此終於前漢一代都是三十分之一的田租。從秦朝高田稅到漢初的什五稅一，到景帝以後三十稅一，人民的負擔減少許多，這也是「因事制宜」、「與民休息」的具體表現，因應經濟需恢復，而制定新田租，人民得以致力於生產。

黃老道家的主張虛無、無為、因循思想，用於人民而制定的治術，最大的

〔註93〕《史記》，卷六，〈秦始皇本紀第六〉，頁256，云：「作宮阿房，故天下謂之阿房宮。隱官徒刑者七十餘萬人，乃分作阿房宮，或作麗山。」

〔註94〕《漢書》，卷一下，〈高祖本紀第一下〉，頁70。

〔註95〕《漢書》，卷二十四上，〈食貨志第四上〉，頁1137，云：「古者稅民不過什一，其求易供；……至秦則不然，……力役三十倍於古；田租口賦，鹽鐵之利二十倍於古。或耕豪民之田，見稅什五。故貧者常衣牛馬之衣，而食犬彘之食。」

〔註96〕同前注，引書、卷，頁1127，云：「上（高祖）於是約法省禁，輕田租什五而稅一，量吏祿，度官用，以賦於民。」

〔註97〕《漢書》，卷四，〈文帝本紀第四〉，頁118及124。

〔註98〕同前注，引書、卷，頁125，云：「農，天下之本，務莫大焉。今勤身從事，而有租稅之賦，是謂本末者無以異也，其於勸農之道未備。其除田之租稅。」

〔註99〕《漢書》，卷五，〈景帝本紀第五〉，頁140。又《漢書》，卷二十四上，〈食貨志第四上〉，頁1135，云：「孝景二年，令民半出田租，三十而稅一也。」可能是景帝元年班布，二年起成為定制。

目標及特色就是「寧民」，即盡可能的不打擾人民。主要亦是要恢復當時的社會
經濟，表現在力役、賦稅上的減輕最為明顯。另外，皇帝的節用，也是一種不
擾民的方式，漢文帝是前漢相當有名的簡樸皇帝，曾欲造露臺，因需費百金而
作罷。文帝在位二十三年「宮室苑囿車騎服御無所增益」，〔註100〕其子景帝遵
循其業，〔註101〕創造史上有名的「文景之治」，黃老無為國策亦為有功。

　　秦代的刑罰相當繁重，導致「赭衣塞路，囹圄成市」〔註102〕的情形，劉邦
滅秦後，與民約法三章「殺人者死，傷人及盜抵罪」，〔註103〕讓苦於刑罰的人
民從中解脫。其後，惠帝四年（西元前191年）「省法令妨吏民者；除挾書律」，
〔註104〕呂后元年（西元前184年）廢除三族罪、妖言令，因此《漢書‧高后本
紀》贊中稱惠帝、呂后時期，云：

> 孝惠、高后之時，海內得離戰國之苦，君臣俱欲無為，故惠帝拱己，
> 高后女主制政，不出房闥，而天下晏然，刑罰罕用，民務稼穡，衣
> 食滋殖。〔註105〕

惠帝、呂后皆身體力行「無為之治」，雖無治世之名，亦有其實了。文帝時
更廢除肉刑，其統治期間致使「刑罰大省，至於斷獄四百，有刑錯之風」。
〔註106〕以上可以了解到漢初的寬緩刑罰之風氣，至文帝已經到了制刑而不
用的程度，這也是黃老道家思想下的政績。

　　再說，漢初寬緩刑罰之風，是為了矯正秦代的弊端，因而採用了黃老的
思想，對秦代重法亡國採取修正的態度。可是值得注意，漢朝統一後不久，
蕭何便開始「次律令」，〔註107〕著手法律的重建工作，因此劉邦將秦代過度箝
制人民的刑罰廢除，但不代表完全不用刑罰，法律與刑罰的重心表現在維持

〔註100〕《漢書》，卷四，〈文帝本紀第四〉，頁134。
〔註101〕《漢書》，卷五，〈景帝本紀第五〉，頁153，云：「漢興，掃除煩苛，與民休
　　　　息。至于孝文，加之以恭儉，孝景遵業，五六十載之間，至於移風易俗，黎
　　　　民醇厚。」
〔註102〕《漢書》，卷二十三，〈刑法志第三〉，頁1096。
〔註103〕同前注，引書、卷，頁1096。
〔註104〕《漢書》，卷二，〈惠帝本紀第二〉，頁90。
〔註105〕《漢書》，卷三，〈高后本紀第三〉，頁104。
〔註106〕《漢書》，卷二十三，〈刑法志第三〉，頁1097。
〔註107〕《史記》，卷一百三十，〈太史公自序第七十〉，頁3319，云：「於是漢興，蕭
　　　　何次律令，韓信申軍法，張蒼為章程，叔孫通定禮儀。」又《漢書》，卷二十
　　　　三，〈刑法志第三〉，頁1096，云：「於是相國蕭何攈摭秦法，取其宜於時者，
　　　　作律九章。」

國家和社會秩序上。近年出土的張家山漢簡《二年律令》可以看到漢初法律的部分樣貌，其中有許多防範人民與諸侯王來往的法律規定，並處以重刑如要斬、磔等，這就是漢初法律在維護國家秩序的體現，此於第四章第三節將有詳細討論；在社會秩序維持上，茲舉一例，如《二年律令‧賊律》云：

子賊殺傷父母，奴婢賊殺傷主、主父母妻子，皆梟其首市。〔註108〕

此為重視孝道精神與保護主從關係的法律，無論任何時代孝道都應被倡導，主從關係的保障，在漢代當時也是需要的，這就是用法律來維護社會秩序，藉此讓社會能夠安定的發展。

總而言之，秦代以法家思想為總體國策，因此「尚法」，〔註109〕刑罰常用，人民苦不堪言。漢初對於這樣的國策有所改變，對於人民主要以「黃老無為」的國策來對待，一方面是因應當時的社會經濟狀況，黃老之術有利於休養生息；另一方面，就是剛剛得到政權劉邦與其功臣們，從政經驗不足及文化素養較少，所以黃老無為、因循的思想，「君臣俱欲無為」，使其能因襲秦朝制度，〔註110〕不加以大更改，使民自化。屬於黃老道家的陸賈，〔註111〕其所著的《新語》中亦有〈無為〉篇，陸賈所著共十二篇，「每奏一篇，高帝未嘗不稱善，左右呼萬歲」，〔註112〕不但代表劉邦接受黃老道家思想，及其群臣也是遵循黃老治術為政，以此為國策治理人民。

第四節　法家思想遺緒的治術

漢朝初年推行「黃老無為」治術，主要是用在治民上，這是漢初君臣的共識。而對於國家秩序、社會秩序的維持，尤其是國家秩序，即國家體制的維護方面，劉邦與其功臣們卻又是以另一種思想理論所產生的國策，來達到

〔註108〕 張家山二四七號漢墓竹簡整理小組，《張家山漢墓竹簡〔二四七號墓〕（釋文修訂本）》，《二年律令‧賊律》，簡34，頁13。

〔註109〕 《史記》，卷六，〈秦始皇本紀第六〉，頁237～238，云：「始皇推終始五德之傳，以為周得火德，秦代周德，從所不勝。方今水德之始，……剛毅戾深，事皆決於法，刻削毋仁恩和義，然後合五德之數。於是急法，久者不赦。」

〔註110〕 漢初因襲秦朝制度，如叔孫通制定朝儀，「采古禮與秦儀雜就之」，見《漢書》，卷四十三，〈酈陸朱劉叔孫列傳第十三〉，頁2126。又蕭何制律，「攈摭秦法，取其宜於時者，作律九章。」，見《漢書》，卷二十三，〈刑法志第三〉，頁1096。

〔註111〕 熊鐵基，《秦漢新道家》及陳麗桂，《秦漢時期的黃老思想》二書，皆認為陸賈為黃老道家。

〔註112〕 《漢書》，卷四十三，〈酈陸朱劉叔孫列傳第十三〉，頁2113。

鞏固，即法家思想，是「集權中央」、「尊君臣卑」、「名分職」，〔註113〕其中心目的就是皇權的鞏固，但是因為秦朝重法而亡，所以也不敢表明的重用法家思想，要有所包裝，而自戰國以來發展的黃老道家之學，它既有道家「無為」治術，又「采儒墨之善，撮名法之要」，〔註114〕這正好符合漢初君臣的想法，以黃老無為之術治民，以法家思想強化君權，如此既不擾民又可逐步中央集權。

確實，黃老學說是有兩面主張，一是無為治術，一為君尊臣卑。而關於黃老思想中有君尊臣卑的法家思想部分，乃因為黃老道家的思想理論本身就是「融合」各家學說理論而來，其中有法家思想是不足為奇。余英時云：

> 中國的政治傳統中的反智成分在思想上淵源於法家，與法家匯了流的黃老道家以及法家化了的儒家也都曾在不同的程度上給反智政治提供了理論的基礎。而反智論的政治內核則可以歸結到「尊君卑臣」的原則。〔註115〕

司修武云：

> 從學術思想史的角度來看，黃老學說的興起，其背後隱藏著一個學術思想衝突對抗的大問題，那就是法家思想和道家老子的思想結合起來，對抗儒家；黃老學說的得勢，等於是法家思想繼秦之後，第二度在對抗儒家中獲得勝利。〔註116〕

又說：

> 秦亡之後，漢繼之而起，建立君主集權專制，但是其理論根據，或說是學術思想根據，卻不是直接來自法家，而是經黃老學家轉了一個手。〔註117〕

在此不深論儒法及儒道法衝突的思想史問題，但是此論點提供了一些思考的方向，雖說黃老學說興起的結果是儒與道法對抗，其原因應為儒家思想繁瑣，〔註

〔註113〕《史記》，卷一百三十，〈太史公自序第七十〉，頁3291。

〔註114〕同前註，引書、卷，頁3289。

〔註115〕余英時，〈「君尊臣卑」下的君權與相權──「反智論與中國政治的傳統」餘論〉，收錄於《歷史與思想》，（台北：聯經出版社，2001年11月初版第22刷），頁49～50。

〔註116〕司修武，《黃老學說與漢初政治平議》，（台北：台灣學生書局，民國81年6月初版），頁1。

〔註117〕同前註，引書，頁20。

〔註118〕司馬談論儒家，其云：「儒者薄而寡要，勞而少功，是以其事難盡從」又說「六

118〕緩不濟急，不能符合當時的政治、社會情勢。又漢初建立君主集權專制的思想理論，其不來完全直接取自法家，而是轉個彎，經由黃老道家取得，這可以說是必然之勢，前已明言，所以說漢初有法家思想「遺緒」的國策，或說爲法家思想的「法治」國策。雖說法家的產生，有說法是自於黃老學說，如法家勢派的慎到，〔註119〕而戰國時代思想、學說的發展，最後皆有相互影響、吸收的趨勢，漢初的黃老道家的思想理論，必然有擷取、吸收法家思想，因此漢朝統治者的法治思想雖取自黃老道家，但主要實爲吸收黃老道家中法家固有的思想理論。

　　漢初的皇帝除了注重治民用無爲之術外，更留心於法家思想，因爲這與當時的天下情勢、政治環境有密切相關。秦朝由始皇帝嬴政建立起中央集權的大一統的國家規模，這是歷史上千古一大變，因爲這規模後來用了兩千年，但是因爲秦朝存在的時間短，僅僅十五年，所以規模尙未穩固。漢高祖劉邦贏得楚漢相爭的勝利而建立漢朝，劉邦是一個能順應時勢又具有遠見的人。其順應時勢，懂得與群臣分利，這是其能得天下的原因，〔註120〕因爲當爭天下時，人人皆欲裂地封侯，劉邦不得已才分封異姓諸侯王。而遠見方面，劉邦認識到中央集權的立國規模和一人專制的家天下的歷史趨勢，因此在高祖六年（西元前201年）到十二年（西元前195年），實行剷除異姓諸侯王的行動，只是因當時天下情況，又不得不封同姓諸侯王以代之。

　　中央集權及一人專制是法家思想下所產生的制度，劉家皇帝當然知道這才是自身權力根本，大經大法就是要守住「君尊臣卑」，此爲漢朝維護君權的國策。而郭沫若曾說道：

　　　　秦與漢的政治實爲一貫，世人皆知漢初崇尚黃老，導源於齊，而忽
　　　　略了秦始皇之崇神仙方士，亦導源於齊。秦與漢自略不同，其不同

　　　　藝經傳以千萬數，累世不能通其學，當年不能就其禮」，見《史記》，卷一百
　　　　三十，〈太史公自序第七十〉，頁3289及3290。這就是儒家的缺點，難用於
　　　　當時的原因。

〔註119〕熊鐵基說：「慎到這樣的稷下學士，在『發明』『黃老道德之術』的過程中，
　　　　同時『創造』了關於法的一些理論和思想，後再進一步發展成較爲完整的法
　　　　家理論。」見熊鐵基，《秦漢新道家》，頁20。

〔註120〕劉邦曾問臣下，其得天下的原因，高起、王陵云：「陛下嫚而侮人，項羽仁
　　　　而敬人。然陛下使人攻城略地，所降下者，因以與之，與天下同利也。項
　　　　羽妒賢嫉能，有功者害之，賢者疑之，戰勝而不與人功，得地而不與人利，
　　　　此其所以失天下也。」見《漢書》，卷一下，〈高帝本紀第一下〉，頁56。

處在秦尚法而漢尚術，如此而已。〔註121〕

在此提到漢承秦，漢代與秦代政治上的一貫，最主要就是在國家體制的相同，其不同在於漢朝重視的是術治而已。其實不全然如此，法家法、術、勢三派，各有其特色，且對於漢朝的治術中，法家三派的思想理論皆有被運用。而「勢」與「術」主要運用在國家體制、秩序的維護，即是統治階層間施行；「法」的運用則較廣，在國家秩序與社會秩序上皆用的上，即上達統治階層，下及平民百姓。

先言「勢」的方面，法家勢派代表爲慎到，主張分定止爭，《呂氏春秋》載其故事云：

> 今一兔走，百人逐之，非一兔足爲百人分也，由未定。由未定，堯且屈力，而況眾人乎？積兔滿市，行人不顧，非不欲兔也，分以已定矣。分已定，人雖鄙不爭。故治天下及國，在乎定分而已矣。〔註122〕

慎到的思想核心勢治，內容包含極廣，有自然之勢、借勢及合天下之人才，各取其所長，成就一體之勢致於治等等。〔註123〕勢又可以分爲自然之勢及人爲之勢，韓非子云：

> 勢必於自然，則無爲言於勢矣；吾所爲言勢者，言人爲之所設也。……若吾所言，謂人之所得設也；若吾所言，謂人之所得勢也而已。〔註124〕

此言人爲之勢，即爲人能設定能得到的勢，前輩學者有詳盡的論人爲之勢，其歸結云：

> 後天之設施（人爲之勢）在積聚本身力量方面，主要在用盡方法將治下的官吏、諸侯、人民完全納入管理，將其安置在最佳時空位置之上，（賢者在上，不肖者在下；貴者處上，賤者處下；強者處上，弱者處下；眾者處上，寡者處下。）力量沒有磨擦、碰撞、抵消，

〔註121〕郭沫若，〈稷下黃老學派的批判〉，《十批判書》，（北京：東方出版社，1996年3月第1版），頁191。

〔註122〕呂不韋撰，王利器注疏，《呂氏春秋注疏》，（成都：巴蜀書社，2002年1月第1版），卷十七，〈審分覽‧慎勢〉，頁2071～2074。

〔註123〕羅獨修，《先秦勢治思想探微》，（台北：中國文化大學出版部，民國91年1月初版），頁62～65。

〔註124〕韓非著，王先慎集解，《韓非子集解》，（北京：中華書局，1998年7月第1版），卷十七，〈難勢〉，頁391。

　　而又能充份發揮，建立內重外輕、本大末小、層層節制、如臂使指、
　　指揮如意之一體之政治機器。〔註125〕

所以說每一個人都有勢，也都需要勢，一個國家、政府要維持下去就要將大家集合起來，因此皇帝有皇帝的勢，人臣有人臣的勢，人民亦有勢。皇帝之勢，除了開國之君的勢是人為外，通常與身俱來，臣的勢是人為，皇帝所賦予，人民之勢為自然之勢，皇帝與人臣皆須借其勢才能存在，最後成為一體之勢治。

　　由上述分析，漢初對於勢治的表現，可以從諸侯王方面來了解。無論異姓或同姓都是高祖劉邦所封，異姓諸侯王因本身存在不合乎劉邦的本意，所以存在時間短即被同姓諸侯王取代。而同姓諸侯王分封，亦有其時代因素及背景，〔註126〕也由於這時代因素與背景，漢初同姓諸侯被賦予的勢，足以破壞一體之勢，從賈誼《新書‧等齊》中所說的「一用漢法」使同姓諸侯王在其王國內有相當等同於皇帝的勢，這在本章第二節中已有分析，於此不再贅述。這裡要強調的是如此無法維護一體之勢，進而破壞內重外輕、本大末小的勢治設置，最後終將造成力量的衝突，景帝前元三年（西元前154年）「七國之亂」便是漢初一體勢治中最大的衝突。

　　的確，漢初的幾位皇帝與其大臣都有注意到同姓諸侯王的存在，導致整體勢治的危機，也都有進一步的處置。如漢惠帝於元年（西元前194年）改諸侯王相國為丞相，〔註127〕這就是不讓諸侯王的官與皇帝的中央官等同，於是從名稱上來區別，後來景帝改諸侯王丞相曰相及武帝改漢中央內史為京兆尹，中尉為執金吾，郎中令為光祿勳，都是這種出發點。其實，惠帝等人的想法，就是要達到分定止爭，從中央官與諸侯王官來區別彼此的名分，定位皇帝處上，諸侯王處下，而不是平等。又賈誼的「眾建諸侯少其力」〔註128〕亦是將皇帝賦與諸侯王的勢分裂，使其變弱，讓諸侯王無以強處上之勢。所以漢初諸帝是明白要維持自身自然之勢及重視整一體之勢，使國家更加步入正軌。

〔註125〕羅獨修，《先秦勢治思想探微》，頁14～15。

〔註126〕漢初分封同姓諸侯王，其原因有：一為「秦孤立之敗」的思想理論；二為戰後經濟重建及各地文化的差異性；三為統治上的方便性，關東習慣於諸侯王的統治。詳論見於第四章第一節。

〔註127〕《漢書》，卷三十九，〈蕭何曹參傳第九〉，頁2018，云：「孝惠元年，除諸侯相國法，更以（曹）參為齊丞相。」

〔註128〕《漢書》，卷四十八，〈賈誼傳第十八〉，頁2237。

　　次論「術」的方面，法家術派的代表申不害，韓非子論其云：

> 今申不害言術，而公孫鞅爲法。術者，因任而授官，循名則實，操
> 生殺之柄，課群臣之能者也。〔註129〕

司馬遷云：「申不害者，京人也。故鄭賤臣。學術以干韓昭侯，昭侯用爲相。」
又云：「申子之學本於黃老而主刑名。」，〔註130〕郭沫若云：「術是『帝王南面
之術』」。〔註131〕可以了解到術是君王統治之術，主刑名爲其執要之一。黃老
道家的總結性經典《淮南子》主要是黃老無爲的思想，但是在治國之術方面，
則多吸收法家的思想理論，其在〈主術訓〉中多有闡發，其云：

> 上操其名以循其實，臣守其業，以效其功，言不得過其實，行不得
> 踰其法，羣臣輻湊，莫敢專君。事不在法律中，而可以便國佐治，
> 必參五行之。陰考以觀其歸，並用周聽以察其化，不偏一曲，不黨
> 一事，是以中立而徧，運照海內，羣臣公正，莫敢爲邪，百官述職，
> 務致其公跡也。〔註132〕

從上面的引文，確實在《淮南子》的政治主張中有法家思想的術派，並且提
及要皇帝本身公正，群臣便自正。

　　而漢代重視循名責實的皇帝如宣帝，《漢書》贊云：

> 孝宣之治，信賞必罰，綜核名實，政事文法理之士咸精其能，至于
> 技巧工匠器械，自元、成間鮮能及之，亦足以知吏稱職，民安其業。
>
> 〔註133〕

前漢經武帝的開疆拓土，耗費國力後，昭、宣之世再度行與民休養之策，宣
帝更爲中興之主，其所重視的「信賞必罰，綜核名實」，實際上就是循名責實
的精神，這代表漢朝重視術治的傳統已經奠定，被漢朝皇帝重視。而《淮南
子》一書中所闡述的「術治」，表明在漢朝初年循名責實業已成爲治理國家的
重要方法，或追求的治國方法，並且漸漸發展成爲漢朝皇帝的治國傳統。又
宣帝曾云：「舉廉吏，誠欲得其眞也。」〔註134〕即依其才能不次拔擢以試其功
效與事實，這就術治。因此循名責實是一種有效控制臣下的治術，讓臣下呈

〔註129〕韓非著，王先愼集解，《韓非子集解》，卷十七，〈定法〉，頁397。
〔註130〕《史記》，卷六十三，〈老子韓非列傳第三〉，頁2146。
〔註131〕郭沫若，〈前期法家的批判〉，《十批判書》，頁346。
〔註132〕劉安撰，劉文典集解，《淮南鴻烈集解》，卷九，〈主術訓〉，頁287～288。
〔註133〕《漢書》，卷八，〈宣帝本紀第八〉，頁275。
〔註134〕同前注，引書、卷，頁274。

現其能力，皇帝只要考察其實或不實即可，其才能與事實相符則賞，不符則罰，自然使臣下如坐針氈，不敢胡作非爲。

三者論「法」的方面，法家法派代表爲衛（商）鞅，韓非子論其云：

> 今申不害言術，而公孫鞅爲法。……法者憲令著於官府，刑罰必於民心，賞存乎愼法，而罰加乎姦令者也，此臣之所師也。君無術則弊於上，臣無法則亂於下，此不可一無，皆帝王之具也。〔註135〕

至於法家商鞅學派對法有此看法，〔註136〕其云：

> 國之所以治者三：一曰法，二曰信，三曰權。法者，君臣之所共操也；信者，君臣之所共立也；權者，君之所獨制也。人主失守則危，君臣釋法任私必亂。故立法明分而不以私害法則治，權制獨斷於君則威，民信其賞則事功成，信其刑則姦無端。惟明主愛權重信而不以私害法。〔註137〕

即法就是人人都要去遵守，無論是王公大臣，或是一般百姓，而最重要是在於不能「以私害法」，尤其是皇帝更是要守住這一原則，說穿了就是法的公平性。法令、法律如何規定，就照章辦理，不能融入一己的私情，以致於亂了法，人民無所適從，豈不是天下大亂。所以法治原則該賞就賞，要刑便刑，以達到絕對公平性。

漢初君臣遵守法的公平性，不以私害法的例子，要屬漢文帝與張釋之，《漢書‧張馮汲鄭傳》載了則故事，其云：

> 上（文帝）行中渭橋，有一人從橋下走，乘輿馬驚。於是使騎捕之，屬廷尉。釋之治問。曰：「縣人來，聞蹕，匿橋下。久，以爲行過，既出，見車騎，即走耳。」奏當：此人犯蹕，當罰金。上怒曰：「此人親驚吾馬，馬賴和柔，令它馬，固不敗傷我乎？而廷尉乃當之罰金！」釋之曰：「法者天子所與天下公共也。今法如是，更重之，是法不信於民也。且方其時，上使使誅之則已。今以下廷尉，廷尉，

〔註135〕韓非著，王先愼集解，《韓非子集解》，卷十七，〈定法〉，頁397。

〔註136〕鄭良樹云：「《商君書》應是商鞅與其弟子所作而非一時一地一人所作，成書時間起自秦孝公時代至漢初完成。」又云：「雖然《商君書》並非商鞅一人所作，但仍是商鞅及其學派的著作。」見鄭良樹，《商鞅及其學派》，（台北：學生書局，民國76年8月初版），頁203及228。

〔註137〕商鞅著，蔣禮鴻注釋，《商君書錐指》，卷三，〈修權第十四〉，（北京：中華書局，1986年4月第1版），頁82。

天下之平也，壹傾；天下用法皆爲之輕重，民將安所錯其手足？唯

陛下察之。」上良久曰：「廷尉當是也。」〔註138〕

從上述例子可以看出，漢初大臣維護法治的公平性，不畏懼觸犯龍顏的精神；

而皇帝尊重法治的精神也可以看到，雖經過一番解釋，但是文帝卻不一意孤

行，不因一己的私怒，破壞了國家法度，值得敬佩。又在此呼應了商鞅學派

的思想，法是君臣人民共同遵守的，一遭破壞，便「法不信於民」、「民將安

所錯其手足」，後果頗爲嚴重。

　　漢初對於法的執行，是否有公正的執行，在張家山漢簡中的《奏讞書》〔註

139〕可以看到另一個例子。漢高祖十年（西元前 197 年）十月壬申的案例中，

被告解娶了亡人，即是無名數、無戶籍的女子爲妻，而法律規定，取亡人爲

妻要「黥爲城旦」，奏讞後官吏卻判「斬左趾爲城旦」，這明顯於法令不符，

最後廷尉報曰：「取（娶）亡人爲妻論之，律白，不當讞。」〔註140〕

　　總體而言，從漢初皇帝與大臣都明白，爲了維護國家的體制是必須借助

於法家思想爲理論基礎的國策，這是因自秦朝就已經奠定的體制，而被漢朝

所承襲的緣故。在這以維護國家體制的國策，漢朝是整合了法、術、勢三派

的重要思想，首先便著眼於明定名分，因爲漢初的整個政治局勢是皇帝與諸

侯王間有著齊頭式的存在問題，而爲了國家整體運作，即一體之勢治的運行，

能夠無磨擦，是不能同一位置有二者存在，成就「君尊臣卑」的思想，就以

各種方式進行名分的區別，以利國家運作。

　　又國家體制運作中，最重要便是官吏，因爲他們是理民之官，亦是皇帝

與人民溝通的橋梁，所以「吏治」相當重要，漢帝宣曾云：

庶民所以安其田里而亡嘆息愁恨之心者，政平訟理也。與我共此者，

其唯良二千石乎！〔註141〕

〔註138〕《漢書》，卷五十，〈張馮汲鄭傳第二十〉，頁 2310。

〔註139〕《奏讞書》是有關於地方官吏對於疑獄，以經由「縣──郡──廷尉──皇

帝」層層上報的次序，進行審判、裁決的奏讞制度記錄。張家山漢簡編輯委

員會對於《奏讞書》，其云：「讞是議罪，《奏讞書》是議罪案例的匯編……不

少案例是完整的司法文書，是當時的司法訴訟程序和文書格式的具體紀錄。」

見張家山二四七號漢墓竹簡整理小組，《張家山漢墓竹簡〔二四七號墓〕（釋

文修訂本）》，《奏讞書》，頁 91。

〔註140〕張家山二四七號漢墓竹簡整理小組，《張家山漢墓竹簡〔二四七號墓〕（釋文

修訂本）》《奏讞書》，簡 28～35，頁 94。

〔註141〕《漢書》，卷八十九，〈循吏傳第五十九〉，頁 3624。

又有「吏之不稱，四方黎民將何仰哉」〔註142〕及「吏不廉平則治道衰」〔註143〕
之嘆！因此「循名責實」的法家術治思想，即是針對強化吏治爲出發點，臣
下舉眞材，國家用之，必考其所舉實不實；在其位爲官，察其處理政事確不
確實，以此作爲賞與罰的標準，賞罰皆因其能力展現實與不實，由皇帝執掌，
這也是「君尊臣卑」的體現。而法令，則是官吏執行政務的依據，因此遵從
法的公平性、公正性是相當重要的，最重要是「不以私害法」，從漢初《奏讞
書》的例子能夠展現出這種精神，有此便能夠確保國家能按章運行，不偏離
軌道。

　　因此漢初的國策，有二個面向，一種爲採黃老無爲的治術，與民休息，
達到固本培元，穩定國家根基；另一種以法家思想爲主導，爲維護國家體制、
社會秩序及其運作，並逐漸將中央的權力加以鞏固，基本上漢初在文、景時
期打擊諸侯王的權力，即是依循法家思想的治術，對諸侯王進行法律上的控
制、身分地位的打壓，以達到集權中央的目的。這兩個國策有著相輔相成的
功效，本身與民休息，增強國力，以加強皇帝控制力，監督官吏，使人民能
安居樂業，不受叨擾。這對於奠定前漢兩百餘年的國祚有相當大的影響與幫
助。

〔註142〕《漢書》，卷八，〈宣帝本紀第八〉，頁256。
〔註143〕同前注，引書、卷，頁263。

第三章　呂后時期的漢朝政局

第一節　呂氏平衡「勢力」的建立

　　漢高祖十二年（西元前 195 年）四月甲辰卒於長樂宮，身為嫡長子的太子劉盈即位為皇帝，為漢惠帝，一切看似平常的依制度以嫡長子繼承皇位，但是其實劉盈的皇帝之路是相當崎嶇。先是在楚漢相爭時，高祖劉邦彭城之敗，為了逃命，不惜拋棄子女，幸好有夏侯嬰護之，才倖免於難。〔註1〕再者，高祖晚年寵愛戚夫人，欲易其子劉如意為太子，惠帝之母呂后相當緊張，四處奔波，尋求幫助，終得留侯張良之策，請出商山四皓來維護太子，穩住惠帝的太子之位，因此才能順利繼位。〔註2〕而這兩件事，想必對於惠帝與其母呂后有相當大的影響，尤其是廢易太子時，呂后更展現出維護其子帝位的心切，也稍微的表露出呂氏一門的勢力，對於漢朝政局的影響。

　　惠帝以年少即位，但僅在位不到七年，於惠帝七年（西元前 188 年）八月戊寅卒於未央宮。《漢書》贊云：

〔註1〕　《漢書》，卷一上，〈高帝紀第一上〉，頁 36，載彭城之敗云：「漢王道逢孝惠、魯元，載行。楚騎追漢王，漢王急，推墮二子。滕公下收載，遂得脫。」又同書，卷四十一，〈樊酈滕灌傅靳周傳第十一〉，頁 2078，云：「還定三秦，（夏侯嬰）從擊項羽至彭城，項羽大破漢軍。漢王不利，馳去。見孝惠、魯元，載去。漢王急，馬罷，虜在後，常蹱兩兒棄之，嬰收載行，面雍樹馳。漢王怒，欲斬嬰者十餘，卒得脫，而致孝惠、魯元於豐。」

〔註2〕　詳見《漢書》，卷四十，〈張陳王周傳第十〉，頁 2033～2036。鄭曉時，〈漢惠帝新論——兼論司馬遷的錯亂之筆〉一文，頁 19，提到劉邦要廢惠帝太子之位，最主要的想法與目的是要「廢除呂后」，鄭說可備為一種看法。

孝惠內修親親，外禮宰相，優寵齊悼、趙隱，恩敬篤矣。聞叔孫通
之諫則懼然，納曹相國之對而心說，可謂寬仁之主。遭呂太后虧損
至德，悲夫！〔註3〕

《漢書》贊中雖稱惠帝爲「寬仁之主」，但是最後卻加上「遭呂太后虧損至德」，這裡面是大有文章，因爲整個惠帝時期背後都有一隻手在背後影響惠帝，即惠帝之母呂后。〔註4〕如殺趙王如意及殘害其母戚夫人爲人彘、欲鴆殺齊王肥等，這是劉氏家族內部的問題，亦是政治問題，尤其趙王如意曾威脅到惠帝的皇帝之位，所以呂后的作爲是爲了惠帝著想。又高祖劉邦去世時，呂后曾與其親信審食其謀誅殺眾大臣，此事有呂后的政治考量。其謀云：

諸將故與帝爲編戶民，北面爲臣，心常鞅鞅，今乃事少主，非盡族
是，天下不安。〔註5〕

此謀未發，賴酈商諫言阻止，才能讓漢初政局免於再次經歷腥風血雨的政治風暴。〔註6〕而由此可以看出呂后爲了護子任何事都做得出來的性格，呂后擔心惠帝無法駕御群臣非一朝一夕之思，高帝在時就有端倪，當淮南王黥布反時，原本劉邦欲以太子出征，遭呂后力阻，其云：「今諸將皆陛下固等夷，乃令太子將，此屬莫肯爲用」〔註7〕以改變劉邦的心意。因此可以明白雖然惠帝無心於政，〔註8〕由呂后控制政治，但是其所作所爲皆是爲了保護惠帝的地位與權力。所以這時尚未看到呂后刻意壯大呂氏一族的意圖，因爲有其子惠帝在，而且只

〔註3〕 《漢書》，卷二，〈惠帝紀第二〉，頁92。

〔註4〕 鄭曉時認爲呂后想要惠帝凡事都聽她的，要惠帝當個乖兒子，但是惠帝卻不這樣想，反而處處反抗，應當認爲呂后侵犯到他身爲皇帝所應有的權力。呂后以護子心態去作這些事情，呂后認定趙王如意、齊王肥都是害到惠帝帝位的人；而惠帝個性寬仁，可能沒有如此想法，所以呂后與惠帝意見上是衝突的，但是當時呂后較強勢，因此痛下殺手殺趙王如意。所以呂太后殺趙王如意及殘害其母戚夫人爲人彘、呂太后欲鴆殺齊王肥，這三件事都代表這呂后與惠帝母子之間的衝突，這三件事都帶有教訓惠帝的意味。見鄭曉時，〈漢惠帝新論——兼論司馬遷的錯亂之筆〉，《中國史研究》，2005年第3期，頁16～19。

〔註5〕 《漢書》，卷一下，〈高帝紀第一下〉，頁79。

〔註6〕 漢初政治上第一次腥風血雨的風暴，該屬劉邦於高祖六年到十二年爲止的「誅除異姓諸侯王」行動，若這次呂后眞痛下殺手，無論成功與否，都將再次造成規模更大的政治風暴，漢朝政治格局，將蒙受無法預測的災難。

〔註7〕 《漢書》，卷四十，〈張陳王周傳第十〉，頁2034。

〔註8〕 呂后以其私妒之恨，毒殺趙隱王劉如意及將其母戚夫人處以人彘之刑，惠帝因此而言「此非人所爲。臣爲太后子，終不能治天下。」又「日飮爲淫樂，不聽政」見《史記》，卷九，〈呂太后本紀第九〉，頁397。

要惠帝的權力在，呂后的權力就存在，因此尚無扶植諸呂子弟的必要。

　　可是好景不常，惠帝僅僅在位七年就死了，這無疑是給呂后一個相當沉重的打擊。惠帝死時，呂后「哭而泣不下」的地步，〔註9〕這顯現出呂后不只單單是傷心而已，這一方面也顯示出其內心有所恐懼害怕。其害怕的事，即留侯子張辟彊所說「帝無壯子，太后畏君等。」〔註10〕但是不只這原因，更重要的是惠帝與其皇后無子。惠帝的張皇后，是呂后精心安排的政治聯姻，張皇后爲魯元公主的女兒，圖的就是親上加親，呂后「欲其生子，萬方終無子，乃使陽爲有身，取後宮美人名子之，殺其母，立所名子爲太子」。〔註11〕惠帝死後，呂后立此子爲皇帝，自己「臨朝稱制」，開始其正式干預政事的行爲。

　　呂后臨朝稱制的主要因素，就是在於惠帝的早死及其子幼小，無法執掌政事，加上呂后憂心內有眾多元老功勳大臣環伺，外有同姓諸侯王覬覦，可謂坐不安席的情況。再者，有如前述呂后取惠帝後宮美人子爲太子，最後又立爲皇帝，這一說法雖始見於誅除諸呂的時候，但傳言並非一日可成，可能是有心的大臣，或者是更有心的諸侯王，有計畫的流傳、散布，特別是諸侯王只要否認了惠帝子的正統地位，他們就有機會做皇帝。如此種種，呂后所能依靠的就只剩呂氏族人，所以多多提拔諸呂，來使其在漢初的政治勢力上與功臣、諸侯王達到平衡，這也是維護惠帝血脈的唯一方式，亦以此來鞏固呂氏一族的政治勢力，因此大封諸呂爲王，執掌要權。

〔註9〕　《漢書》，卷九十七上，〈外戚傳第六十七上〉，頁3938。

〔註10〕　同前注，引書、卷，頁3939。對於張辟彊的言論，傅樂成言：「此說破綻甚多」，又云：「總之此事乃呂后扶持諸呂的必經步驟，朝中大臣對於此事應負責任者儘多，而不必諉過於一豎子。」見〈西漢的幾個政治集團〉，《漢唐史論集》，頁5～6。傅氏探究了這段記載的可信度，實爲一大貢獻。而當時必有人有此思慮，不然不會留下紀錄，也可以從中了解呂后心境的轉變，即扶植諸呂的必要。

〔註11〕　同前注，引書、卷，頁3940。關於呂后所立是否爲惠帝子，向來有許多爭議，在《漢書》中的〈高后紀〉、〈張陳王周傳〉、〈高五王傳〉中皆有提諸大臣認爲「非」惠帝子，又《史記》，卷九，〈呂太后本紀〉，頁402，云：「宣平侯女爲孝惠皇后，無子，詳爲有身，取美人子名之，殺其母，立所名子爲太后子。」可是《漢書》，卷三，〈高后紀第三〉及卷九十七上，〈外戚傳第六十七上〉皆有明載爲所取是「後宮美人子」。所以似乎並不單純，從兩種說法來看，官方紀錄中，認爲非孝惠子者除了《史記》以外皆是大臣的言論，另一種是呂后版本，是取惠帝後宮子無誤，只能說非孝惠皇后子，但仍是惠帝子。傅樂成也認爲這是大臣的陰謀，其云：「功臣派藉口說他們不是惠帝之子，實際上是怕他們長大後替呂家報仇。」見傅樂成，〈西漢的幾個政治集團〉，《漢唐史論集》，頁7。

　　而這裡主要討論的是呂后的「大張」諸呂之權，是爲了在漢初政治局勢中讓呂氏外戚的勢力達到與功臣、諸侯王平衡措施，或者是在對於漢初政治局勢的平衡破壞。傅樂成認爲漢初的各政治勢力的鬥爭，最主要原因有三，一爲政權的爭奪；二爲政見的衝突；三爲純粹的私嫌引起的衝突。〔註12〕其又認爲漢初諸呂跟功臣集團的衝突是「政治權位的爭奪」。〔註13〕持相同看法的還有芮和蒸，其云：

> 「諸呂事件」爲一極複雜之政治鬥爭，其眞相端由「權力」而起，呂后、諸呂，與大臣，皆環繞「權力」而角逐。呂后之用諸呂，並無以「呂」代「漢」之目的，而是以呂氏子弟作爲增固其權勢之工具。〔註14〕

呂后大張諸呂的權力，產生之後的「諸呂事件」，背後的癥結如諸位前輩學者所論，即「權力」。而芮和蒸的研究已經有些論及本節所欲討論的中心問題，呂后的行爲，是欲達勢力平衡，或是破壞平衡。其言呂后「以呂氏子弟作爲增固其權勢之工具」，其實就是因爲呂后認爲其權力不穩固，才要求其鞏固，是爲了與各方勢力平衡。反之，董平均則認爲對於平衡關係的破壞，其云：

> 惠帝死，呂后執政，打破「非劉氏不王」的格局，執意分封呂氏外戚爲諸侯王，抬高呂氏外戚的政治地位，使「白馬之盟」所形成的宗室、外戚、功臣三者之間的平衡關係遭到破壞。〔註15〕

董氏的論點中白馬之盟是否成爲宗室、外戚、功臣三者間平衡關係是值得探討，從「白馬之盟」的內容來考察，《史記・漢興以來諸侯王年表》云：

> 漢興，序二等。高祖末年，非劉氏而王者，若無功上所不置而侯者，天下共誅之。高祖子弟同姓爲王者九國，唯獨長沙異姓，而功臣侯者百有餘人。〔註16〕

又《漢書・外戚恩澤侯表》云：

> 漢興，外戚與定天下，侯者二人。故誓曰：「非劉不王，若有亡功非上所置而侯者，天下共誅之。」〔註17〕

〔註12〕傅樂成，〈西漢的幾個政治集團〉，《漢唐史論集》，頁1。
〔註13〕同前注，引書，頁7。
〔註14〕芮和蒸，〈論呂后專政與諸呂事件〉，《國立政治大學學報》，第20期，頁244。
〔註15〕董平均，《出土秦律漢律所見封君食邑制度研究》，頁205～206。
〔註16〕《史記》，卷十七，〈漢興以來諸侯王年表第五〉，頁801。
〔註17〕《漢書》，卷十八，〈外戚恩澤侯表第六〉，頁678。

高祖劉邦與大臣「刑白馬而盟」的主要目的是在劃定各方勢力該有的政治地位，只有劉氏可以當王，並確保了功臣們封侯者的地位，而外戚的部分，在高祖時僅僅封二人為侯，若以《漢書·外戚恩澤侯表》來看則有三人。〔註18〕分析至此，似乎是將三者的政治地位及勢力劃分清楚。其實若從數量上來看，外戚與功臣侯者是不成比例的，高祖所封功臣侯，據《漢書·高惠高后文功臣表》有一百四十七人，〔註19〕且此表有言「周呂、建成兩人在外戚」，〔註20〕呂氏外戚中也有封侯功臣，但亦可屬於外戚勢力的部分。所以董氏的論點從「定分止爭」的角度來看，宗室、外戚、功臣間各有各自的位置，以達到平衡是正確的。但若由數量來看，外戚和功臣兩者，以雙方能動用政治勢力的來看，即功臣元勳充滿整個朝廷與呂后家族相比，則是不平衡的。

漢高祖劉邦的白馬之盟還有一種政治目的，從上述的分析看來，那就是為了防範呂氏外戚，主要原因是在呂后身上，呂后本身是相當有能力的人，其才識不比劉邦差，《史記·呂太后本紀》對於呂后有深刻的描述，其云：「呂后為人剛毅，佐高祖定天下，所誅大臣多呂后力。」〔註21〕並且為漢初功臣所畏懼。〔註22〕甚至連劉邦也控制不了呂后，〔註23〕因此在其死前定下「白馬之盟」，欲對呂后進行稍微的牽制。

可是，對於呂后與呂氏外戚而言，「白馬之盟」的安排並沒有讓外戚、功臣、諸侯王各勢力間達到平等，前已明言，至少呂后認為不平衡。惠帝初即位，呂后就想盡誅功臣，原因無二，即元勳功臣的勢力充斥著朝野，將威脅年少惠帝，惠帝若倒，呂氏外戚也將跟著消失。惠帝死後，呂后與呂氏外戚政治勢力的立足點更小，加上呂后親親政策失敗，所以藉由臨朝稱制，並希

〔註18〕 同前注，引書、卷，頁679～681。共計有臨泗侯呂公，即呂后之父；周呂令武侯呂澤；建成康侯呂釋之，後兩者為呂后之兄。
〔註19〕 《漢書》，卷十六，〈高惠高后文功臣表第四〉，頁617。
〔註20〕 同前注，引書、卷，頁617。
〔註21〕 《史記》，卷九，〈呂太后本紀第九〉，頁396。
〔註22〕 《漢書》，卷四，〈文帝紀第四〉，頁105～106，張武云：「漢大臣皆故高帝時將，習兵事，多謀詐，其屬意非止此也，特畏高皇帝、呂太后威耳。」此處表露出漢初功臣對於呂后的威懼與高祖劉邦氏等齊的，這也是劉邦所注意防範呂氏外戚的初衷。
〔註23〕 從高祖最後沒有廢掉太子劉盈，呂后用留侯張良之計，請商山四皓為太子之輔佐，高祖劉邦視之後，對戚夫人云：「我欲易之，彼四人輔之；羽翼已成，難動矣。呂后真而主矣。」見《史記》，卷五十五，〈留侯世家第二十五〉，頁2047。由「羽翼已成」、「呂后真而主」來看劉邦對於呂后已有無可奈何之感。

望增加呂氏外戚的政治勢力，以達到各勢力平衡，一方面保護幼主，另一方面使呂氏外戚不因此而衰弱。

呂后臨朝稱制後，致力於「呂氏平衡勢力」的建立，首先多封呂氏子弟為列侯，諸呂於高祖時封侯者有臨泗侯呂公、周呂侯呂澤、建成侯呂釋之、呂澤子呂台為酈侯，僅有四人，呂后所封的列侯則有十九人，其詳如表3～1：

表3～1　呂后臨朝稱制時期所封孝惠子與諸呂侯者表

封侯時間	侯　名	身　分	下　場	註
呂后元年（西元前187年）四月	襄城侯劉義	惠帝子	以皇帝身分被弒	《史記·惠景間侯者年表》為襄成侯
呂后元年四月	軹侯劉朝	惠帝子	以諸侯王身分遭大臣殺害	
呂后元年四月	壺關侯劉武	惠帝子	以諸侯王身分遭大臣殺害	
呂后元年四月	扶柳侯呂平	呂后姊長姁子	反誅	
呂后元年四月	汶侯呂產	呂后兄呂澤子	反誅	《史記·惠景間侯者年表》為郊侯
呂后元年四月	沛侯呂種	呂后兄呂釋之子	反誅	
呂后元年九月	漢陽侯呂祿	呂后兄呂釋之子	反誅	《史記·惠景間侯者年表》為胡陵侯，時間為呂后元年五月
呂后四年（西元前184年）二月	昌平侯劉大	惠帝子〔註24〕	以諸侯王身分遭大臣殺害	《史記·惠景間侯者年表》為劉太
呂后四年四月	臨光侯呂嬃	呂后妹	反誅	
呂后四年四月	俞侯呂他	呂氏族子	反誅	
呂后四年四月	贅其侯呂勝	呂后昆弟子	反誅	
呂后四年四月	滕侯呂更始		反誅	
呂后四年四月	呂成侯呂忿	呂后昆弟子	反誅	
呂后六年（西元前182年）四月	腄侯呂通	呂台子	反誅	《史記·惠景間侯者年表》為錘侯

〔註24〕《史記》，卷十九，〈惠景間侯者年表第七〉，頁986，昌平侯條，「孝惠子侯」司馬貞《索隱》云：「實呂氏也。」此雖言非孝惠子，但是卻沒有任何證據，立論無據，暫且存一說。

呂后八年（西元前 180 年）四月	信都侯張侈	呂后女魯元公主子	有罪國除	
呂后八年四月	樂昌侯張受	呂后女魯元公主子〔註25〕	有罪國除	
呂后八年四月	祝茲侯呂瑩	呂后昆弟子	反誅	《史記・惠景間侯者年表》爲呂榮
呂后八年四月	建陵侯張釋	宦官，以勸呂后王諸呂侯〔註26〕	免侯	
呂后八年五月	東平侯呂庀	呂台子	反誅	《史記・惠景間侯者年表》爲呂莊

資料出處：《史記》，卷九，〈呂太后本紀第九〉、卷十九，〈惠景間侯者年表第七〉；《漢書》，卷十八，〈外戚恩澤侯表第六〉，卷三十五，〈荊燕吳傳第五〉，卷九十七上，〈外戚傳第六十七上〉。

　　上表仍有一問題，即惠帝子封侯者，班固將其納入〈外戚恩澤侯表〉中，而如淳云：「〈外戚恩澤侯表〉曰皆呂氏子，以孝惠子侯。」〔註27〕可是參見〈外戚恩澤侯表〉並無其爲「呂氏子」之明言，如淳應該是從史官筆法上來推論，所以不能成爲其爲非孝惠子的證據。相對而言，會有爭議並非都是空穴來風，但也沒有絕對的證據證明其爲惠帝子，因此應該對於班固將惠帝子封侯者載於〈外戚恩澤侯表〉予以尊重，加上當時行使「封侯權力」的是呂后，所以表 3～1 仍將惠帝子封侯者列入計算。又呂后所封大多爲其子姪輩，亦有其外孫及對於呂后有功者。其目的無他，即藉由提升自己的親人的政治地位，以凝聚與強大諸呂的政治勢力，與功臣抗衡。

　　呂后臨朝稱制後，諸呂子弟爲列侯，但是呂后認爲這樣還不夠，諸呂還不能擁有與功臣、宗室勢力抗衡的力量。因爲諸呂子弟雖然已滿朝爲列侯，可是仔細分析表 3～1，諸呂封侯是漸進的，從呂后元年（西元前 187 年）到八年（西元前 180 年）陸續有諸呂子弟封侯，此表亦顯示出諸呂子弟的人數不多，可以扶植者也少。因此呂后爲了加快凝聚呂氏政治勢力，呂后把焦點轉移到諸侯王

〔註25〕呂后女魯元公主嫁給宣平侯張敖，所生子張侈、張受爲呂后外孫，因此將歸類於諸呂侯者。

〔註26〕張釋受田生之言，以進言呂后「先王劉氏，後呂氏王」之策略，呂氏封王由此策而順利推行，因此呂后封張釋爲列侯，詳見《漢書》，卷三十五，〈荊燕吳傳第五〉，頁 1900～1901。

〔註27〕《漢書》，卷三，〈高后紀第三〉，頁 86，見「立孝惠後宮子彊爲淮南王」下，如淳注。

身上，而要王諸呂，此舉造成了一點騷動，元勳功臣兩樣情，王陵面折廷爭，極力反對並抬出高祖劉邦的「白馬之盟」；陳平、周勃等卻表贊同，其過程云：

> 高后欲立諸呂爲王，問陵。陵曰：「高皇帝刑馬盟曰：『非劉氏而王者，天下共擊之。』今王呂氏，非約也」太后不說。問左丞相平及絳侯勃等，皆曰：「高帝定天下，王子弟；今太后稱制，與王昆弟諸呂，無所不可。」太后喜。〔註28〕

王陵因此與陳平等吵了一架，陳平對王陵說：「面折廷爭，臣不如君；全社稷，定劉氏後，君亦不如臣。」這裡不談論陳平所說的「面折廷爭」與「全社稷」的對錯問題，〔註29〕但是眾多大臣使諸呂爲王皆有責任是不爭的事實。

呂后分封諸呂爲王，其實跟文帝、景帝時期的想法和作法是相同的，理論皆是「以親制疏」的方式，因爲惠帝早死，其子皆年幼，而諸侯王大多爲劉邦諸子，這些諸侯王是惠帝子的叔伯輩，多有覬覦皇帝之位者，因此封惠帝子劉彊爲淮陽王、劉不疑爲常山王，以爲少帝屛蕃。但是惠帝子年幼，只好封諸呂爲王來加以鞏固這屛蕃，先後封呂王呂台、梁王呂產、趙王呂祿、燕王呂通；又淮陽王劉彊、常山王劉不疑皆早卒，改封惠帝餘子襄城侯劉義爲常山王、〔註30〕軹侯劉朝爲常山王、壺關侯劉武爲淮陽王、平昌侯呂太（大）爲呂王及其外孫張偃爲魯王。作法方面，首先以諸侯王國的地理位置來看，惠帝子所封爲常山、淮陽、呂等地皆靠近關東，爲京畿第一道屛障，而諸呂封爲梁王、趙王、燕王則成爲第二道屛障，可以看出呂后的用心。再者，惠帝子及諸呂的封地，或從原先諸侯王封地分出，如常山國；或者是替代原諸侯王，如梁國、趙國、燕國等，這也是爲了削弱原先諸侯王的力量，增加諸呂的政治力量，達成勢力平衡，並以此打擊劉姓諸侯王，這亦是漢初立國後致力「中央集權」的目標。

可是呂后爲了達到其目的，卻是不擇手段，因此有許多遭人非議的地方，而從這裡也可以看出呂后的臨朝稱制，大張諸呂勢力，並不單單只是爲了保護惠帝的子嗣，其中也包括要讓諸呂的政治勢力能與功臣及宗室達到分庭抗禮、鼎足而立的私心。第一，不顧高祖「刑白馬而盟」的約定，封呂氏爲諸

〔註28〕《漢書》，卷四十，〈張陳王周傳第十〉，頁2047。
〔註29〕同前注，引書、卷，頁2047。
〔註30〕《史記》，卷九，〈呂太后本紀第九〉，頁403，云：「帝廢位，太后憂殺之。（呂后四年）五月丙辰，立常山王義爲帝，更名弘。不稱元年者，以太后制天下事也。」

侯王，並且使用威逼手段，如封呂台爲呂王時，呂后「風大臣，大臣請立酈侯呂台爲呂王。」〔註31〕又趙王劉恢死後，趙國的王位缺位，《史記・呂太后本紀》載云：

> 太傅產、丞相平等言，武信侯呂祿上侯，位次第一，請立爲趙王。
> 〔註32〕

呂祿有何功績，只不過是承其父之庇蔭，何堪爲「上侯，位次第一」如此崇高的名位，可見眾臣們奉承，此應該是眾臣受當時形勢上的威迫所致。第二，以非正當手段殺害劉姓諸侯王，好讓舊有的諸侯國形勢出現變化，產生空缺，趙隱王如意、趙幽王友、趙共王恢，三趙王都是被呂后所殺害，或逼死；燕靈王建死，有美人子可嗣位，「太后使人殺之，無後，國除。」〔註33〕而用此來封諸呂爲王。第三，呂產封而不就國，反以帝太傅的身分留在長安，〔註34〕可見呂后的兩面刃，一面削奪諸侯王的勢力，一面在削弱功臣的勢力，這才是其眞正的心意。

　　總結而言，呂后大張諸呂之權，主要的目的是出於私心，當時的環境也不得不迫使呂后這樣做，因爲「母憑子貴」，所以呂后辛苦的保住惠帝的太子之位，可是惠帝以二十三歲之齡英年早逝，其子更是幼小。在外有諸侯王，內有眾功臣的情況下，呂后要保住自身的地位，就要先穩住惠帝子的皇帝之位，在如此窘境中，呂后唯一做的，即要建立起能與功臣、宗室相抗衡的外戚政治勢力，這就是呂后大封諸呂爲侯、爲王的理由。只可惜，其手段的不正確及破壞了「白馬之盟」，因此雖達到呂后的希望，卻也造成諸呂政治勢力發展的致命傷。

第二節　《二年律令》所反映呂氏的權位

　　呂后臨朝稱制，大封諸呂爲諸侯王、爲列侯，這是基於建立起一個能夠內與眾元勳功臣，外與劉姓諸侯王相抗衡、鼎足而立的外戚勢力。一方面呂后藉此凝聚諸呂的力量，來保護自身的地位；另一方面，由於呂后地位的穩固，惠帝的子嗣才能夠安安穩穩的坐上皇帝的位子。而史實印證，呂后一死，諸呂可說樹倒猢猻散，其勢力土崩瓦解，功臣與諸侯王們馬上聯手鏟除眼中

〔註31〕同前注，引書、卷，頁401。
〔註32〕同前注，引書、卷，頁404。
〔註33〕同前注，引書、卷，頁405。
〔註34〕同前注，引書、卷，頁404。

釘，除了諸呂之外，連惠帝之子也都一併誅殺，且云：

> 少帝及濟川、淮陽、恆山王皆非惠帝子，呂太后以計詐名它人子，
>
> 殺其母，養之後宮，令孝惠子之，立以爲後，用彊呂氏。〔註35〕

可見功臣與諸侯王對於呂氏的不滿，而且惠帝無後，便增加其他諸侯王入主朝廷爲皇帝的機會，對諸侯王而言是一件樂事；對功臣而言，每個諸侯王，皆是劉邦的後代，皆可侍奉。

功臣和諸侯王不滿諸呂的原因，主要在於呂后在建立諸呂外戚平衡勢力的時候，利用威逼、強迫及殘忍的手段來分裂功臣及劉姓諸侯王的權力，尤其是劉姓諸侯王權力受到呂后的作法傷害最深，因爲諸呂及惠帝子封王者皆是奪取或割裂劉姓諸侯王封域而來，封域變小其權力自然受損，造成劉姓諸侯王的怨恨，因此呂后一死，諸侯王中的齊哀王劉襄率先發難就是一顯證。〔註36〕這是從呂后的行爲過程及其所造成的結果的角度來看，而從新出土的《張家山漢簡》中的《二年律令》有關於呂氏外戚的資料來看，對於諸呂被誅殺的原因會有更進一步的認知與了解。

在《二年律令》中有關於呂氏的資料，可以反映出呂后有心將呂氏的政治地位無限制抬高，甚至跟高祖劉邦嫡系子孫，即皇帝及其子孫的政治地位一樣，成爲整個國家中最尊貴的一群。《二年律令·具律》，云：

> 呂宣王內孫、外孫、內耳孫玄孫，諸侯王子、內孫耳孫，徹侯子、
>
> 內孫有罪，如上造、上造妻以上。〔註37〕

呂宣王即是呂后的父親臨泗侯呂公。〔註38〕而在了解這條律文內容前，先看

〔註35〕《漢書》，卷四十，〈張陳王周傳第十〉，頁2054。

〔註36〕《漢書》，卷三十八，〈高五王傳第八〉，頁1992～1993，云：「高后崩。……朱虛侯、東牟侯（齊哀王弟劉章、劉興居）欲從中與大臣爲內應，以誅諸呂，因立齊王爲帝。齊王聞此計……陰謀發兵。齊相召平聞之，乃發兵入衛王宮。魏勃紿平：『王欲發兵，非有漢虎符驗也。而相君圍王，固善。勃請爲君將兵衛衛王。』召平信之，乃使魏勃爲將，以兵圍相府。召平曰：『嗟乎！道家之言「當斷不斷，反受其亂」。』遂自殺。」從召平的行爲，齊爲諸侯王相理當盡監督諸侯王之責，因此當齊王無虎符聚兵，此應爲其亂國。另一方面，齊相召平盡忠職守，阻攔齊王爲亂，正反映了誅除諸呂行動的正當性和被認可性是有受到質疑，諸呂欲爲亂是否眞爲亂，應受到質疑。

〔註37〕張家山二四七號漢墓竹簡整理小組，《張家山漢墓竹簡〔二四七號墓〕（釋文修訂本）》，《二年律令·具律》，簡85，頁21。

〔註38〕《漢書》，卷十八，〈外戚恩澤侯表第六〉，頁679，臨泗侯呂公條，始封云：「高后元年追尊曰呂宣王。」

《二年律令‧具律》下列律文，其云：

> 上造、上造妻以上，及內公孫、外公孫、內公耳玄孫有罪，其當刑
> 及當爲城旦舂，耐以爲鬼薪白粲。〔註39〕

又《漢書‧惠帝本紀》有類似的記載，其云：

> 上造以上及內外公孫耳孫有罪當刑及當爲城旦舂者，皆耐爲鬼薪白
> 粲。〔註40〕

對照三組資料後，首先可以發現《漢書‧惠帝本紀》的記錄與《二年律令‧
具律》的律文有相關性，〔註41〕關於呂宣王子孫的記錄並沒有在《漢書》
中流傳下來，看得出極有可能是遭後人刻意抹殺掉，也表現出這條法律的時
代性，即呂后臨朝稱制時期的時間性。其次，這三條律文皆是同一種類的規
定，即是對於某些特定身分的人，包括「宗室、外戚、諸侯王、列侯及上造
爵位以上」，施以恩惠，對其於犯罪刑罰的減輕，「當刑及當爲城旦舂，耐以
爲鬼薪白粲」，〔註42〕城旦舂爲四歲刑，〔註43〕減刑之後鬼薪白粲爲三歲刑，
〔註44〕這可說爲因身分而來的特權。三者，此種減免刑度是因身分而來的

〔註39〕張家山二四七號漢墓竹簡整理小組，《張家山漢墓竹簡〔二四七號墓〕（釋文
　　　　修訂本）》，《二年律令‧具律》，簡82，頁20。

〔註40〕《漢書》，卷二，〈惠帝紀第二〉，頁85。

〔註41〕高敏，〈《張家山漢墓竹簡‧二年律令》中諸律的製作年代試探〉，《秦漢魏晉
　　　　南北朝論考》，頁151，云：「《具律》的這一律文，幾乎同《漢書‧惠帝紀》
　　　　所載即位時的五月詔的相關內容完全一致。……這種一致，就足以證明上引
　　　　《具律》的內容是來源於此詔。如果此詔之前已有此規定，則惠帝即位之時
　　　　完全沒有必要以這種施恩示慶的方式做出上述規定。因此，《二年律令》中的
　　　　《具律》有可能制定於惠帝即位之時，至少可以說《具律》的上引文是增補
　　　　於惠帝即位時的五月詔的。」

〔註42〕關於耐刑，《漢書》，卷一下，〈高帝紀第一下〉，頁65，云：「春，令郎中有罪
　　　　耐以上，請之。」下應劭注：「輕罪不至髡，完其耐鬢，故曰耐。」完刑，即
　　　　不施以肉刑，《漢書》，卷二，〈惠帝紀第二〉，頁85，云：「民年七十以上若不
　　　　滿十歲有罪當刑者，皆完之。」孟康注：「不加肉刑髡鬢。」也就是當施以肉
　　　　刑與城旦舂刑者，有法律規定的身分者，可減刑爲鬼薪白粲。

〔註43〕同前注，引書、卷，頁6～7，云：「凡有罪，男髡鉗爲城旦，城旦者治城也；
　　　　女爲舂，舂者治米也，皆作五歲，完四歲。」在這提及完爲城旦舂方爲四歲
　　　　刑，而《漢書》，卷二，〈惠帝紀第二〉，頁85，云：「上造以上及內外公孫耳
　　　　孫有罪當刑及當爲城旦舂者，皆耐爲鬼薪白粲。」下應劭注：「城旦者，旦起
　　　　行治城；舂者，婦人不豫外徭，但舂作米：皆四歲刑。」這裡有所出入，但
　　　　無論四年、五年，刑期皆比鬼薪白粲重。

〔註44〕關於鬼薪、白粲，衛宏，《漢舊儀》，卷下，孫星衍輯，周天游典校，《漢官六
　　　　種》，北京：中華書局，1990年9月第1版）頁85，云：「鬼薪者，男當爲祠

權力，但是這種減輕又因身分的高低，其所能行使的範圍卻大不相同，以下整理各身分對於上述減免刑罰所適用的範圍：

表3～2　漢初宗室、外戚、諸侯王、列侯及上造爵位以上刑罰減輕範圍表

	自身	子	內孫	外孫	耳孫	玄孫
宗室〔註45〕			○	○	○	○
外戚（呂宣王）			○	○	○	○
諸侯王		○	○			
徹侯（列侯）		○	○			
關內侯～上造（妻）	○					

資料出處：《張家山漢墓竹簡〔二四七號墓〕》，《二年律令・具律》，簡82及85，頁20～21；《漢書》，卷二，〈惠帝本紀第二〉，頁85。

　　從上表可以看出，呂后呂氏一族享有與宗室相同的減輕範圍，光以這一點來看，已十足的反映出諸呂得到特殊地位，並高於諸侯王與眾元勳功臣，由此獲得特別的保護。陳鎮蘇亦云：「呂宣王（呂后之父）諸孫則與『公孫』同，反映出呂氏家族當時的特殊地位。」〔註46〕而會有這樣的法律規定，不是當時大臣的刻意逢迎，就是呂后本身的旨意，但不論如何，事實上就是把呂氏一族的地位與劉姓宗室的地位放在平等位置，有如呂氏一族也是國家的統治家族，呂后則成為國家的最高統治者，以此來看卻也反映了當時漢初的歷史事實，惠帝在位七年，加上呂后臨朝稱制八年，總共十六年間，呂后宛如漢朝皇帝一般的尊貴，但卻又不是劉家的皇帝。

　　在《二年律令》中除了有對於呂后家族犯罪刑罰減輕的紀錄外，還有一些關於呂后及其呂氏家族的特權的相關律令規定，即存在於《二年律令・津關令》中有關於「買馬出關」的各項規定，先將關於呂后等相關令文羅列於下：

<hr/>

　　祀鬼神伐山之薪蒸也，女為白粲者，以為祠祀擇米也，皆作三歲。」
〔註45〕宗室應是指皇室子孫。而宗室、外戚（呂宣王）、諸侯王、徹侯（列侯）自身的減輕部分，在《二年律令・具律》及《漢書》，卷二，〈惠帝紀第二〉都沒有提到自身是否減輕刑罰，所以自身刑罰減輕根據上述三資料，推論上造、上造妻及上造以上道關內侯爵位，範圍僅自己本身，而其它身分者在此是看不出來的。又諸侯王、徹侯（列侯）子的減輕部分，在《二年律令・具律》出現，但是宗室、外戚（呂宣王）的部分卻又不見律令明言，這部分需再深入研究以及更多資料的出現，才能夠有進一步的研究與相關問題的延伸。
〔註46〕陳鎮蘇，〈漢初王國制度考述〉，《中國史研究》，2004年第3期，頁29。

丞相上長信詹事書，請湯沐邑在諸侯，屬長信詹事者，得買騎、輕車、吏乘、置傳馬關中，比關外縣。丞相、御史以聞。〔註47〕

丞相上魯御史書言，魯侯居長安請得買馬關中。丞相、御史以聞，制曰：可。〔註48〕

丞相上魯御史書，請魯中大夫謁者得私買馬關中，魯御史爲書告津關，它如令。丞相、御史以聞，制曰：可。〔註49〕

丞相上魯御史書請魯郎中自給馬騎，得買馬關中，魯御史爲傳，它如令。丞相、御史以聞，制曰：可。〔註50〕

從上述引文分析，要討論的問題就是，誰是魯侯，又魯侯與呂后的關係如何，不然把他列入與呂氏家族相關的資料，就不能成立。從《史記・漢興以來諸侯王年表》看，惠帝七年（西元前188年）「初置魯國」，〔註51〕高后元年（西元前187年）四月，「初王張偃元年。偃，高后外孫，故趙王敖子。」〔註52〕又根據前輩學者們的研究，可以知道魯侯即爲呂后外孫，魯元公主之子張偃無誤。〔註53〕

　　確定魯侯的身分後，再來要探討的就是上述的令文是一種對於呂后及其外孫張偃特許的問題。第一，因爲在當時的中央與諸侯王的對立情勢及中央對於諸侯王的政策影響下，中央對於某些物資流向諸侯王是有所管制，其中一項措施是對於「馬匹出入關」有嚴格的管理，因爲漢初經戰亂後，經濟凋零，馬匹相當稀少，漢初「天下既定，民無蓋藏，自天子不能具醇駟，而將

〔註47〕張家山二四七號漢墓竹簡整理小組，《張家山漢墓竹簡〔二四七號墓〕（釋文修訂本）》，《二年律令・津關令》，簡519，頁87。
〔註48〕同前注，引書，簡520，頁87。
〔註49〕同前注，引書，簡521，頁88。
〔註50〕同前注，引書，簡522，頁88。
〔註51〕《史記》，卷十七，〈漢興以來諸侯王年表第五〉，惠帝七年條，頁815。
〔註52〕同前注，引書、卷，呂后元年條，頁816。
〔註53〕陳偉，〈張家山漢簡《津關令》涉馬諸令研究〉，《考古學報》，2003年第1期，頁41，云：「相互比勘，頗疑高后元年魯元公主（張偃母）卒，偃封魯侯（或在二年）。高后六年張敖（張偃父）卒，偃晉封爲魯王。這與令文所見正可相一。又《史記・呂太后本紀》紀：呂后末年，『濟川王太、常山王朝名爲少帝弟，及魯元王呂后外孫，皆年少未之國，居長安。』這與令文『魯侯居長安』之説亦和。」又臧知非亦云：「據此，律文説的『魯侯』是魯王張偃，『初置魯國』時張偃的爵位是魯侯，魯元公主死後，因呂后的關係，在謚魯元公主爲太后之時，封張偃爲魯王。」見臧知非，〈張家山漢簡所見漢初中央與諸侯王國關係論略〉，《陝西歷史博物館刊》第10輯，頁310。

相或乘牛車。」〔註54〕便是反映這樣的情況。所以馬為當時重要而且稀少的物資，亦為展示身分地位的一種象徵，因此一般情況下諸侯王是不能買馬的，這亦是時代情勢下的產物。第二，「禁馬出關」的各關，包括扞關、鄖關、函谷關、武關及諸河塞津關，其中前面四關就是分開關東與關中的地標關口，〔註55〕可是關東之地並非全都是諸侯王的封域，仍然有些中央直轄的郡縣，對於這些關外郡、縣是可以經過既定的合法程序來買馬，這即是呂后買馬，依照「比關外縣」規定的由來。第三，從令文字上分析，呂后及其外孫張偃可以買馬是一種特權，陳偉云：

> 令文在講述任職王朝者或諸侯、食邑買馬時，一概使用「得」字，顯示存在是否許可的問題；而關於郡、縣買馬的兩條令文，均無此字眼，顯然是一種常規性的作法，不像在其他場合需要特別批准。
> 〔註56〕

因此仔細檢閱上引四條令文，可以發現這些令文都有個「得」字，此的確是一種特許、特權。

再舉關外縣買馬的規定，來做進一步的探討與比較，《二年律令‧津關令》云：

> 議，禁民毋得私買馬以出扞〈扞〉關、鄖關、函谷【關】、武關及諸河塞津關。其買騎、輕車馬、吏乘、置傳馬，縣各以所買馬名匹數告買所內史、郡守，內史、郡守各以買所補名為久久馬，為致告津關，津關謹以藉（籍）、久案閱，出。〔註57〕

呂后的湯沐邑位在關東，此湯沐邑即是呂后的封地，〔註58〕因此照一般的規

〔註54〕《漢書》，卷二十四上，〈食貨志第四上〉，頁1127。

〔註55〕王子今、劉華祝，〈說張家山漢簡《二年律令‧津關令》所見五關〉，《張家山漢簡《二年律令》研究文集》，頁370，云：「很可能張家山漢簡《二年律令》中《津關令》的法律條文所體現的區域地理觀，是使用了『大關中』概念。也就是說，以『扞關、鄖關、武關、涵谷、臨晉關』劃定界線的『關中』，是包括了『天水、隴西、北地、上郡』地方，也包括了『巴、蜀、漢中』地方的。」

〔註56〕陳偉，〈張家山漢簡《津關令》涉馬諸令研究〉，《考古學報》，2003年第1期，頁40。

〔註57〕張家山二四七號漢墓竹簡整理小組，《張家山漢墓竹簡〔二四七號墓〕（釋文修訂本）》，《二年律令‧津關令》，簡506～507，頁85～86。

〔註58〕《漢書》，卷十九上，〈百官公卿表第七上〉，頁734，云：「詹事，秦官，掌皇后、太子家……長信詹事掌皇太后宮。」頁742，云：「列侯所食縣曰國，皇太后、皇后、公主所食曰邑，有蠻夷曰道。」又同書，卷十四，〈諸侯王表第

定，是不能夠買馬的，而在此特許呂后得以買馬，正是突顯出呂后在漢初政治上的特殊地位，臧之非云：

> 列侯所食之國以及皇太后、皇后、公主所食之邑均分布於朝廷所轄的十五郡以內，和郡、縣平級，律文「請湯沐邑在諸侯」之「諸侯」是對關東地區的泛指，是指關外郡縣而言，屬於長信詹事之湯沐邑是皇太后即呂后自己的食邑，因身分特殊，故特許其「得買騎、輕車、吏乘、置傳馬關中，比關外縣」，這是公務需要，故云「比關外縣」即按照關外縣因公務需要買馬關中的規定執行。至於其他的如皇后、公主以及列侯食邑在關外縣者是不適用此令的。〔註59〕

這裡可以再補充說明的是，呂后能夠有這樣的待遇，最主要是跟其身分地位有關，雖然一般用於騎、輕車、吏乘、傳馬等作用的馬匹皆是基於公務上的需要無誤。而呂后臨朝稱制，其湯沐邑只是衣食租稅而已，並不會因為呂后臨朝稱制後多出更多公務上的需要，應該不至於像一般的縣級單位需要用到多數馬匹，又前述提及漢初馬匹稀少，擁有馬匹的多寡自然成為身分地位高低的象徵，所以由於呂后地位的突出，而享有這樣的特許待遇。

　　而呂后的外孫魯王張偃則享有更多的特權，突顯出呂后對於這位外孫是相當寵愛，亦表露出呂后的真性情，受到特別的「眷顧」。〔註60〕因為魯王受封在於呂后元年（西元前187年），此時呂后獨攬大權，所以張偃得以買馬及其王國屬官魯國中大夫謁者與魯國郎中能夠私買馬，這當然是丞相、御史大夫上魯御史書，由呂后批准的，甚至魯御史也可能是受呂后指示行事而已。此無疑是呂后賦予其外孫尊貴的地位的表徵。

　　漢初的諸侯王擁有與皇帝幾乎等同的官員及屬官，所以皇帝的九卿中有郎中令，其屬官有「大夫、郎、謁者」，又大夫「掌論議，有太中大夫、中大夫、諫大夫，皆無員」；郎「掌守門戶，出充車騎，有議郎、中郎、侍郎、郎中，皆無員」；謁者「掌賓讚受事，員七十。」〔註61〕諸侯王也有相同的建制，

二〉，頁394，云：「天子自有三河、潁川、南陽，自江陵以西至巴蜀，北自雲中至隴西，與京師內史凡十五郡，公主、列侯頗邑其中。」
〔註59〕 臧知非，〈張家山漢簡所見漢初中央與諸侯王國關係論略〉，《陝西歷史博物館刊》第10輯，頁311。
〔註60〕 陳偉，〈張家山漢簡《津關令》涉馬諸令研究〉，《考古學報》，2003年第1期，頁41，云：「張偃身為呂后外孫，其本人及其臣屬買馬關中，可以視為太后的眷顧」。
〔註61〕 《漢書》，卷十九上，〈百官公卿表第七上〉，頁727。

《漢書・百官公卿表》載云：

> 景帝中五年令諸侯王不得復治國，天子爲置吏，改丞相曰相，省御
> 史大夫、廷尉、少府、宗正、博士官，大夫、郎、謁者官長丞損其
> 員。〔註62〕

又《漢舊儀》云：

> 帝子爲王。王國置太傅、相、中尉各一人，秩兩千石，以輔王。僕
> 一人，秩千石。郎中令，秩六百石，置官如漢官官吏。郎、大夫、
> 四百石以下自調除。〔註63〕

景帝中五年（西元前 145 年）時減損了諸侯王國的大夫、郎、謁者的吏員人
數，這代表此之前王國郎中令下有屬官大夫、郎、謁者，所以王國官亦有中
大夫、郎中、謁者，只是景帝時將其人數減少，《漢舊儀》的紀錄同樣也表現
出景帝中五年（西元前 145 年）後，甚至是武帝以後的情況。〔註64〕這一方
面是爲了避免諸侯王培養其實力，一方面是打壓諸侯王的地位。

中央的郎中令及其屬吏之職責，尤其是郎中有守衛皇宮皇帝安全與充當
車騎儀隊，因此特別需要馬匹，所以《二年律令・津關令》中有紀錄其常規
性買馬的規定。這是給與爲皇帝工作的人在執行公務上的方便。陳偉亦云：

> 任職王朝者，有令③中的中大夫謁者與郎中執盾、執戟以及令⑤中
> 的郎騎。這些人是天子的親信與近衛。郎騎買馬備乘，爲職責所需。
> 中大夫謁者與郎中執盾、執戟私買馬，則應是皇帝的恩典。〔註65〕

但是這種待遇，應該只給爲皇帝工作者，可是呂后外孫魯王張偃一樣享有，

〔註62〕同前注，引書、卷，頁741。

〔註63〕衛宏，《漢舊儀》，卷下，孫星衍輯，周天游典校，《漢官六種》，頁80。

〔註64〕《漢書》，卷十九上，〈百官公卿表第七上〉，頁741，云：「武帝時……損郎中
令，秩千石；改太僕曰僕，秩亦千石。」

〔註65〕陳偉，〈張家山漢簡《津關令》涉馬諸令研究〉，頁40。令③內容爲「……相
國上中大夫書：請中大夫謁者、郎中執盾、執戟家在關外者，得私買馬關中。
有縣官致上中大夫、郎中。中大夫、郎中爲書告津關。來復傳出，它如律令。
御史以聞，請許。及諸乘私馬出，馬當復入而死亡，自言在縣官，縣官診及
獄訊審死亡，皆津關。制曰：可。」及令⑤內容爲「十五．相國、御史請：
郎騎家在關外，騎馬即死，得買馬關中人一匹以補。郎中爲致告買所縣道。
縣道官聽，爲質〈致〉告居縣，受數而籍書馬識物、齒、高，上郎中。即歸
休、繇使，郎中爲傳出津關。馬死，死所縣道官診上。其詐貿易馬及僞診，
皆以詐僞出馬令論。其不得□及馬老病不用，自言郎中。郎中案視，爲致告
關中縣道官，賣更買。・制曰：可。」

這就突顯張偃因特殊身分享有特別的待遇。若是所有的諸侯王國的中大夫、郎中、謁者都跟魯國一樣，如此將不會有差別性的出現，也不會有這樣的規定出現了。

本章上一節談到呂后為了保護惠帝的子嗣及讓其家族能夠與功臣、劉姓諸侯王達到勢力上的平衡，因而臨朝稱制，並進行大封諸呂為侯、為諸侯王的舉動，這其中當然包含有呂后的私心。而《張家山漢簡》中的《二年律令》則給予我們更多認識呂后時期的作為與心態及對漢初政治局勢的影響。

歸而言之，《二年律令》中關於呂后及其家族等律令，可以反映出呂后不只為了達到各勢力的平衡，她還有意將其家族的權力與地位，提升到跟漢朝劉姓統治者平起平坐的地步，在〈具律〉可以看到呂后對於其家族進行最大的保護，將犯罪罰減輕的適用範圍跟宗室一樣，即是將外戚呂氏家族的政治地位提高到與皇帝家族等同，形成外戚呂氏家族權位的突出，這種「呂與劉共天下」的意圖是不可能被接受的，如此作為對必然造成相當大的反彈，因為擁護劉家的元勳功臣大多安在，呂后的作為其必然受影響，而劉姓諸侯王更是不可能坐視不管。又〈津關令〉中呂后與其外孫魯王張偃享有買馬的特權，此權利是跟隨著呂后本身特殊的身分地位而來，雖然呂后與張偃買的馬匹都留在關中，[註66]但是這已經造成在常規性律令規定中出現特許的情況。此對劉姓諸侯王來說是莫大的不公平，且如此的特許破壞國家既定「禁馬出關」政策的立法意旨與目的，即政策的制定與執行表裡不一，破壞了中央威信以及間接影響中央集權的目的。上述兩項規定絕對會產生劉姓諸侯王對於呂后及其家族的不滿，因其權利最受到影響。所以呂后一死，劉姓諸侯王第一時間就豎起反諸呂的旗子，最後激發出漢初的一場「政變」。

第三節　外戚呂氏勢力發展的侷限及其敗亡

漢初外戚呂氏家族在短短的幾年間迅速成為能跟功臣與諸侯王相互抗衡的政治力量，並且還有一些超越功臣、諸侯王的特殊權力與地位，這一切都是由於呂后在漢初的政治地位及呂后本身刻意作為而來。不過，只要有作為、

〔註66〕張家山二四七號漢墓竹簡整理小組，《張家山漢墓竹簡〔二四七號墓〕（釋文修訂本）》，《二年律令·津關令》，簡520，頁87，云：「魯侯居長安」。可知張偃本身使用的馬匹及其官屬的馬匹，應該都留在關中。

改變，不管其本意為何，相對的就會帶來不滿與反抗；一方的勢力上升，必造成另一方，或多方的威脅，利害關係終造成衝突。漢初的呂氏外戚、功臣與劉姓諸侯王之間的關係，正好就是這樣的寫照。

呂后臨朝稱制的第八年（西元前164年）七月辛巳，崩於未央宮。〔註67〕而呂后的死，帶給了漢初政治上繼異姓諸侯王遭誅殺後的另一場腥風血雨，即眾功臣和劉姓諸侯王斬草除根式的誅殺「諸呂」。〔註68〕任何的政治勢力走向滅亡，都有許多的因素，這些因素源自勢力自身「發展的侷限」，外戚呂氏勢力興也快，衰也速，其中的原因相當值得探討，進而了解其發展的侷限何在，藉此對漢初當時的政治局勢、情勢的變化有更多的認識。

對於外戚呂氏速亡的原因，前輩學者有所討論，芮和蒸評論云：

> 呂后之用諸呂，並無以「呂」代「漢」之目的，而係以呂氏子弟作為增固其權勢之工具，呂后最為愛好權力，愈追求而愈益陷入權力之陷阱，病篤猶不能忘懷，誡產、祿等「毋為人所制」，直到死而後已！諸呂子弟，本為庸才，然而熱中權勢。結果諸呂祗以呂后最為其權力來源之支柱，並未能利用已得權力，開拓於一己有利的新態勢，一旦呂后崩而冰山自解，焉得不敗！〔註69〕

以上所言，雖不是精細的分析呂氏衰亡的原因，但可以看出其中一點，即外戚呂氏家族的核心為呂后，而諸呂的政治權勢與地位皆源於呂后，可惜的是諸呂沒有利用這一優勢，培植自身的力量及拓展更多的擁護者，所以呂后一死，便成樹倒猢猻散的局勢。這可從呂祿信其友酈寄之言，欲解除自身兵權一事看出，當時呂祿「使人報產及諸呂老人。或以為不便，計猶豫，未有所決。」〔註70〕由此看到自呂后一死，呂氏一族，無有能統整大局，決定大事者。唯有呂后妹呂嬃有正確眼光，〔註71〕可惜呂祿沒有聽從，終造成滅族之禍。

〔註67〕《漢書》，卷三，〈高后紀第三〉，頁100。

〔註68〕王鳴盛云：「周勃、陳平、劉章既誅產、祿，悉捕諸呂，無少長男女皆殺之，并樊噲呂嬃及其子伉皆殺之。除惡莫若盡，此之謂矣。」見王鳴盛，《十七史商榷》，卷九，〈漢書三〉，（上海：上海書店出版社，2005年12月第1版），盡殺諸呂條，頁58。撇開諸呂是否為「惡」不論，功臣們「盡殺」諸呂卻絕非有誤，因此稱其「斬草除根」。

〔註69〕芮和蒸，〈論呂后專政與諸呂事件〉，《國立政治大學學報》，第20期，頁244。

〔註70〕《漢書》，卷三，〈高后紀第三〉，頁101。

〔註71〕呂嬃見其姪兒與酈寄（「功臣」酈商子）游，怒而言：「汝為將而棄軍，呂氏今無處矣！」見《漢書》，卷三，〈高后紀第三〉，頁101。從中可以了解到呂

　　陳玉屏在〈西漢初呂氏外戚集團的興亡〉一文中，研究外戚呂氏興亡的原因，指出諸呂的滅亡是「缺乏政治上及政治鬥爭的經驗」，其云：

> 功臣集團不僅擁有雄厚的實力和盤根錯節的關係網，而且具有豐富的政治鬥爭經驗，不論鬥智鬥力，呂氏集團乃至呂后本人均不是其對手。〔註72〕

上言「鬥智」是言諸呂的政治鬥爭經驗的缺乏；「鬥力」則恰恰與芮和蒸所說的諸呂沒有「開拓於一己有利的新態勢」，即沒有拓展自身的擁護者，光靠呂氏一族本身，是無法與眾功臣鬥爭的。陳氏又云：

> 呂氏集團中除呂嬰之外，對呂氏與功臣、宗王已成不共戴天之勢，呂氏已騎虎難下，缺乏必要認識，對於呂氏集團處境和面臨的危險缺乏清醒的估計。呂氏集團政治上的不成熟表露的十分明顯。……
> 呂氏集團雖對功臣與宗王心存戒備，但缺乏實感，故對宗王與功臣的迅速聯手發難，完全是被動應付，方寸大亂。〔註73〕

外戚諸呂在政治上的不成熟及無主動反擊的能力，這使得諸呂在面對政治上和鬥爭生存上經驗相對豐富的眾功臣，便如同待宰的羔羊。又可以從呂祿、呂產之間的不協調來做應證，呂后病篤之時，令呂祿掌北軍、呂產擁南軍，臨終時更慎重的告誡二人要「據兵衛宮」以防變。〔註74〕但是呂祿在酈寄遊說下輕易放棄北軍，並且沒有告知呂產，導致呂產在毫無防範下被殺，〔註75〕這是諸呂在這場政治鬥爭中迅速失敗的關鍵因素。

　　從上面兩位學者的討論可以知道，外戚呂氏家族的暴興暴亡，總結而言，第一，呂后是諸呂子弟們的擎天柱石，在呂后的保護下，安然無恙，等到呂后一死，群龍無首，無所依從，關鍵時刻無人團結組織諸呂，以致於滅亡。

　　嬰的政治眼光高於呂祿、呂產等，知道軍權為諸呂的保護傘，要緊緊握住，不管在任何情況下都不能放手。

〔註72〕 陳玉屏，〈西漢初呂氏外戚集團的興亡〉，《秦漢魏晉南北朝史論稿》，（成都：四川民族出版社，1995年8月第1版），頁69。

〔註73〕 同前注，引書、文，頁72。

〔註74〕 《史記》，卷九，〈呂太后本紀第九〉，頁406。

〔註75〕 《漢書》，卷三，〈高后紀第三〉，頁102，載：「祿遂解印屬典客，而以兵授太尉勃。……產不知祿以去北軍，入未央宮欲為亂。」在此先說明呂產欲為亂之事，容後將有進一步討論。呂祿將北軍軍權給周勃，諸呂的大勢已去，產終被殺於「郎中府吏廁中」，以致於功臣們「斬呂祿、笞殺呂嬰。分部悉捕諸呂男女，無少長皆斬之。」見《漢書》，卷三，〈高后紀第三〉，頁102及103。

第二，諸呂缺乏政治上的經驗，尤其是無「鬥爭」方面的認識，更是其致命傷。第三，眾功臣與諸侯王的聯合，使得原本就人丁單薄的諸呂，在沒有積極增加自身的擁護者下，更加顯得勢單力孤，最後終在內憂外患情況下被政敵打敗。

因此外戚呂氏勢力發展的侷限，總的來說爲「無後繼領袖」、「時間短」、「空間小」。首先是「無後繼領袖」，呂后一直將權力握在手中，呂后並無適時將權力放給諸呂子弟，以便其擴張勢力，形成新的權力核心，雖然如此會造成呂后的分權，可是這將會是呂后死後，形成新領袖的不二辦法。如呂祿、呂產眞正掌管軍政大權應該是在呂后臨死前，並非呂后臨朝稱制初期。傅樂成曾云：

> 此說破綻甚多（案：傅樂成指《史記・呂太后本紀》之說）。〔註76〕與辟彊談話之丞相，以時間論，應該是王陵，而王陵則是在惠帝死後面折廷爭反對分封諸呂的人。其次呂祿爲上將軍居北軍，呂祿爲相國居南軍，均在呂后八年亦即是惠帝死後八年的事。若說此事乃是實現丞相八年以前的請求，寧非奇談！〔註77〕

呂后在將死之前給呂祿、呂產權力，應爲一種臨時性處置，呂后並沒有爲其死後的情況設想周到。

次者，所謂「時間短」指的是諸呂勢力的發展時間短，僅短短的七、八年左右，因爲嚴格來說，諸呂在惠帝時期的紀錄相當的少，呂后大封諸呂爲其臨朝稱制後。因此諸呂子弟從政的時間短，比起眾功臣元勳從政而言，是有一段差距，在此時眾功臣中經歷過秦末群雄戰爭、楚漢戰爭的大有人在，如周勃、陳平、灌嬰等等，遇到過許多生死存亡的場面，個個都能獨當一面。反觀諸呂，呂祿、呂產等皆因呂后及襲父蔭，得爲侯、爲諸侯王，〔註78〕而

〔註76〕 《史記》，卷九，〈呂太后本紀第九〉，頁399，云：「（惠帝）七年秋八月戊寅，孝惠帝崩。發喪，太后哭，泣不下。留侯子張辟彊爲侍中，年十五，謂丞相：『太后獨有孝惠，今崩，哭不悲，君知其解乎？』丞相曰：『何解？』辟彊曰：『帝無壯子，太后畏君等君今請拜呂台、呂產、呂祿爲將，將兵居南北軍，及諸呂皆入宮，居終用事，如此則太后安心，君等幸得脫禍矣。』丞相乃如辟彊計。……呂氏權由此起。」以上文字《漢書》則將其紀錄在〈外戚傳上〉。
〔註77〕 傅樂成，〈西漢的幾個政治集團〉，《漢唐史論集》，頁5～6。
〔註78〕 外戚呂氏中經歷過秦末群雄戰爭、楚漢戰爭者，應該只有呂后父臨泗侯呂公、兄周呂侯呂澤、兄建成侯呂釋之，可惜這些人早死，不能幫助諸呂子弟。而諸呂子弟封侯者，多因爲堂兄弟之子的關係，相信之前沒認識政治及無任事者居多；封王者，如呂祿、呂產，爲呂后兄子，關係較親，不過在封王前也應該沒有政治經驗與鬥爭作戰經驗，因爲政治鬥爭，其實宛如一場攸關生死的戰爭一

權力得來容易，沒長時間處於政治環境中，使諸呂子弟成了政治暴發戶，所以無法面對早有預謀的功臣元勳與劉姓諸侯王的陰謀。

三者，所謂「空間小」指的是諸呂子弟的政治發展空間而言，先從中央來看，中央是權力的核心，為拓展勢力的好地方，可惜早已被眾功臣們給佔走了一大半以上，呂后本想進行大誅除，後被酈商所阻止，這一方面顯示出呂后的顧忌，另一方面則反映出功臣們在中央的力量。呂后行動造成諸呂與功臣間的矛盾、裂痕激化，〔註79〕也種下鬥爭的必然性。而在地方上，呂后割裂劉姓諸侯王的封域，分封諸呂為王，甚至用一些不正當的手法殺害、逼死劉姓諸侯王與子嗣，目的是要空出封地，這證明了地方上也沒有多餘的空間容下諸呂子弟涉足。因此也得罪劉姓諸侯王。所以諸呂子弟在中央僅僅只有相國、上將軍、太傅、長樂宮衛尉等職位，丞相、太尉、九卿等職依然都由功臣出任，其權力雖被諸呂部分剝奪，可是一團結起來仍發揮相當大的影響力。所以外戚呂氏子弟雖都位居高位，但是卻無法向下扎根的，因此如同無根的草，一拔就起。

認識了外戚呂氏勢力發展的侷限所在與敗亡的原因後，再來尚需了解的就是漢初一個重大事件，即諸呂氏否「欲為亂」。〔註80〕關於這點前輩學者亦多有研究，如傅樂成、芮和蒸皆將功臣與諸侯王聯手誅殺誅呂定位為「政變」，傅樂成云：

> 這次事變可以說是功臣派的主謀，而由宗室執行任務。……這次政變如無宗室參加，成功的希望，恐怕很少。單就當時周勃那副模樣看來，即可作此假設。〔註81〕

如果說功臣與劉姓諸侯王發動的真為「政變」，那麼「欲為亂」者其實應當是眾功臣與劉姓諸侯王才是。因此傅樂成進一步分析，云：

> 諸呂在「不當為王」與「欲為亂」的罪名下，盡被翦除。甚至少帝

般，沒歷經戰陣者，相對的不知政治鬥爭的險惡，諸呂子弟便是如此。
〔註79〕陳玉屏言：「像呂后這樣淺漏天機又為敢動作，得到的唯一結果是不可挽回地將功臣集團推到與外戚集團不共戴天的敵對立場上。」見陳玉屏，〈西漢初呂氏外戚集團的興亡〉，《秦漢魏晉南北朝史論稿》，頁66。
〔註80〕芮和蒸，〈論呂后專政與諸呂事件〉，《國立政治大學學報》，第20期，頁233，云：「不幸於（作者案於字應為呂）后晏駕之日，醞釀已久之『諸呂事件』隨即爆發，歷史記載，語焉不詳，其政變之真相固待探索，而發生的影響尤不待言。」
〔註81〕傅樂成，〈西漢的幾個政治集團〉，《漢唐史論集》，頁7。

和惠帝其他幾個封王的兒子也被統統殺掉。功臣派藉口說他們不是惠帝之子，實際上是怕他們長大後替呂家報仇。……他們這次與諸呂的火拼，最基本的原因，是在政治權位的爭奪。所謂「安劉」之功，乃是欺人之談。因為就現有的歷史記載看來，劉家何有不安的現象，所謂不安者，周陳輩之權位耳。〔註82〕

至於傅氏說諸呂「非劉而王」，即白馬之盟誓約的破壞，除了呂后外，周勃、陳平也要負起相當的責任。〔註83〕此論相當中肯。並且惠帝子封王者是相當合情合理，但是卻被一併誅殺，〔註84〕少帝亦被弒，此應該是他們為掩飾其不正當行動，不然諸呂為亂，只要誅殺為亂者即可，與少帝弘與惠帝諸子何干，此為絕後患所作的處置。而功臣們應該認為惠帝子絕嗣，還有其他劉邦子嗣可入繼大統，又可以有恩於宗室及新任皇帝，使其權力更加鞏固。這可以從功臣們最後選擇其口中「仁孝寬厚」的代王劉恆承大統，〔註85〕這應該是因為功臣們認為劉恆容易控制，所以才拱他坐上皇帝之位，由此可知功臣們連同惠帝子一起殺害的用意之一。

諸呂的另一個罪名，即「欲為亂」，《漢書》載呂祿解除北軍軍權後，呂產才欲為亂，其云：

產不知祿已去北軍，入未央宮欲為亂。殿門弗內，徘徊往來。平陽侯馳語太尉勃，勃尚恐不勝，未敢誦言誅之，乃謂朱虛侯章曰：「急入宮衛帝。」章從勃請卒千人，入未央宮掖門，見產廷中。日餔時，

〔註82〕 同前注，引文，頁7～8。

〔註83〕 同前注，引文，頁8。

〔註84〕 關於少帝及惠帝諸子是否真為惠帝子嗣，王鳴盛根據《史記》的紀錄，云：「一則曰非孝惠子，再則曰非劉氏，其文甚明。」見王鳴盛，《十七史商榷》，卷二，〈史記二〉，少帝諸王皆非劉氏條，頁19。史料的確如此記載，但是這兩段言論皆是功臣派「陰謀說」，再者其有發動「政變」之慮，這是政變成功者刻意塑造的說法的機會相當高，或是史官受到成功者的影響。又王鳴盛引各家注《史記》、《漢書》者，言之鑿鑿少帝及惠帝諸子非惠帝子。後人注史漢都僅僅注曰：「非孝惠子」、與「呂氏子」，皆無言確實的證據，實在令人難以信從，因此姑且信其為孝惠子。又清人俞正燮則云：「漢惠帝後，有兩少帝……張皇后傳云……外戚傳亦云，立孝惠後宮子為帝，此一少帝也，真孝惠子，特非張后子也。其後宮子，史謂之他人子者，言非皇后子，凡六人……則孝惠七子，其六子真偽，疑不能明耳。」見俞正燮，《癸巳類稿》，（台北：世界書局，民國69年11月三版），卷十一，〈漢少帝本孝惠子考〉，頁409。此可備一說。

〔註85〕 《史記》，卷九，〈呂太后本紀第九〉，頁411。

逐擊產。產走，天大風，從官亂，莫敢鬭者。逐產，殺之郎中府舍廁中。〔註86〕

又在《漢書・高五王傳》記載，云：

高后崩。趙王呂祿爲上將軍，呂王產爲相國，皆居長安中，聚兵已威大臣，欲爲亂。章以呂祿女爲婦，知其謀，乃使人陰出告其兄齊王，欲令發兵西，朱虛侯、東牟侯欲從中與大臣爲內應，以誅諸呂因立齊王爲帝。〔註87〕

上引兩段文字透露出一些訊息，首先若諸呂欲爲亂，以情理推敲，呂祿不可能交出北軍軍權，如此作爲太不合常理了。又太尉周勃掌握北軍仍害怕行動失敗，給了朱虛侯劉章軍隊，可是反觀呂產還擁有南軍之軍權，如果欲爲亂，呂產入未央宮時就應調動南軍軍隊，控制皇宮，但是從後文看，他只帶從官，而且從官並沒有武裝，更沒有反抗。〔註88〕由此看來，要造反的並非諸呂，而是周勃等，「入宮衛帝」只是好聽的說法，實爲控制天子，以方便其後的布局。其次，諸呂欲爲亂的說詞，「章以呂祿女爲婦，知其謀」，而從上面的分析來看，有可能是朱虛侯劉章捏造的，目的是要幫助其兄齊哀王劉襄登上皇帝的寶座，然後自身能享有比現有在更大的利益，這是一個相當誘人的動機，一方面又可配合功臣們的陰謀。

所以傅樂成歸結出呂產「欲爲亂」之說，事實上應是「欲上朝」，其云：

可以說諸呂不但對「爲亂」沒有準備，即對別人的暗算，也未曾防範。呂產之入未央宮，與其說是「欲爲亂」，不如改爲「欲上朝」或「欲辦公」倒恰當些。總之，諸呂的罪名雖冠冕堂皇，而實際上是遭人暗算，糊裏糊塗的作了政治陰謀的犧牲品。〔註89〕

又陳玉屏從齊哀王的檄文分析，認爲諸呂「欲爲亂」之事是被強加的「莫須有」罪名，其云：

〔註86〕《漢書》，卷三，〈高后紀第三〉，頁102。
〔註87〕《漢書》，卷三十八，〈高五王傳第八〉，頁1992。
〔註88〕傅樂成曾分析，云：「呂產那時仍是南軍領袖手下的軍隊儘多，而他欲入未央宮『爲亂』時，何以祇帶『從官』，不帶軍隊？如果從官之中，包括軍隊，何以當未央宮殿門關閉之後，不去攻打，而只是『徘徊往來』？又何以見劉章所率領的一千餘人都不敢抵抗？呂產的從官，既連一千人都無法應付，人數之少可見；那麼呂產又爲何率領數目那麼少而又毫無戰鬥力的人，來發動『爲亂』那麼大的事呢？」見傅樂成，〈西漢的幾個政治集團〉，《漢唐史論集》，頁9。
〔註89〕同前注，引書、文，頁9。

> 齊王所傳之書，實爲討呂檄文。書中所列舉呂氏之罪有二：其一爲
> 迫害劉氏宗王；其二爲「擅自尊官」、「矯制以令天下」。……十分奇
> 怪的是，齊王傳書中沒有揭發出呂氏集團「欲爲亂」的陰謀，這本
> 來應當是呂氏集團最現實的罪名，是齊王興兵最好的理由。這就使
> 人懷疑諸呂「欲爲亂」之說可能是「莫須有」。〔註90〕

前說認爲諸呂「欲爲亂」之說由齊王弟朱虛侯劉章所捏造，與陳氏之說有些
相關，以此來了解，亦有可能功臣們把「揭發諸呂欲爲亂」的責任，完完全
全的推給了劉章一人來承擔。

　　最後再補充一點，即功臣們是否都認爲要剷除外戚呂氏家族是必要的，
這可能要進一步分析。因爲從周勃、陳平劫酈商，來脅迫其子酈寄欺騙其友
呂祿將兵權釋出一事來看。〔註91〕若酈寄贊同周、陳二人的計畫，應該會主
動說服其子進行欺騙呂祿計畫，不應該被人所「劫」，此是逼迫。代表功臣中
似乎有人有不同的意見。再者，這事顯示出功臣的第二代中有人跟諸呂子弟
有相當的交情，不然呂祿不會如此的信任酈寄。因此有「天下稱酈況（酈寄
字況）賣友。」〔註92〕也許當時諸呂與功臣間的關係，並非是完全的、全盤
的惡劣情況，所以呂祿、呂產的防備心才沒有那麼重。

　　所以要而言之，諸呂的暴興暴亡都是因爲當時「政治環境」與自身發展侷
限下的結果。其興起是呂后特意的政治安排，亦即本著身爲外戚的優勢，其亡
則爲「政治鬥爭經驗不足」，從中可以看出當時的政治環境與諸呂子弟自身的侷
限所在。政治環境上已無能令諸呂能擴展與鞏固其勢力的空間，導致無支持的
擁護者，加上情報網的不完善，無法事先得知功臣與劉姓諸侯王的動向；諸呂
子弟自身多無參與政治經驗及歷經戰陣，政治上的鬥爭與殘酷其無從了解，沒
有能力化解功臣與劉姓諸侯王的陰謀；呂后死後，無強勢，或能果決的領導者，
諸呂子弟如同一盤散沙，導致被功臣與劉姓諸侯王各個擊破。

　　諸呂的敗亡，並非因爲諸呂以「欲爲亂」的罪名被誅殺殆盡，而是遭到
一場相當殘忍、冷血、無情的政變，因此被滅族。殘忍的不擇手段，如劫迫
昔日同袍以逼其子賣友；冷血則是連根拔除諸呂，連惠帝子嗣也不放過；無

〔註90〕見陳玉屏，〈西漢初呂氏外戚集團的興亡〉，《秦漢魏晉南北朝史論稿》，頁70～
　　　　71。
〔註91〕《漢書》，卷三，〈高后紀第三〉，頁101。
〔註92〕《漢書》，卷四十一，〈樊酈滕灌傅靳周傳第十一〉，頁2076。

情爲外戚呂氏家族，從此背負這「作亂」的歷史罪名，成爲千古罪人。

第四節　「諸呂事件」餘論

外戚諸呂子弟與其相關族人，在功臣與劉姓諸侯王聯手的政治陰謀下，最後被冠上「欲爲亂」的罪名而遭滅族。因此在漢朝四百餘年的歷史中，他們無法洗清其冤屈，這可從後漢光武帝於中元元年（西元 56 年）十月甲申告祠高廟的言詞來看，其內容爲：

> 高皇帝與群臣約，非劉氏不王。呂后賊害三趙，專王呂氏，賴社稷之靈，祿、產伏誅，天命幾墜，危朝更安。呂太后不宜配食高廟，同祧至尊。薄太后母德慈愛，孝文皇帝賢明臨國，子孫賴福，言祚至今。其上薄太后尊號曰高皇后，配食地祇。遷呂太后廟主于園，四時上祭。〔註93〕

光武帝的祠高廟與「幸長安，祠高廟，遂有事於十一陵」〔註94〕的措施，之後的後漢諸帝皆踵繼效尤，這除了後漢定都洛陽之外，還代表著其爲延續漢朝國祚正統的政治意義。而上引光武帝的中元元年（西元 56 年）告祠特別具有政治意義，此爲中興漢室後第一次告祠高廟。〔註95〕這代表光武帝依然認同誅殺諸呂是對的，因而保存了劉漢的社稷，並且認爲如此的處罰還不夠，更甚的，其將呂后爲高祖劉邦正妻的合法地位給除去，給了文帝母薄太后，這也有告誡後代子孫留意「外戚」的意味，可能因爲王莽以外戚身分篡了前漢國祚，又不想明言，所以連帶想到以前漢初年的呂后和其諸呂子弟，作爲告誡的代表。

呂后在漢朝的地位遭到刻意的貶低，主要就是因爲呂后的扶植諸呂子弟，令其坐大，進而「欲爲亂」之故，這是呂后在世時絕對想不到的事。而後人對於呂后的評價，有唐人司馬貞的《史記・呂太后本紀》索隱述贊、〔註

〔註93〕范曄，《後漢書》，（標點本，北京：中華書局，2006 年 3 月第 11 刷），卷一下，〈光武帝紀第一下〉，頁 83。

〔註94〕同前注，引書、卷，頁 56。

〔註95〕因爲光武帝中元元年「正月丁卯，東巡狩。」及「二月辛卯，柴望岱宗，封太山，禪梁父」，詳見前注，引書、卷，頁 81～82。

〔註96〕司馬貞贊呂后，云：「高祖猶微，呂后作妃。及正軒掖，潛用威福。志懷安忍，性挾猜疑。置鴆齊悼，殘彘戚姬。惠帝崩殂，其哭不悲。諸呂用事，天下示私。大臣菹醢，支孽芟夷。禍盈斯驗，蒼狗爲菑。」見《史記》，卷九，〈呂太后本紀第九〉，頁 412，《索隱述贊》。又陳玉屛據此分析云：「呂后所作所爲，

96〕清人趙翼的〈呂武不當並稱〉等等。〔註97〕又傅樂成分析趙翼的評論，歸結出幾點結論，其重點即在於「呂后無篡漢」之心，其云：

> 趙認爲第一，呂后本不想以呂代劉。……第二，呂后之扶持諸呂，乃是因爲孝惠死後，呂后本人沒有嫡親子孫可以扶持，纔扶持娘家人。而且她的用意是怕呂家人在她死後受別人欺侮。……第三，呂后對劉家子弟不能算壞。並且她爲使劉呂相親，確曾費過一番苦心。
> 〔註98〕

對趙翼的評論及傅氏的分析，可以有所補充，傅氏第二點所論就是指諸呂以「欲爲亂」罪名被誅除，並且呂后的憂慮後來應驗了；至於第三點，應該說是呂后對劉家子弟有「選擇性」對待，〔註99〕並反證呂后劉呂相親政策的失敗。雖然前輩學者有認爲呂后沒有以呂代劉的意圖，也有人認爲呂后自身導致一場人禍，〔註100〕但是在後漢時期，後漢人對於呂后所作所爲與諸呂子弟「欲爲亂」的影響仍是印象深刻，除了前引光武帝告祠高廟語外，從《漢書·五行志》也能有相當了解，亦可反映出前漢人也有相同的影響。

後漢人班固著《漢書》，其中的《五行志》是將一些現象與人事相結合，〔註101〕有如董仲舒所言的「天人感應」的理論，即人的所作所爲，上天將自

不僅不能造成『夾輔』帝室的局面，反而在統治集團中人爲地製造一個大危機，同時也在爲呂氏集團招禍。」見陳玉屛，《西漢前期的政壇》，頁 83。可與傅樂成分析的第三點對照。

〔註97〕趙翼，《廿二史箚記》，（台北：世界書局，1997 年 4 月初版第 12 刷），上冊，卷三，〈呂武不當並稱〉條，頁 35～36。

〔註98〕傅樂成，〈西漢的幾個政治集團〉，《漢唐史論集》，頁 6。

〔註99〕呂后對劉家子弟有「選擇性」對待，是只有聽話、順從的劉家子弟好，如齊悼王肥獻城陽郡爲呂后女魯元公主的湯沐邑，才免於一死；而迫害不聽話、不順從者，如趙幽王友、趙共王恢，皆因與呂氏女不和，被殺害；甚至殺害爲大封諸呂絆腳石的宗室，如殺燕靈王建美人子，使其絕嗣，以封呂氏爲燕王。

〔註100〕陳玉屛，《漢初前期的政壇》，頁 83，云：「西漢初呂氏之禍與異姓王和同姓王的禍亂不同，不具有事物發展的必然性，完全是呂后自己造成的一種人禍。」其實，諸呂被殺仍有其發展至此的必然性，即是外戚、宗室、功臣各方對「權力」追求、角逐的結果。

〔註101〕陳其泰，《再建豐碑——班固和《漢書》》，（北京：生活·讀書·新知三聯書店，1994 年 11 月第 1 版），頁 226，云：「講陰陽災異，認爲自然災害和變異現象無一不是上天意志的表現，對每一件『災』『異』都拿社會政治人事來比附，這套學問的唯心實質是很清楚的。在歷史特定的情況下，有的雖屬唯心體系的說法，卻有可能帶有某些進步性。班固的災異觀點即是屬於這一類。」

然地會顯示一些現象告知人們。《漢書・五行志》云：

> 易曰：「天垂象，見吉凶；河出圖，雒出書，聖人則之。」〔註102〕

又云：

> 則《乾坤》之陰陽，效《洪範》之咎徵，天人之道粲然著矣。……
> 漢興，承秦滅學之後，景、武之世，董仲舒治《公羊春秋》，使推陰
> 陽，爲儒者宗。宣、元之後，劉向治《穀梁春秋》，數其旤福，傳以
> 《洪範》，與仲舒錯。〔註103〕

在這之中的觀念之一，就是「人的禍福與天象相倚」。那麼在《漢書・五行志》
中的記載呂后及諸呂子弟的所作所爲與出現的天象相比，便是代表著漢朝人
的想法與看法，或者應該說是漢朝官方的看法、說詞更爲恰當。

　　以下將呂后時期，包含惠帝時期和呂后臨朝稱制時期的天象與人事作一
表，來進一步分析，漢朝人對漢初呂后與諸呂子弟的看法以及其對漢朝人的
影響，其詳如下：

表3～3　呂后時期天象與人事對照表

時　間	天　象	人　事	註
惠帝二年（西元前193年）正月癸酉	兩龍現於蘭陵廷東里溫陵井中	劉向：龍貴象而困於庶人井中，象諸侯將有幽執之禍。	呂太后幽殺三趙王。
惠帝二年	天雨血於宜陽	時政舒緩，讒口妄行，殺三皇子，建立非嗣，及不當立之王，退王陵、周昌。呂太后崩，大臣共誅滅諸呂，僵尸流血。	
惠帝四年（西元前191年）十月乙亥、丙子	未央宮凌室災、織室災	劉向：元年呂太后殺趙王如意，殘戮其母戚夫人。	
惠帝四年十月壬寅	凌室災、織室災	太后立帝姊魯元公主女爲皇后。	天誡若日：皇后亡奉宗廟之德，將絕祭祀。

　　這是陳其泰對於班固著《漢書・五行志》的意旨予以肯定。

〔註102〕《漢書》，卷二十七上，〈五行志第二十七上〉，頁1315。
〔註103〕同前注，引書、卷，頁1316～1317。

惠帝七年（西元前188 年）五月丁卯	先晦一日，日有食之，幾盡，在七星初。	宮車晏駕，有呂氏詐置嗣君之害。	
高后元年（西元前187 年）五月丙申	趙叢臺災	劉向：呂氏女爲趙王后，嫉妒，將爲讒口以害趙王。	趙幽王劉友被幽死於長安。
高后三年（西元前185 年）夏	漢中、南郡大水	女主獨治，諸呂相王。	
高后四年（西元前184 年）秋	河南大水	女主獨治，諸呂相王。	
高后七年（西元前181 年）正月己丑晦	日有食之，既，在營室九度，爲宮室中。	高后八年七月崩	高后惡之，曰：「此爲我也！」
高后八年（西元前180 年）夏	漢中、南郡水復出	女主獨治，諸呂相王。	一事三現，可知漢朝人認爲此爲其大罪之一，特書之。
高后八年三月	被霸上，見物如蒼狗，病掖傷而崩。	（惠帝元年十二月）呂后鴆殺趙王如意，人彘戚夫人。	事發生在惠帝元年，而《五行志》所指天象在高后八年，相距約十六年，有牽強附會之嫌，但也顯示班固欲引以爲誡的想法。

資料出處：《漢書》，卷二十七上，〈五行志第二十七上〉；卷二十七中之上，〈五行志第二十七中之上〉；卷二十七中之下，〈五行志第二十七中之下〉；卷二十七下之上，〈五行志第二十七下之上〉；卷二十七下之下，〈五行志第二十七下之下〉

　　根據上表來看，有些是呂后或是諸呂子弟不好的眞實作爲，如殺害三趙王、殘害戚夫人、呂氏女進讒言害趙幽王等等，這類事件配合上天象，還算有一套顯現「告誡」的說理，是行的通。而立魯元公主女爲皇后只單單是一件事情，卻跟火災強扯在一起，[註104] 便顯得有些說不通，這比較像先入爲

[註104]《漢書》，卷二十七上，〈五行志第二十七上〉，頁 1320 云：「傳曰：『棄法律，逐功臣，殺太子，以妾爲妻，則火不炎上。』」又云：「賢佞分別，官人有序，帥由舊章，敬重功勳，殊別嫡庶，如此則火得其性。若乃信不篤，或耀虛僞，讒夫昌，邪勝正，則火失其性矣。」這些是表現出有火災之象的情況，據此只是立張皇后，既非以妾爲妻也非嫡庶失序，所以宮室的火災與其又有何干。

主的看法。甚至有子虛烏有的事，也跟天下聯繫在一起，前已論及少帝爲惠帝子無誤，只是非張皇后子，在《漢書・五行志》中依然塑造「呂氏詐置嗣君之害」，這是沒有證據的事，因此只好假借天象來作其說法的證據，一副證據鑿鑿、天理昭昭的樣子。從前面的分析來看，歸而言之，《漢書・五行志》關於呂后與諸呂子弟的天誡，即是一種「萬惡歸之於呂后及諸呂」，或「萬惡皆由外戚呂氏生」的表現。

又陳其泰論「班固撰史的一項根本宗旨是『宣揚漢德』」，〔註105〕亦即「宣揚漢代功業」的目的撰寫史書。〔註106〕並且陳其泰認爲班固勇於直書宗室外戚的殘暴腐朽，其云：

> 《漢書》是以宣揚漢代功業爲撰寫目的，那麼敢不敢暴露漢代的陰暗面，就成爲班固是否具有「實錄」精神的試金石。班固對此作出肯定的回答，他作到「不虛美，不隱惡」，據事直書。有的學者稱讚班固「不爲漢諱」是很中肯的。〔註107〕

因此班固對於身爲外戚而欲爲篡逆之事的諸呂特別加以批判，並運用《漢書・五行志》的撰寫目的，以人事與天象相合來顯示諸呂的種種行爲皆違反天理，所以必遭懲罰。

所以外戚呂氏的形象，一方面已經被後來的勝利者所控制；另一方面因爲史官的記錄很有可能爲功臣們的說法，班固本人撰寫《漢書》的目的是「宣揚漢代」的偉大，並有很高的機會是採用當時史官的記錄，因此對於外戚諸呂欲爲亂可能會有先入爲主的看法，而嚴加批評。畢竟呂氏已無法自白了，就算有蛛絲馬跡，被功臣們抹滅的可能性很高。

可是將外戚呂氏作爲前漢初年外戚專權擅政的代表，雖然有部分的事實，但是也有經過人爲塑造的罪名，這些本章前幾節已有所討論。那麼經過外戚呂氏專政後的漢朝政治，有將「外戚對於朝政的影響」當作一種警惕的作用，可是在實際情況下效用卻不是很好，因爲前漢最後仍然是被外戚王莽所篡，但其遠因可追溯到漢武帝，這跟呂后與諸呂子弟並無太大關係。

漢初經過「諸呂事件」後，外戚在漢朝的政治舞台曾消寂一陣子，即文

〔註105〕陳其泰，《史學與中國文化傳統》，（北京：學苑出版社，1999 年 8 月第 1 版），頁 96。

〔註106〕陳其泰，《再建豐碑──班固和《漢書》》，頁 60～61。

〔註107〕陳其泰、趙永春，《班固評傳》，（南京：南京大學出版社，2002 年 5 月第 1版），頁 180。

景之治的時代中，外戚較為無聲無息。主要是外戚諸呂遭滅族後，朝政被功臣們所掌控，即形成芮和蒸謂為「列侯政治」。〔註108〕又爰盎曾問文帝丞相周勃為何臣，文帝認為其為「社稷臣」，爰盎則論「絳侯（周勃）所謂功臣，非社稷臣。」，並描述「丞相如有驕主色，陛下謙讓，臣主失禮，竊為陛下不取也。」〔註109〕這反映出周勃等一派功臣們的自負，也看到文帝初年對於功臣們是敬畏三分。另一方面，反觀這時期的外戚較於諸呂子弟還要能潔身自愛，如文帝后竇皇后兄弟，竇長君、竇少君等，但這也是功臣們刻意的調教下的結果，《漢書·外戚傳》記載云：

> 絳侯、灌將軍等曰：「吾屬不死，命乃且縣此兩人。此兩人所出微，不可不擇師傅，又復放呂氏大事也。」於是乃選長者之有節行者與居。竇長君、少君由此為謙讓君子，不敢以富貴驕人。〔註110〕

另外還可從皇帝外戚封侯的謹慎來看，景帝時竇太后欲封王皇后兄王信為侯，就發生了一番竇太后與景帝、周亞夫爭執，《漢書》載云：

> 竇太后曰：「皇后兄王信可侯也。」帝讓曰：「始南皮及章武先帝不侯，及臣即位，乃侯之，信未得封侯也」竇太后曰：「人生各以時行耳。竇長君在時，竟不得封侯，死後，乃其子彭祖顧得侯。吾甚恨之。帝趣侯信也！」……亞夫曰：「高帝約『非劉氏不得王，非有功不得侯。不如約，天下共擊之。』今信雖皇后兄，無功，侯之，非約也。」上默然而沮。〔註111〕

從上引文可了解到幾點，第一，亦可以反映「列侯政治」的味道，因為連外戚封侯都要詢問功臣的意見，皇帝本身無法自主，可知皇帝對於封侯外戚一事的謹慎態度。雖說周亞夫是周勃之子，非劉邦時的功臣，但其是功臣派第二代中較有能力者，並且可以說其為景帝的功臣。第二，外戚封侯由皇后、或皇太后主導，但是上述竇長君、竇少君，文帝時堅持不封侯，待文帝死後

〔註108〕 芮和蒸，〈論呂后專政與諸呂事件〉，《國立政治大學學報》第20期，頁245，云：「文帝當國，雖故黜丞相周勃，迫其退出長安政壇，繫獄問罪，予以無情的打擊；然此一『列侯政治』之基礎，並未搖動，歷經文、景之世，約有四十年之久，成為牢不可破的政治傳統；武帝初年猶秉其餘緒，直至元朔中，公孫弘起自布衣，未『侯』入相，由是樹立士人主政之文治政府，政局始為一變。」
〔註109〕 《漢書》，卷四十九，〈爰盎鼂錯傳第十九〉，頁2267～2268。
〔註110〕 《漢書》，卷九十七上，〈外戚傳第六十七上〉，頁3944。
〔註111〕 《漢書》，卷四十，〈張陳王周傳第十〉，頁2060～2061。

由景帝封侯，當時竇長君已死，封其子爲侯，[註112] 而此時竇太后請封皇后兄爲侯，景帝已經表現出動搖的態度。第三，功臣派仍是以高帝劉邦的「白馬之盟」，來作爲其反對外戚封侯最有效的王牌。

到了武帝的時候，外戚的勢力又漸漸浮上政治舞台上，這是跟當時的環境背景有相當大的關係。當然，皇帝本身態度的大轉變也是相當重要的原因。首先，當時的政治環境，已經沒有諸侯王、功臣、外戚三勢力互相抗衡的情況，或者是說這樣的情況已不復在了。因爲諸侯王方面在歷經了文帝、景帝兩代的「削弱諸侯王勢力」政策影響下，其權勢以不如以往，最後在經武帝的「推恩眾建」後，更是無法再與中央抗衡，無力再進行權力角逐。功臣方面，因爲人類的生命是有限，功臣們一一死亡是必然的，而其後代子孫大部分無過人之能力，其勢力可以說是自動凋零，陳玉屏云：

> 景帝中後期，在長期承平之世中「無爲」、「無動」的功臣集團已暮
> 氣沉沉。隨著庶民地主與儒士代表人物在統治集團中力量的逐漸增
> 強，功臣集團在這兩股新崛起的尊君勢力的衝擊下，力量逐漸衰弱，
> 已完全不能夠對君主有任何挾制的舉動了。[註113]

不管布衣卿相和儒學之士與皇帝誰爲改革的發動者，在此時君權的高漲與功臣派力量的衰弱爲不爭的事實。少了諸侯王和功臣的競爭，外戚身爲皇帝身邊親近的人，加上親戚關係，自然成爲皇帝重用、提拔的對象。

另外，皇帝本身對於外戚態度的轉變，也是相當重要的關鍵。在前面提到劉邦行「白馬之盟」是要劃定各方勢力的政治地位，以求分定止爭的目的，另一目的就是防範外戚，因爲在盟約中外戚呂氏沒得到太大的利益。到了惠帝、呂后臨朝時期，提拔外戚，全由呂后一人主導，惠帝的早卒與少帝的年幼，使得皇帝本身無法發揮保護外戚的能力，或可以說這時期看不出皇帝對於外戚的態度。「諸呂事件」後，皇帝面對有關於外戚的事情，處理上採謹慎的態度；外戚本身亦較能自我管理，不以得權得勢爲樂。

但是這樣的情況到了漢武帝時有相當的變化，武帝早期的丞相田蚡，身爲武帝的舅舅，因而權傾一時，雖然看得出武帝並非心甘情願的將權力放給

[註112] 文帝於後元七年六月己亥崩，景帝於六月丁未即位，未改元，竇廣國（少君）
　　　　及竇彭祖（竇長君子）於文帝後元七年六月乙卯封侯，時爲景帝即位第九天。
　　　　詳見《漢書》，卷十八，〈外戚恩澤侯表第六〉，頁684。
[註113] 陳玉屏，《漢初前期的政壇》，頁190。

田蚡，但也顯示外戚勢力又浮出政治舞台上了。[註114] 而武帝重用外戚最爲著名的有衛青、霍去病、李廣利。前二者相當成功，開疆拓土；後者則爲失敗，逃亡匈奴。武帝似乎有記取諸呂子弟遭人詬病的罪名教訓，即高祖白馬盟約中的「非劉氏不王，亡功非上所不置而侯者，天下共誅之。」，[註115]因此能讓外戚正大光明的封侯，就是軍功，正好武帝對於匈奴的政策改弦更張，由「和親轉爲討伐」，借此機會任用衛青、霍去病爲統帥，來進行一系列討伐匈奴戰爭，其過程整理爲下表：

表3～4　衛青、霍去病重要戰功與封賞表

時　　間	將　　帥	戰　　果	封賞
元光六年（西元前 129 年）	衛青出上谷，公孫敖出代，公孫賀出雲中，李廣出雁門	衛青獲首虜七百級。	衛青賜爵爲關內侯。
元朔元年秋（西元前 128 年）	衛青出雁門，李息出代	獲首虜數千級。	
元朔二年（西元前 127 年）	衛青、李息出雲中	獲首虜數千級。收河南地。	封衛青長平侯，三千八百戶。
元朔五年春（西元前 124 年）	衛青統六將出朔方，高闕	獲首虜一萬五千級。	拜衛青爲大將軍，益封八千七百戶。[註116]封衛青三子爲侯。[註117]

[註114]《漢書》，卷五十二，〈竇田灌韓傳第二十二〉，頁 2377，云：「田蚡，孝景王皇后同母弟也。」又頁 2380，云：「蚡爲人貌侵，生貴甚。又以諸侯王多長，上初即位，富於春秋，蚡以肺附爲相，非痛折節以禮屈之，天下不肅。當是時，丞相入奏事，語移日，所言皆聽。見人或起家至兩千石，權移主上。上乃曰：『君除吏盡未，吾亦欲除吏。』」這已經表現出武帝對於田蚡專權流露出不悅的情緒，多半也代表田蚡的興起，並非武帝眞心，畢竟田蚡的表現有點讓武帝認爲無法操控他了。因爲皇帝雖然讓外戚得勢，但也絕對不允許喧賓奪主的情形。

[註115]《漢書》，卷十八，〈外戚恩澤侯表第六〉，頁 678。

[註116]《漢書》，卷五十五，〈衛青霍去病傳第二十五〉，頁 2490，云：「最大將軍衛青七出擊匈奴，斬首捕虜五萬餘級。……凡萬六千三百戶；封三子爲侯，侯一千三百戶，并之二萬二百戶。」《史記》，卷一百一十一，〈衛青霍去病列傳第五十二〉，頁 2941，記錄則爲封萬千一八百戶，并三子爲萬五千七百戶。

[註117]同前注，引書、卷，頁 2475，云：「封青子伉爲宜春侯，子不疑爲陰安侯，子登爲發干侯。」

元朔六年二月 （西元前 123 年）	衛青統六將出定襄	斬首三千餘級。	
元朔六年四月	衛青統六將出絕幕	大克獲。 霍去病斬首捕虜二千二 十八級	封霍去病爲冠軍 侯，二千五百 戶。
元狩二年 （西元前 121 年）	霍去病出隴西	斬首八千餘級	霍去病益封二千 二百戶。
元狩二年夏	霍去病、公孫敖出北 地	斬首三萬餘級	霍去病益封五千 四百戶。
元狩四年 （西元前 119 年）	衛青統四將出定襄， 霍去病出代	衛青圍單于，斬首一萬 九千級，至闐顏山。 霍去病戰左賢王，斬首 七萬餘級，封狼居胥 山。	霍去病益封五千 八百戶。〔註 118〕

資料出處：《史記》，卷一百一十一，〈衛青霍去病傳第五十二〉；《漢書》，卷六，〈武
帝本紀第六〉；《漢書》，卷五十五，〈衛青霍去病傳第二十五〉。

　　從上面來看，藉由一次又一次的勝仗，達到封侯、益封，也讓衛青、霍
去病建立外戚在朝中的威信，〔註 119〕這是武帝啓用外戚的一種模式。而李廣
利爲武帝末年寵愛的李夫人的兄長，歷經取汗血馬的征大宛戰役，因號爲「貳
師將軍」；〔註 120〕最後征和三年（西元前 90 年），伐匈奴失利，逃亡到匈奴，
被匈奴所殺。

　　最重要的是武帝建立了能讓往後外戚能掌握大權的職位，即大司馬大將

〔註118〕同前注，引書、卷，頁 2492，云：「最票騎將軍霍去病六出擊匈奴，其以四
出以將軍，斬首捕虜十一萬餘級。……四益封，凡萬七千七百戶。」霍去病
從大將軍衛青的戰役，史、漢無詳細記載，因此無法確切計算《漢書》所載
的數字。《史記》，卷一百一十一，〈衛青霍去病列傳第五十二〉，頁 2945，記
錄則爲封一萬五千一百戶。

〔註119〕雖然衛青、霍去病皆能夠獲得武帝朝政治上較尊貴的地位，卻又不跋扈專權。《漢
書》，卷五十五，〈衛青霍去病傳第二十五〉，頁 2493，贊云：「蘇建嘗說責：『大
將軍至尊重，而天下之賢士大夫無稱焉，願將軍觀古名將所招選者，勉之哉！』
青謝曰：『自魏其、武安之厚賓客，天子長切齒。彼親待士大夫，招賢黜不肖者，
人主之柄也。人臣奉法遵職而已，何與招士！』票騎亦方此意。」從此可看出
武帝欲建立的外戚，是一個能夠不擅人主之權，聽命於人主、能夠受控制的人。

〔註120〕《漢書》，卷六十一，〈張騫李廣利傳第三十一〉，頁 2698，云：「（武帝）欲
侯寵姬李氏，乃以李廣利爲將軍，伐宛。」從中可看出武帝拉拔外戚的模式
之一，即是令外戚建立自身的軍功，以名正言順封侯。

軍（或冠其他將軍名號）。〔註 121〕無論是昭帝和宣帝早期的霍光霍氏，還是成帝後歷經哀、平的王鳳等王氏外戚，〔註 122〕皆以此職位，掌控朝政，甚至最後篡奪漢祚的王莽，也是王氏外戚出任大司馬，這說明了大司馬在前漢中期以後，時常被外戚給掌控，由於其「輔政」的職能，更能夠藉此控制朝局。又大司馬有時兼領尚書事，如霍光、王鳳等，得以先閱讀大臣的上書，再決定是否上奏皇帝，如此更能夠壅塞皇帝的視聽，達到欺上蔽下、瞞天過海，使其為所欲為。〔註 123〕因此魏相提出改善的方法為「上封事」，即是直接給與皇帝的秘密奏書，不經領尚書事。〔註 124〕總而言之，武帝時期所建立的制度，對於往後的外戚勢力的發展是相當有利。

　　呂后及諸呂子弟作為漢初外戚的代表，也是漢朝第一股外戚勢力的代表，其成為為往後的漢朝帶來了告誡與警示的象徵，並且讓之後的皇帝學習與發展能夠優寵和保護外戚的方法。只是有一前提，即是皇帝要能駕馭外戚，但是不可能每個皇帝都能做到這點，如果不能有效控制外戚，就會反被其掌握政權，甚至皇帝會被架空。

　　從後來發展往前看，顯示出漢朝為一個新的皇帝制度朝代，而秦朝國祚太短，並不能給與漢初的統治者太多的典範參考，造成漢初的政治局勢佈滿了許多的衝突點，如中央與地方的衝突、呂后時期呂氏與功臣、諸侯王對立

〔註 121〕關於大司馬，勞榦曾云：「武帝元狩四年，設大司馬，以大將軍衛青為大司馬大將軍，票騎將軍霍去病，為大司馬票騎將軍，兩人並為大司馬，當時只是一種出征將軍的加號，在京師中並無職權。……到武帝後元元年，始以侍中奉車都尉霍光為大司馬大將軍，輔政。……此後大司馬遂成為一種輔政的加官，加到將軍的上面。」見勞榦，〈論漢代的衛尉與中衛兼論南北軍制度〉，《勞榦學術論文集甲編》，（台北：藝文印書館，民國 65 年 10 月初版），頁 880。以此可見大司馬輔政的職能，就是讓外戚能掌握政權的原因，因為輔政通常在於老皇帝託孤給信任的人，在人選中外戚常常因血緣關係而上榜，跟新皇帝通常建立起甥舅的關係，藉此專權，更牢不可破。

〔註 122〕王鳳為大司馬大將軍（成帝建始元年~陽朔三年）；王音為大司馬車騎將軍（成帝陽朔三年~永始二年）；王商為大司馬衛將軍（成帝永始二年~綏和元年）；王根為大司馬票騎將軍（成帝綏和元年~綏和二年）；王莽為大司馬（平帝年間）。詳參《漢書》，卷九十八，〈元后傳第六十八〉。

〔註 123〕《漢書》，卷七十四，〈魏相丙吉傳第四十四〉，頁 3135，云：「故事上書者皆為二封，署其一曰副，領尚書事者先發副封，所言不善，屏去不奏。相復因許伯白，去副封以防壅蔽。」

〔註 124〕關於封事，可參廖伯源，〈漢「封事」雜考〉，《秦漢史論叢》，（北京：中華書局，2008 年 3 月），頁 233~242。

等。呂后時期的呂氏外戚的暴興暴亡，就是一個大衝突點所造成的結果，它牽涉到三方勢力的平衡關係，其實劉邦的「白馬之盟」，除防範外戚之外，亦有設法定位三方勢力，使其不發生衝突，只因呂后個性強勢，認爲諸呂勢力應該增加，所以進行一系列提升諸呂勢力的行動，但張家山漢簡《二年律令》中可以看出諸呂地位的突出，提供呂后有令三方勢力失衡的作爲例子。另外，在呂后時期的漢朝政局中，皇帝本身的作用是相當小，「皇權相對低弱」，應該是前漢一朝皇權最弱的時期，不論是惠帝的早死和少帝的年幼，對於調解衝突皆起不了作用，或者以諸呂「不欲爲亂」的角度來看，當時的皇帝也無法保護外戚。因此諸呂外戚背負罪名，成爲漢朝提及外戚爲亂時必舉的一個例子。

　　總而言之，漢初的政治局勢中，雖然呂后時期，呂后作出侵奪皇權的舉動，但是呂后以及諸呂子弟並沒有謀朝篡位。因此呂后時期的政治局勢影響到漢代中央集權的進程，可是並沒有威脅中央的行爲，只是呂后代行皇帝的職能，外戚強過功臣、劉姓諸侯王，造成功臣、劉姓諸侯王的不滿，呂后一死，功臣、劉姓諸侯王對諸呂子弟挑起權力的爭奪。因爲劉姓諸侯王之中，齊哀王劉襄想入主長安；功臣們則不願屈居於外戚之下，最後諸呂子弟則成爲犧牲品，背負「謀亂」的歷史罪名。

第四章　漢朝與諸侯王國

第一節　諸侯王勢力的形成及其權勢

漢高祖五年（西元前 202 年），劉邦經過約四年多的征戰，終於擊敗西楚霸王項羽，重新統一天下。但是，這只是形式上的統一，因為當時劉邦為了加快統一的腳步與孤立、分化項羽的勢力，而進行異姓諸侯王的分封，〔註1〕先後封八人為異姓諸侯王。其後，因為分封異姓諸侯王非劉邦所願，並且分封結果讓統一後的漢朝呈現「支強幹弱」的局勢，劉邦在這種威脅感下，於高祖六年至十二年（西元前 201～195 年）進行以分封同姓諸侯王取代異姓諸侯王的工作，其結果劉邦總共封分十個同姓諸侯王國以及一個倖存下來的異姓諸侯王國。〔註2〕

為何劉邦在誅除異姓諸侯王後，仍然繼續分封同姓宗族子弟為王？這是

〔註1〕　從楚漢相爭的過中來看，即為以劉邦為首的「漢」與以項羽為首的「楚」，於滎陽、成皋一線進行角力，而且楚強漢弱。劉邦經歷彭城之敗後，有「吾欲捐關以東等弃之，誰可與共功者？」的想法，張良因此向劉邦建議了「九江王黥布、彭越、韓信」三人，見《史記》，卷五十五，〈留侯世家第二十五〉，頁 2039。這時劉邦已經提出一個方略，願意放棄函谷關以東之地的直轄權，以達成擊敗項羽、統一天下的目標，張良推薦的三人中黥布為親項羽派，彭越是無所屬勢力，韓信為劉邦部屬。以此看出劉邦運用「孤立」、「分化」的方略，來進行統一天下的大戰略目標。

〔註2〕　劉邦時所封同姓諸侯王計有楚國劉交、代王劉喜、代王劉恆、齊王劉肥、荊王劉賈、吳王劉濞、淮南王劉長、趙王劉如意、燕王劉建、梁王劉恢、淮陽王劉友，兩代王屬同一王國，荊、吳兩國封域同但名異，以兩國計之，所以合計十國。異姓諸侯王國則為長沙國。

有其背景及原因的。先從《史》、《漢》二書的記載來分析,《史記·漢興以來諸侯王年表》云:

> 漢興,序二等。高祖末年,非劉姓而王者,若無功上所不置而侯者,天下共誅之。高祖子弟同姓爲王者九國,唯獨長沙異姓……天下初定,骨肉同姓少,故廣彊庶孽以鎮撫四海,用承衛天子也。〔註3〕

《漢書·諸侯王年表》則云:

> 漢興之初,海內新定,同姓寡少,懲戒亡秦孤立之敗,於是剖裂彊土,立二等之爵。功臣侯者百有餘邑,尊王子弟,大啓九國。〔註4〕

從這裡可以了解到漢高祖劉邦之所以大封同姓爲諸侯王是因爲「懲戒亡秦孤立之敗」,雖然也有人認爲這是錯誤歸結秦亡的原因,否認「孤立之敗」是秦朝滅亡之因。〔註5〕的確,賈誼著名的〈過秦論〉中討論秦朝滅亡的原因,歸結出相當精闢的結論云:

> 仁義不施而攻守之勢異也。〔註6〕

換言之,賈誼認爲秦朝亡於治國方針上的錯誤,即馬上得天下,但不能馬上治天下。可是以《史》、《漢》二書的記錄來看,在漢初,或甚至到前漢中期、後漢的史家或時人,也不乏有「秦孤立而亡」的思想,這是不容否認的。

另外一點,就是「天下初定」、「漢興之初,海內新定」的天下格局,在此應該先回溯至秦始皇帝與群臣在討論統一後應推行封建或行郡縣的路線之時,丞相王綰等行封建論者所持的理由,其云:「諸侯初破,燕、齊、荊地遠,不爲置王,毋以填之。請立諸子,唯上幸許。」〔註7〕以此做對照,秦始皇以關中秦國統一天下,漢高祖劉邦亦如此,但劉邦一直於滎陽、成皋一線與項羽作戰,其他地區皆非以其手親定,因此秦時所謂「燕、齊、楚」之地,劉邦統一時皆非其所有,而爲異姓諸侯王所佔,代表劉邦在這些區域統治力本

〔註3〕 《史記》,卷十七,〈漢興以來諸侯王年表第五〉,頁801～802。

〔註4〕 《漢書》,卷十四,〈諸侯王表第二〉,頁393。

〔註5〕 柳春藩云:「劉邦錯誤地總結了秦朝短促滅亡的經驗教訓,以爲秦代二世而亡是由於沒有分封子弟爲王,『孤立無藩輔』。因此,他大封同姓爲王。」見柳春藩,《秦漢封國食邑賜爵制》,頁43。柳春藩氏這種觀點雖不能說是絕對錯誤,只是他從後來同姓諸王強大跋扈,對於漢朝本身的傷害立論而已,但是觀察《史》、《漢》的記錄,這種「秦孤立而亡」的思想確實影響漢初的建國者高祖劉邦及臣下的心理。

〔註6〕 《史記》,卷六,〈秦始皇本紀第六〉,太史公曰後載賈誼〈過秦論〉,頁282。

〔註7〕 《史記》,卷六,〈秦始皇本紀第六〉,頁238～239。

來就低，等到誅除控有當地的異姓王時，要中央直接統治可能有困難，因此
分封同姓子弟爲王，既便於統治這些地區，又能達到屏藩中央的作用。因爲
秦統一六國，與劉邦結束楚漢相爭，都是天下初定，各地經過戰爭所摧殘的
狀態，也都以關中立國，而關東經過戰國六國、項羽分封諸侯王、劉邦所封
異姓王，都以諸侯王統治一地區的方式，其地人民比較適應於王的分封統治，
並不是皇帝的直接統治。不得不想到王綰當時的建議不失爲是一個好的選
擇，劉邦的想法有與王綰契合之處。

　　董平均從古代中國各地經濟、文化上有所不同，來解釋爲何劉邦要大封
同姓子弟爲王，是一種新的角度，其云：

> 經濟發展的不平衡，導致政治上的分散性，以及在長期分裂局面下
> 所產生的文化傳統、民族心理和價值觀等方面的差異依然存在。它
> 要求在統一的中央集權的體制之下，充分尊重各地經濟和文化的不
> 同，爲劉邦推行郡國並行的政治體制的基本原因。推行分封制度，
> 讓王國承擔建設地方經濟任務，乃是在漢初的政治、經濟條件下的
> 一種政治經濟體制的改革。〔註8〕

他認爲劉邦的分封同姓諸侯王，是一種政治經濟體制的改革，是相當有其獨
到的見解。以當時來看，分權的統治似乎對於當時急需戰後重建的各地區，
不失爲一個有效率的方案。

　　總結同姓王分封的原因，有其思想理論，即「秦孤立之敗」；有其背景，
戰後經濟重建及各地文化的差異性；有統治上的方便性，關東習慣於諸侯王
的統治等等原因。所以劉邦再一次的進行分封，應該是多種原因激盪下的決
定，而分封同姓諸侯王乃出自於鞏固劉家的天下爲前提，可是分封結果確立
「關中與關東分立」的天下情勢。因此雖然劉邦分封同姓諸侯王有其考量，
卻造成漢朝政體呈現諸侯王與郡縣並存的「郡國並行制」以及因此種制度而
來的中央與地方對立局面的問題。

　　漢高祖劉邦完成了異姓諸侯王轉換爲同姓諸侯王的工作後，接著進一步
將這種名份「制度化」，進行與眾臣歃血爲盟，即漢朝初年所謂的「白馬之盟」，
或「刑白馬而盟」。其內容《漢書‧外戚恩澤侯表》云：

> 漢興，外戚與定天下，侯者二人。故誓曰：「非劉不王，若有亡功非

〔註8〕　董平均，《西漢分封制度研究——西漢諸侯王的隆替興衰考略》，頁45。

上所置而侯者，天下共誅之。」〔註9〕

至於白馬之盟的時間點，根據《史》、《漢》所載「高祖末年」、「高祖已定天下」、「高祖子弟同姓爲王者九國，唯獨長沙異姓」等推測，是在高祖末年，消除異姓王工程結束時，才有可能結此盟約。而秦進才分析了具體的時間點，「在漢高祖十二年三月七日至三月底之間。」〔註10〕

從上面三條史料來分析，可以認識到劉邦在其將死之前，爲了要鞏固他辛苦所建立的「劉家天下」能夠長長久久，安定發展，不會在他死後陷入混亂而與眾臣、外戚有所約定。因爲會有混亂爭端，多因名分未定，荀子曾云：

人之生，不能無羣，羣而無分則爭，爭則亂，亂則窮矣。故無分者，人之大害也；有分者，天下之本利也；而人君者，所以管分之樞要也。〔註11〕

所以劉邦用盟約的形式將漢朝的統治集團，或說是既得利益者，所享有的名分與權力界定出來，以達「定分止爭」的目的。漢高祖劉邦將此身分制度定下之後，在漢代往後不但發揮一定的成效外，對同姓諸侯王而言也多了一份發展勢力的保障。

因此，同姓諸侯王伴隨著有鞏固漢家天下、鎮撫封域中的人民的責任以及「白馬之盟」的保障下，同姓諸侯王有著相當大的權勢，這反映在政治、經濟、軍事之中，另外從諸侯王的喪葬中，也可以看到諸侯王的權力、財富的雄厚。以下就從這四個方面進行討論。

一、諸侯王政治方面的權勢

爲了諸侯王能夠「拊循其民」，〔註12〕所以必然要擁有其封域內的統治權，也就是「親民」。而漢初劉邦因爲劉姓子弟寡少，所以分封的土地便較廣大，每個諸侯王國至少都跨兩郡以上，其中齊國甚至擁有七個郡，爲最多。封域大，相對的人口也多，所擁有的政治實力較強。在這樣的情況下，漢朝中央的屬郡只剩十五個，〔註13〕處於相對弱勢。

〔註9〕《漢書》，卷十八，〈外戚恩澤侯表第六〉，頁678。
〔註10〕秦進才，〈漢代白馬之盟初探〉，《河北師院學報》1984年第3期，頁103。
〔註11〕荀子著，北大哲學系注釋，《荀子新注》，（台北：里仁出版社，民國72年11月第1版），頁172。
〔註12〕《漢書》，卷三十五，〈荊燕吳傳第五〉，頁1904。
〔註13〕漢屬十五郡爲內史、上郡、北地、隴西、漢中、巴郡、蜀郡、廣漢、雲中、

　　諸侯王的政治地位，不單單只有「白馬之盟」為劉姓子弟封王的身分專利的保障，漢初的諸侯王在其王國還擁有與皇帝相似的政治地位，因此擁有更多的權勢，這可以從賈誼所說的「一用漢法」來作一說明，其內容為：

> 曰一用漢法，事諸侯王乃事皇帝。……天子之相，號為丞相，黃金之印；諸侯之相，號為丞相，黃金之印，而尊無異等，秩加二千石之上。天子列卿秩二千石，諸侯王列卿秩二千石，則臣已同矣。……天子衛御，號為太僕，銀印，秩二千石；諸侯之御，號為太僕，銀印，秩二千石，則御已齊矣。……天子宮門曰司馬，闌入者為城旦；諸侯宮門曰司馬，闌入者為城旦。殿門俱為殿門，闌入之罪亦俱棄市。宮墻門衛同名，其嚴一也，罪以鈞矣。天子之言曰令，令甲令乙是也；諸侯之言曰令，□儀之言是也。〔註14〕

從上引文可以看出賈誼所指出漢初當時諸侯王在屬官（等級、勢力）、車馬之儀（衣服）、護衛、命令（號令）名稱皆與皇帝相同，即「事諸侯王乃事皇帝」，可見漢初諸侯王的尊貴。賈誼犀利的批評說：「所持以別貴賤明尊卑者，等級、勢力、衣服、號令也。亂將不息，滑曼無紀。」〔註15〕一用漢法問題的所在就是產生尊卑等級的不明確，後果就是諸侯王以此作亂、無法紀。因此這樣的尊卑等級不分，諸侯王國的存在必然會造成割據勢力，也成為漢朝皇帝朝向中央集權的阻礙，如諸呂事件、〔註16〕七國之亂等，便是其為亂的著名例子。

　　而諸侯王在政治運作下，最明顯、最重要的權勢，就是擁有其王國的「統治權」以及與皇帝幾乎相同的官屬建制和其大部分的「任命權」，此亦「一用漢法」的表現。上引賈誼的論述已有提及，又《漢書‧諸侯王表》云：「宮室百官同制京師」。〔註17〕《漢書‧百官公卿表上》云：

　　　　上黨、河東、河內、河南、南陽、南郡。見周振鶴，《西漢政區地理》，頁10。

〔註14〕賈誼著，閻振益、鍾夏校注，《新書校注》，（北京：中華書局，2000年7月第1版），卷一，〈等齊〉，頁46～47。

〔註15〕同上註，引書、卷，頁47。

〔註16〕諸呂之亂，若仔細分析其過程，也可以說是中央與地方上的衝突。鄭曉時認為此亂起於諸侯王齊國，打著「諸呂欲為亂」的名號，實欲行廢立皇帝之事，中央意見分為兩種，外戚呂氏欲以兵平亂，而功臣因為大權旁落與為避免爆發內戰，最後犧牲外戚諸呂子弟，平息此亂，可備一說。參見鄭曉時，〈漢初「誅呂安劉」政變的過程與歷史意義〉，《臺灣政治學刊》，第8卷第2期，2004年12月，頁227～231。但是諸呂事件的發生，最重要的關鍵是同姓諸侯王。

〔註17〕《漢書》，卷十四，〈諸侯王表第二〉，頁394。

> 諸侯王，高帝初置，金璽盭綬，掌治其國。有太傅輔王，內史治國民，中尉掌武職，丞相統眾官，羣卿大夫都官如漢朝。景帝中五年令諸侯王不得復治國，天子爲置吏，改丞相曰相，省御史大夫、廷尉、少府、宗正、博士官，大夫、謁者、郎諸官長丞皆損其員。〔註18〕

又《續漢書‧百官志》亦云：

> 漢初立諸侯王……其官職傅爲太傅，相爲丞相，又有御史大夫及諸卿，皆秩二千石，百官皆如朝廷。國家唯爲置丞相，其御史大夫以下皆自置之。至景帝時，吳、楚七國恃其國大，遂以作亂……景帝懲之，遂令諸王不得復治民，令內史主治民，改丞相曰相，省御史大夫、廷尉、少府、宗正、博士官。〔註19〕

從上引兩條引文，第一，以景帝中五年（西元前145年）「令諸侯王不得復治國」，其實就是反映出諸侯王在其王國內擁有統治權的證據，這也是諸侯王最重要的政治權勢之一。第二，漢初諸侯王的「置吏權」是相當大的，中央只爲其置丞相，還有太傅，文帝以賈誼「爲長沙王太傅」、「拜誼爲梁懷王太傅」及其曾言：「大國之王幼弱未壯，漢之所置傅相方握其事。」〔註20〕即爲一例證。其餘官吏皆諸侯王自置，柳春藩考證諸侯王無太尉及九卿中的奉常、治粟內史，只見其屬官太祝、太倉等，〔註21〕張維華的研究也得到同樣的結果。〔註22〕在徐州獅子山楚王墓，出土有治粟內史屬官「楚太倉印」的封泥及奉常屬官「楚祠祀印」的印章，〔註23〕既然有屬官的設置，可能在其上有其長官的設置，所以諸侯王國中有可能存在治粟內史和奉常的建置。

因此照史籍所載漢初諸侯王有置吏權，至七國之亂爆發後，景帝中五年（西元前145年）改由「天子爲置吏」，而從漢初至此諸侯王的置吏權是否有

〔註18〕 《漢書》，卷十九上，〈百官公卿表第九上〉，頁741。
〔註19〕 司馬彪，《續漢書》，志第二十八，〈百官志五〉，頁3627。
〔註20〕 《漢書》，卷四十八，〈賈誼傳第十八〉，頁2222、2230及2233。
〔註21〕 柳春藩，《秦漢封國食邑賜爵制》，頁45～48。
〔註22〕 張維華，〈西漢一代的諸侯王國〉，《漢史論稿》，（山東：齊魯書社，1980年3月第1版），頁201～221。將前漢王國官分爲24類，共32官，其中無太尉與奉常、治粟內史三個官。
〔註23〕 關於「楚太倉印」封泥，參見獅子山楚王陵發掘考古隊，〈徐州獅子山西漢楚王陵發掘簡報〉，收錄於徐州獅子山楚王陵管理處等編，《2000天和兩千年》，（徐州：漢兵馬俑博物館，1999年2月），頁36～37。關於「楚祠祀印」印章，參見宋治民，〈獅子山西漢王陵的兩個問題〉，《考古與文物》，2001年第1期，頁27。

被限制，答案似乎是有的，在文帝時，淮南厲王劉長自以爲與文帝最親近，而囂張跋扈，文帝派薄昭諫厲王時有言：

> 漢法，二千石缺，輒言漢補，大王（淮南厲王）逐漢所置，而請自置相、二千石。皇帝骫天下正法而許大王甚厚。〔註24〕

從上述史料可以得知，在漢文帝時，諸侯王置吏權已經遭到限縮，而「二千石」的官，指的是郡守及九卿，還是單指郡守或九卿，限於史料的關係，無法深究；又厲王因自身跋扈，竟踰越漢初的法度，要求自置丞相，而文帝許之，可見諸侯王當時勢力足以讓皇帝退讓。又需要指出的是，根據《漢書．景帝紀》省御史大夫等官應該是在中元三年（西元前 147 年）十一月，改丞相曰相才是在中元五年（西元前 145 年）。〔註25〕

另一方面，自諸侯王官改由「天子爲置吏」後，還是有保留一部分置吏權給諸侯王，《漢舊儀》云：「帝子爲王。……郎、大夫四百石以下自調除。」〔註 26〕此描述應在景帝以後，並且適用所有諸侯王，非只限於皇帝子封王有除四百石以下的權力。因武帝元光年間，衡山王劉賜坐惡於王國，「有司請逮治衡山王，上不許，爲置二百石以上吏。」〔註 27〕衡山王於武帝爲叔父輩，非帝子封王者，但是武帝卻因其犯罪，而爲其置「二百石以上的官吏」，似乎是作爲一種懲罰，如果皇帝將置吏權完全收回，就無此舉的必要，因此可認爲景帝後，諸侯王仍被允許置四百石以下的郎、大夫等官吏。由此看出，諸侯王政治權勢，尤其是置吏權，漸漸被剝奪和縮小，而自始至終，諸侯王仍保有一些置吏權。

二、諸侯王經濟方面的權勢

諸侯王經濟力量的雄厚，可以從七國之亂時的吳王劉濞遺各諸侯書所言可知一二，其云：

> 吳國雖貧，寡人節衣食用，積金錢，脩兵革，聚糧食，夜以繼日，三十餘年矣。凡皆爲此，願諸王勉之。能斬捕大將者，賜金五千金，封萬户；列將，三千金，封五千户；裨將，二千金，封二千户；二

〔註24〕《漢書》，卷四十四，〈淮南衡山濟北王傳第十四〉，頁 2137。

〔註25〕《漢書》，卷五，〈景帝紀第五〉，頁 146 及 148。

〔註26〕衛宏，《漢舊儀》，卷下，孫星衍輯，周天游點校，《漢官六種》，頁 80。

〔註27〕《漢書》，卷四十四，〈淮南衡山濟北王傳第十四〉，頁 2154。

千石，千金，封千戶：皆爲列侯。其以軍若城邑降者，卒萬人，邑萬戶，如得大將；人戶五千，如得列將；人戶三千，如得裨將；人戶千，如得二千石；其小吏皆以差次受爵金。它封賜皆倍軍法。……

寡人金錢在天下者往往而有，非必取於吳，諸王日夜用不盡。〔註28〕

從上述引文，若吳王劉濞所言屬實，其謀反早有預謀並積有三十年以上，再看他所開出的豐厚的獎勵，最高獎賞五千金，相當於五十戶中等家庭的財產。〔註29〕劉濞亦曾自誇「寡人金錢在天下者往往而有，非必取於吳」，及當時「吳、鄧錢布天下」〔註30〕的說法，可見吳國經濟實力相當雄厚。另外，史言梁孝王劉武「府庫金錢且百鉅萬，珠玉寶器多於京師。」〔註31〕也可以了解到諸侯王經濟實力的厚實。

諸侯王經濟上財富的累積，一樣可以用「一用漢法」的意義來分析，即諸侯王的經濟收入，跟漢中央的經濟收入的來源大體是相同的。柳春藩云：

王國賦稅的收入和漢中央政府一樣，有兩大類。一類是大的「公」，主要是征收地稅（「田租」）和人口稅（「算賦」和「口賦」），供給王國官吏俸祿，養活軍隊以及其他政府日常的開支；另一類是小的「私」，主要是征收山川園池和市井之稅，作爲諸侯王的「私奉養」。〔註32〕

因此，漢初中央不但將置吏權給了諸侯王，也將賦稅的徵收權讓給了諸侯王，〔註33〕並且比照皇帝一樣有公用支出與私人支出兩種類。所以漢中央有少府和治粟內史（大司農）以管理公、私收入，諸侯王也應該有少府和治粟內史（大司農）以管理這兩種經濟上的收入。〔註34〕

〔註28〕《漢書》，卷三十五，〈荊燕吳傳第五〉，頁1910。

〔註29〕《漢書》，卷五，〈文帝紀第四〉，頁134，文帝曾云：「百金，中人十家之產也。」

〔註30〕《漢書》，卷二十四下，〈食貨志第四下〉，頁1157。

〔註31〕《漢書》，卷三十五，〈荊燕吳傳第五〉，頁2208。

〔註32〕柳春藩，《秦漢封國食邑賜爵制》，頁50～51。

〔註33〕《漢書》，卷二，〈高帝紀第一下〉，頁78，高祖十二年三月詔云：「吾立爲天子，……與天下之豪士賢士大夫共定天下，同安輯之。其有功者上致之王，次爲列侯，下乃食邑。而重臣之親，或爲列侯，皆令自置吏，得賦斂……」。其中「得賦斂」的「得」字，就有著允許的意思，亦即把賦斂的權力讓與給諸侯王、列侯、食邑者，只是想有的權限不同而已。

〔註34〕加藤繁，〈漢代國家財政和帝室財政的區別以及帝室財政的一班〉，收入於《中國經濟史考證》，（台北：華世出版社，民國65年6月譯本初版），頁27，云：「天下的收入分爲屬於國家財政的和屬於帝室財政的，支出也分爲屬於國家

諸侯王的田租，應該也是比照漢中央所訂的稅率，即「十五稅一」；算賦
爲每人一百二十錢，〔註35〕口賦在漢初爲二十錢，武帝時加三錢，以助軍費。
〔註36〕另外還有值得注意的，就是「獻費」制度，這原本是地方，無論郡縣
還是諸侯王、列侯都要向朝廷貢獻的金錢，本無定制金額的多寡，此容易造
成諸侯王有藉口隨意加賦於人民，成爲無法律明文規定征賦的「灰色地帶」。
所以高祖於十一年（西元前196年）二月下詔規定獻費的金額，其云：

> 欲省賦甚。今獻未有程，吏或多賦以爲獻，而諸侯王尤多，民疾之。
>
> 令諸侯王、通侯常以十月朝獻，及各郡各以其口數率，人歲六十三
> 錢，以給獻費。〔註37〕

高祖明顯指出其弊端「多賦以爲獻」，尤其點名諸侯王，可見諸侯王多以此剝
削人民，並非全部上貢中央。

私奉養的部分，即以山川園池的自然資源的收入及市租爲大宗，其中市
租以齊國的臨淄爲例，主父偃曾對景帝言：「齊臨菑十萬戶，市租千金，人眾
殷富，巨於長安，此非天子親弟愛子不得王此。」〔註38〕又如趙國邯鄲，亦
爲一大都會，〔註39〕其市集的收入應該非常可觀。山川園池的部分非常廣，
可指山澤稅中的「林木」和「礦物」之稅、江海陂湖稅的「海租」、園稅等等。

財政的和屬於帝室財政的。掌理的財政機關也有區別掌理國家財政的，設有
大司農，掌理帝室財政的，則設有少府和水衡都尉。」在一用漢法的思考下，
諸侯王的王國收入，由王國大司農（漢初稱治粟內史）管理，王室收入，則
以王國少府管理。

〔註35〕衛宏，《漢舊儀》，卷下，孫星衍輯，《漢官六種》，頁82，云：「算民，年七
　　　　歲以至十四歲出口錢，人二十三。二十錢，以食天子。其三錢者，武帝加
　　　　口錢，以補車騎馬。又令民男女年十五以上至五十六出賦錢，人百二十爲
　　　　一算，以給車馬。」又《漢書》，卷一上，〈高帝紀第一上〉，頁46，高帝於
　　　　四年八月，「初爲算賦」。可知算賦始於高帝四年，對象是十五到五十六歲
　　　　的每個人。
〔註36〕《漢書》，卷七十二，〈王貢兩龔鮑傳第四十二〉，頁3075，云：「禹以爲古民亡
　　　　賦算口錢，起武帝征伐四夷，重賦於民，民產子三歲則出口錢……宜令兒七
　　　　歲去齒乃出口錢，年二十乃算。」又同書、卷，頁3079，元帝乃「令民產子
　　　　七歲乃出口錢，自此始。」可見口賦，一開始應該是三歲到十四歲，至元帝
　　　　始改定爲七歲，《漢舊儀》所載乃元帝後的制度。
〔註37〕《漢書》，卷二，〈高帝紀第一下〉，頁70。
〔註38〕《史記》，卷五十二，〈齊悼惠王世家第二十二〉，頁2008。
〔註39〕《史記》，卷一百二十九，〈貨殖列傳第六十九〉，頁3264，云：「然邯鄲亦漳、
　　　　河之閒之一大都會也。北通燕、涿，南有鄭、衛。」即指出邯鄲爲交通都會
　　　　的重要性。

〔註40〕其中值得注意，爲諸侯王收入大宗的山澤稅中的銅、鐵礦及鹽的收益，無論是收租，還是諸侯王自己掌控，都能獲得相當的利益。柳春藩統計漢初諸侯國中，在武帝以後設有鹽官、鐵官的數目，鹽官19處，鐵官29處，其中齊國爲大宗，有鹽官11處，鐵官9處。〔註41〕因此齊國是擁有相當的自然經濟資源，所以「非天子親弟愛子不得王此」。又以吳國爲例，《史記・貨殖列傳》載吳國銅、鹽之饒云：

> 夫吳自闔廬、春申、王濞三人招致天下之喜游子弟，東有海鹽之饒，
> 章山之銅，三江、五湖之利，亦江東一都會也。〔註42〕

所以吳王劉濞「招致天下亡命者〔盜〕鑄錢，煮海水爲鹽，以故無賦，國用富饒。」〔註43〕可見其以自然資源做爲經濟上相當重要的收入。所以諸侯王根據自然資源與固定的田租和人頭稅，可以累積相當的經濟實力。

三、諸侯王軍事方面的權勢

諸侯王亦擁有其國中的軍事自主權，主要原因是王國中掌控軍隊的武官中尉由諸侯王自己任命，當然諸侯王會任命自己的親信來擔任此一官職，以便能掌握國中的一切軍事行動。如齊哀王劉襄欲以誅除諸呂時調動軍隊，便與其舅駟鈞、郎中令祝午、中尉魏勃合謀。〔註44〕又以七國之亂時，主要叛亂國吳國、楚國爲例，楚王劉戊發兵響應吳國時，僅僅只有中央任命的太傅及丞相反對被殺，從中看不到中尉的作用，當時楚中尉不是參與其謀，不然就是聽命行事。〔註45〕而吳王劉濞主動發兵，《漢書・荊燕吳傳》云：

> 七國之發也，吳王悉其士卒，下令國中曰：「寡人年六十二，身自將。
> 少子年十四亦爲士卒先。諸年上與寡人同，下與少子等，皆發。」
> 二十餘萬人。〔註46〕

〔註40〕加藤繁，〈漢代國家財政和帝室財政的區別以及帝室財政的一班〉，收入於《中國經濟史考證》，頁31～35。有詳細探討山澤、江海陂湖、園稅的內容，可以參考，唯此文主要探討中央的皇帝的財政收入，但漢初諸侯王比照皇帝「一用漢法」，所以應該可以互相參照。

〔註41〕柳春藩，《秦漢封國食邑賜爵制》，附表二，頁211～212。

〔註42〕《史記》，卷一百二十九，〈貨殖列傳第六十九〉，頁3267。

〔註43〕《史記》，卷一百六，〈吳王濞列傳第四十六〉，頁2822。

〔註44〕《漢書》，卷三十八，〈高五王傳第八〉，頁1993。

〔註45〕《漢書》，卷三十六，〈楚元王傳第六〉，頁1924。

〔註46〕《漢書》，卷三十五，〈荊燕吳傳第五〉，頁1909。

因此可以大體瞭解諸侯王在景帝中元五（西元前 145 年）前，大體上是擁有軍事自主權，可以自由征兵、調兵，甚至是率兵攻打中央，其王國掌武職的中尉，不是如同虛置，就是聽命行事。

另一方面，諸侯王憑著優渥的經濟實力，能夠製作許多兵器和作戰物資，以景帝之弟，竇太后愛子梁孝王劉武的梁國而言，其「作兵弩弓數十萬」〔註47〕和在七國之亂中獨擋吳、楚聯軍的鋒芒，可見梁國軍事力量的堅實與雄厚。《尹灣漢墓簡牘》中的〈武庫永始四年兵車器集簿〉，記錄成帝時東海郡武庫兵器種類與數量，其種類有二百四十多種，數量竟多達三千多萬，〔註48〕與梁孝王劉武「作兵弩弓數十萬」作對比，梁王的兵器就少許多。武庫是存放武器的地方，有分中央與地方，中央如長安武庫，地方如東海郡武庫，因此漢初的諸侯王應該也有屬於自己的武庫，存放王國所需的武器。所以王國在漢初有製作兵器的權力。此必然成為其作亂的有利武器。

四、從墓葬反映諸侯王的權勢

隨著考古的發展，漢代的墓葬陸續發掘，其中有皇帝、諸侯王、列侯、一般人民等等，可以說得到相當豐富的成果。諸侯王的墓葬，從其形制、陪葬物等等都可以看出諸侯王展現其權勢的一面。以陪葬物來說，最引起各方注意的，應屬「玉衣」，尤其是金縷玉衣最能展現諸侯王的權勢。據石榮傳的統計，前漢初期諸侯王墓出土金縷玉衣的有河北滿城漢墓（中山靖王劉勝）、江蘇徐州北洞山漢墓（某代楚王）、江蘇徐州獅子山（楚王劉戊）漢墓三個例子。〔註49〕

有關玉衣的制度，《漢舊儀補遺》云：

> 帝崩，唅以珠，纏以緹繒十二重。以玉為襦，如鎧狀，連縫之，以黃金為縷。腰以下以玉為札，長一尺，〔廣〕兩寸半為柙，下至足，亦縫以黃金縷。〔註50〕

此當為「金縷玉衣」製作的描述，同書其後又有「王侯葬，腰以下以玉為札，

〔註47〕《漢書》，卷四十七，〈文三王傳第十七〉，頁2208。
〔註48〕連雲港市博物館等編，《尹灣漢墓簡牘》，（北京：中華書局，1997年9月第1版），頁117～118。
〔註49〕石榮傳，〈兩漢諸侯王墓出土葬玉及葬玉制度初探〉，《中原文物》，2003年第5期，頁63～65。參照其表二。本文漢初的定義時間斷代訂於武帝以前。
〔註50〕孫星衍，《漢舊儀補遺》，卷下，孫星衍輯，周天游典校，《漢官六種》，頁105。

長尺，廣兩寸半爲匣，下至足，綴以黃金縷爲之。」的相類似記載，〔註51〕
可見其原本諸侯王有相關之規定，可能與皇帝略有不同，但史料上缺載。石
榮傳云：「梁國孝王爲文帝之子；中山靖王劉勝爲景帝子，皆被受皇帝寵愛，
等級都較高，使用與皇帝同等級的金縷玉衣當不越制。」〔註52〕此說法是有
道理的。但是徐州獅子山漢墓，推定應爲七國之亂的叛王楚王劉戊之墓，〔註
53〕那麼可以用「一用漢法」的意義和《漢舊儀》相關記載來思考，在漢初玉
衣的等級制度應該還不是相當明確，可能到前漢中晚期或後漢初年才有定
制，因此不可說漢初諸侯王葬以金縷玉衣即爲「僭越」。但是從中可以看出漢
初諸侯王地位上的尊貴和其經濟實力厚實，因爲若非皇帝賜予，便要自行製
作，一件金縷玉衣必定要花費不少金錢。

又徐州獅子山楚王陵出土的兵馬俑數量不少，出土兩千三百多件，〔註54〕
此兵馬俑不但有展現楚國軍陣的意味，背後也代表楚王花費大量人力和物
力。而且出土的諸侯王陵墓擁有如此大規模的兵馬俑軍陣的，少之又少，這
亦爲漢初諸侯王權勢的表現。

漢初劉邦分封同姓諸侯王，最主要是時代背景因素的影響下的作爲，是
一種權宜的手段。而因爲諸侯王有負起鎮撫其王國和鞏固漢中央的責任，諸
侯王得到相當大的權力，具有相當的獨立性，在「一用漢法」的下準則下，

〔註51〕同前注，引書、卷、頁。

〔註52〕石榮傳，〈兩漢諸侯王墓出土葬玉及葬玉制度初探〉，《中原文物》，2003年第
5期，頁65。

〔註53〕獅子山楚王陵發掘考古隊，〈徐州獅子山西漢楚王陵發掘簡報〉，收錄於徐州
獅子山楚王陵管理處等編，《2000天和兩千年》，頁55，云：「獅子山墓的主
人應爲第二代楚王劉郢客或第三代楚王劉戊。」同書，瀟雨，〈墓主是誰〉，
頁111，云：「獅子山楚王陵的主人爲第三代楚王劉戊。」又宋治民，〈獅子山
西漢王陵的兩個問題〉，《考古與文物》，2000年第1期，頁24，云：「徐州獅
子山楚王陵的墓主人爲第三代楚王劉戊的可能性最大。」本文亦認爲是劉戊
之墓，主要原因是劉郢客在位僅四年，陵墓通常於即位後開始修築，而其在
爲短，似乎無法建築如此的陵墓，劉戊在位二十餘年，比較符合陵墓修築時
間上的考量。另一方面，劉戊爲叛王，能否允許其歸葬王陵是個問題，但是
較後面時代的徐州石橋漢墓，根據徐州博物館，〈徐州石橋漢墓清理報告〉，《文
物》，1984年11期，頁39，推測下葬時間爲宣帝前後，墓主應爲八代楚王劉
延壽。劉延壽也是因爲謀反而伏誅，應證叛王歸葬之可能，此一例可與楚王
劉戊作爲叛王可歸葬王陵之兩例。

〔註54〕王愷、邱永生，〈兩千年前的地下軍陣〉，收錄於徐州獅子山楚王陵管理處等
編，《2000天和兩千年》，頁80。

諸侯王在其王國的地位等同皇帝，擁有政治上的置吏權、經濟上賦稅權、軍事自主權，終使諸侯王勢力的不斷膨脹，導致其圖謀不軌，而有七國之亂的爆發，景帝奪諸侯王的「置吏權」，不過這並非削弱諸侯王開端，只是此過程的一個環節而已，早在漢初漢中央針對諸侯王的相關政策已經展開。

第二節　從《二年律令》看漢初諸侯王與漢中央的法律關係

　　漢初的諸侯王在其封域內，具有相當的獨立性，或說是半獨立性，即其在王國內享有政治、經濟、軍事上等等自治的權力，但是諸侯王國畢竟還是屬於漢朝疆土的一部分，不可能遺世獨立，所以中央與諸侯王之間還是會有所聯繫，而聯繫兩者之間的應該就是「法律」，此亦是決定了中央的皇帝與地方的諸侯王的主從關係。例如諸侯王要定期入京朝覲皇帝，就是一種主從關係的表現，這是法律有明文規定的制度，〔註55〕而且諸侯王不得無故缺席，否則皇帝是可以加以懲罰的。吳王劉濞因爲其太子被文帝太子所殺，因而心生不滿，於是「稱疾不朝」，朝錯云：「今吳王前有太子之隙，詐稱疾不朝，於古法當誅。」〔註56〕便是一例。

　　所以諸侯王遵不遵守漢朝的法律，就成了一個非常重要的問題，因爲若諸侯王可以不遵守漢朝中央制定的法律，其實就等於切斷的漢中央與諸侯王國之間的聯繫紐帶。所以《史紀》、《漢書》中紀錄到諸侯王的時侯，會看到諸侯王「不奉法」、「廢法度」、「不用漢法」的詞語，甚至賈誼云：

　　　　此諸王，雖名爲臣，實皆布衣昆弟之心，慮無不帝制而天子自爲者，
　　　　擅爵人，赦死罪，甚者或戴黃屋，漢法非立，漢令非行也。〔註57〕
又云：

　　　　諸侯猶且人恣而不制也，至其相與，持之以縱橫之約相親耳。漢法
　　　　令不可得而行矣，猶且棄立而服彊也。〔註58〕
諸侯王不遵守漢中央的法令，已經到「法令不行」的地步，所以漢中央是不

〔註55〕　《史紀》，卷一百六，〈吳王濞列傳第四十六〉，頁 2823，「及後使人爲秋請」句下引孟康曰：「律，春曰朝，秋曰請，如古諸侯朝聘也。」
〔註56〕　《漢書》，卷三十五，〈荊燕吳傳第五〉，頁 1904～1906。
〔註57〕　賈誼著，閻振益、鍾夏校注，《新書校注》，卷三，〈親疏爲亂〉，頁 120。
〔註58〕　賈誼著，閻振益、鍾夏校注，《新書校注》，卷一，〈益壤〉，頁 56～57。

可能坐視不管，可是值得注意的是這些說法，不論是史家的紀錄，或當時臣子的諫言，似乎都出現在文帝以後。這並不代表文帝之前此問題不存在，漢朝建國後，當時經濟凋零急需恢復，因此講求無為，加上中央分封諸侯王鎮撫其國，賦予相當多的權力，能夠使其自主一方，諸侯王自然會因而專斷跋扈，甚至無視中央的法律，等到文帝時，中央的外戚與功臣分歧解決後，中央開始將注意力轉移到諸侯王的身上，才有強調諸侯王「不奉法」、「廢法度」、「漢法令非行」等等問題的提出，此亦為朝向中央集權的必然發生之事。

關於諸侯王與漢中央的法律關係，自張家山漢簡《二年律令》出土後，有相當的討論，如陳蘇鎮、梁安合、孫家洲與張忠煒等人的對此問題提出其看法，都有其貢獻。其實，從《二年律令》來分析，可以清楚了解到漢朝中央與諸侯王國之間的法律關係的主從、互動，以下分述論點進行討論。

一、諸侯王「是否有立法權與司法權」

關於諸侯王「是否有立法權與司法權」，目前有三種說法：

（一）肯定說

陳蘇鎮認為「當時除了漢朝法律外，各王國還另有自己的法律」及「這些法律中有些部分是由漢朝統一制定，也有些部分是各王國自行制定，具體內容則與漢法有同有異。」〔註59〕陳氏觀點是由「一用漢法」為出發，諸侯王的「令」和天子的「令」是同據法律效力，〔註60〕因此認為諸侯王有立法權。其以張家山漢簡《奏讞書》中無王國的司法文書，加上王國設有廷尉官，所以應該王國有自己的司法權，或相當的獨立性。〔註61〕

（二）否定說

梁安合〈也談西漢初期諸侯王國的法律制度——與陳蘇鎮先生商榷〉一文中持與陳蘇鎮不同的看法，其認為陳蘇鎮主張王國有一套獨立的法律體系，有獨立的立法權和司法權的結論，多為「推測成分較重。」〔註62〕從景

〔註59〕陳蘇鎮，〈漢初王國制度考述〉，《中國史研究》，2004年第3期，頁32。
〔註60〕同前注，引文，頁33。
〔註61〕同前注，引文，頁37。
〔註62〕梁安合，〈也談西漢初期諸侯王國的法律制度——與陳蘇鎮先生商榷〉，《咸陽師範學院學報》，2006年第21卷第1期，頁1，云：「高祖十二年詔……諸侯王確實擁有政治經濟上等一系列特權。但沒有說明諸王和列侯可以建立各自

帝到武帝的打擊諸侯王措施中，沒有涉及到諸侯王任何立法權和司法權爲證據，即漢初諸侯王並無獨立立法權和司法權。〔註63〕

（三）折衷說

孫家洲與張忠煒提出「如果說諸侯王國存在著部分立法、司法的實際權力，也只能是在尊奉朝廷法度的大前提之下得以實施。」〔註64〕

綜合上述的論點，對於諸侯王獨立之立法權與司法權，有肯定說、否定說、折衷說，並且各自提出自己的證據。本文認爲漢初的諸侯王擁有獨立的司法權，陳蘇鎭的論點的確具有啓發性。可是仍有一點值得提出來討論，王國官吏以至廷尉所用來判案之法律，是要用漢王朝的法律爲主，這樣才不會有問題和爭議，因爲王國官吏依漢法判案，其效力才能等同於中央判決並被中央所認可，不然，必當有所衝突。所以「司法權」應包含在治民權的範圍，是諸侯王親民的表現，但其前提就如同孫家洲等的看法一樣，是要在「遵守漢朝法度」才能實現治民、親民的權力。

而王國的獨立立法權是比較具爭議和疑慮，因爲前已論及漢初諸侯王與漢中央的聯繫紐帶即是「法律」。如果王國擁有獨立的立法權，諸侯王國就算是完全的獨立個體了，不用受到漢朝的拘束。就如同孫家洲與張忠煒所云：

> 王國法律應該是統屬於漢朝朝廷的法律框架之內的，只有作爲一種
> 地域性法規，或是作爲一種補充性法規，他才有獨立存在的可能。

〔註65〕

完全否定漢初諸侯王沒有立法權也是不太正確的，正確的說是沒有「獨立且完全的立法權」，因爲在「一用漢法」之下，皇帝有令，諸侯王亦有令，同樣有法律效力。當然諸侯王的令是不能「違反」皇帝的令，並且可能要經皇帝批准，才能通行，反之，就構成「自作法令」〔註66〕之罪。控制諸侯王的令，使其無「踰越」漢中央的法令，本身就是一種法律關係上的聯繫，諸侯王所立的法是受到中央漢法的拘束下產生的。

的法律體系或制度，這一點是明確的。」
〔註63〕同前注，引文，頁4。
〔註64〕孫家洲、張忠煒，〈由新出漢簡看漢初朝廷與諸侯王國之法律關係〉，《安作璋先生史學研究六十周年紀念文集》，（濟南：齊魯書社，2007年11月初版），頁375。
〔註65〕同前注，引文，頁375。
〔註66〕《漢書》，卷四十四，〈淮南衡山濟北王傳第十四〉，頁2136。

二、《二年律令》所反映的漢法之適用範圍

在漢法適用範圍的問題上，陳蘇鎮提出相當大膽的推論，其云：

> 西漢初年的漢朝法律還不是全國普遍通行的法律；它只在漢朝直轄
> 地區普遍適用，對王國事務的干預則限於諸侯王及其親屬的犯罪行
> 爲，普通吏民的謀反等重罪，以及后妃、宮禁、二千石以上職官等
> 重要制度；除此之外，大量有關王國一般事務和制度的規定，可能
> 都在各王國的法律中。〔註67〕

其論據即是《二年律令・秩律》中的二千石條史料及各縣秩級的史料，其中
兩千石條史料，《二年律令・秩律》云：

> 御史大夫，廷尉，内史，典客，中尉，車騎都尉，大僕，長信詹事，
> 少府令，備塞都尉，郡守、尉，〈衛〉將軍，〈衛〉尉，漢中大夫令，
> 漢郎中、奉常，秩各兩千石。〔註68〕

由於此段史料中出現「漢中大夫令」和「漢郎中」，張家山漢簡整理小組，認
爲此是用來與諸侯王國做區別。〔註69〕而各縣秩級的史料，陳蘇鎮云：「對照
西漢地圖便可看出，這些郡全都在關中、中原一帶，顯然是西漢初年的直轄
地區。」〔註70〕此說大體上是無誤的，但仍有一些屬於諸侯王國的侯國，這
是需要注意的，如梁國的黃鄉、長沙國的醴陵等等，因爲這些縣應該不會無
故記載於此，應該有其原因，只是限於史料，無從進一步討論。〔註71〕

梁安合則主張「《二年律令》的法律條文，是施行全國的法律，他涉及的
範圍包括各諸侯國。」〔註72〕這代表其認爲漢朝中央法律的效力範圍達於全

〔註67〕陳蘇鎮，〈漢初王國制度考述〉，《中國史研究》，2004 年第 3 期，頁 35。

〔註68〕張家山二四七號漢墓竹簡整理小組，《張家山漢墓竹簡〔二四七號墓〕（釋文
修訂本）》，《二年律令・秩律》，簡 440〜441，頁 69。

〔註69〕同前注，引書、頁，注釋〔十三〕，云：「漢，指朝廷，與諸侯國區別。」陳
蘇鎮，〈漢初王國制度考述〉，《中國史研究》，2004 年第 3 期，頁 34，云：「上
述官職中只有中大夫令和郎中令冠以「漢」字，其餘則無。漢初王國也設有
御史大夫……等職，與漢官名稱同。因此，《秩律》兩千石條在中大夫令和郎
中令前冠以「漢」字，肯定是爲了表明此處的中大夫令和郎中令僅指漢官，
不包括王國官。其他不冠「漢」字者，若漢與王國皆有，應兼指漢官和王國
官。若是王國所無，則當僅指漢官。」。

〔註70〕陳蘇鎮，〈漢初王國制度考述〉，《中國史研究》，2004 年第 3 期，頁 34。

〔註71〕參照本文附錄一：《二年律令・秩律》各級縣秩級統計表及其數點討論。

〔註72〕梁安合，〈也談西漢初期諸侯王國的法律制度——與陳蘇鎮先生商榷〉，《咸陽
師範學院學報》，2006 年第 21 卷第 1 期，頁 5。

國。孫家洲與張忠煒亦主張此觀點，其進一步說明「在具體執行的過程中，可能會產生種種變通與差異。」〔註73〕本文也主張漢法絕對適用於全國，除了最重要的漢中央用「法律」來聯繫與控制諸侯國的原因外，從史料事實來看也應當如此。先從本章前一節所提及「獻費」問題來看，高祖十一年（西元前196年）二月詔：

> 欲省賦甚。今獻未有程，吏或多賦以爲獻，而諸侯王尤多，民疾之。
> 令諸侯王、通侯常以十月朝獻，及各郡各以其口數率，人歲六十三
> 錢，以給獻費。〔註74〕

此詔明規定的範圍是「諸侯王、列侯及各郡」說明漢中央的規定是可涵蓋到整個漢朝疆域，而再仔細分析，可以知道此規定是有本於諸侯王而定的意味，諸侯王多徵收的獻費並不一定會用於朝獻之用，可能中飽私囊的成分居多，劉邦有鑑於此，因而將獻費定爲定額六十三錢。此爲同時申明諸侯王國與漢直轄郡的法律。

再來，從《二年律令》各律中的規範範圍作分析，分爲以下幾點討論：

（一）與「諸侯王國」有關的法律

有關於諸侯王國的法律，在《二年律令》各律中涉及的計有《賊律》二條、《具律》一條、《捕律》一條、《置吏律》一條、《秩律》一條、《津關令》三條，其中《置吏律》和《秩律》屬於制度上的規範，而《津關令》雖明文與諸侯王國有關的三條規定外，其實還有一些是針對諸侯王國，但無明言爲針對諸侯王的法令。上述各律的細節將於本章第三節將詳論之，此處暫略而不談。但是從其特別去規定與諸侯王國有關的法律，不但證明「法律」爲漢中央與諸侯王國的聯繫紐帶外，也證明漢中央可用法律管制諸侯王國，因此諸侯王國若能制定法律，必定要在不違背漢法的前提下，方能被認可。

（二）全國性的規範法律（包含諸侯王國）

以《二年律令・錢律》爲例，其云：

> 盜鑄錢及佐者，棄市。同居不告，贖耐。〔註75〕

〔註73〕孫家洲、張忠煒，〈由新出漢簡看漢初朝廷與諸侯王國之法律關係〉《安作璋先生史學研究六十周年紀念文集》，，頁375～376。
〔註74〕《漢書》，卷二，〈高帝紀第一下〉，頁70。
〔註75〕張家山二四七號漢墓竹簡整理小組，《張家山漢墓竹簡〔二四七號墓〕（釋文修訂本）》，《二年律令・錢律》，簡201，頁35。

智（知）人盜鑄錢，爲買銅、炭，及爲行新錢，若爲通之，與同罪。
〔註76〕

諸謀盜鑄錢，頗有其器具未鑄者，皆黥以爲城旦舂。智（知）爲及
買鑄錢具者，與同罪。〔註77〕

錢幣是日常生活中相當重要的流通物品，而且律文規定「爲行新錢，若爲通之，與同罪。」幫助盜鑄的錢幣流通也同樣獲罪，錢幣的通行難道會只有在中央所轄的郡發生，不會流通到諸侯王國，或諸侯王國的錢幣不會流通到中央的轄郡。又「吳、鄧錢布天下」〔註78〕的吳，即指吳王劉濞，所以關於「盜鑄錢」的法律規定，必定及於全國無疑問。

而吳王劉濞「招致天下亡命者盜鑄錢」，〔註79〕此即是犯了《錢律》中的法律規定，雖無明文諸侯王國須遵守，可是卻能夠拘束諸侯國的一個例子。又《漢書‧食貨志》云：「自造白金五銖錢後五歲，而赦吏民之坐盜鑄金錢死者數十萬人。」〔註80〕短短五年內，赦免數十萬因盜鑄錢的人，可見其涉及整個漢朝疆域，因此當然包含諸侯王國。所以《二年律令》的法律約束是及

〔註76〕同前注，引書，簡 203，頁 35。
〔註77〕同前注，引書，簡 208，頁 36。
〔註78〕《漢書》，卷二十四下，〈食貨志第四下〉，頁 1156。
〔註79〕《漢書》，卷三十五，〈荊燕吳傳第五〉，頁 1904。文帝五年四月「除盜鑄錢令。」見《漢書》，卷四，〈文帝紀第四〉，頁 121。《史記》，卷三十，〈平準書第八〉，頁 1417，云：「漢興，……於是爲秦錢重難用，更令民鑄錢」引發高祖時是否有讓人民自由鑄錢的爭議。而多數人認爲高祖時曾開放讓人民自由鑄錢，如馬乘風，《中國經濟史〔第二冊〕》，收入於《民國叢書〔第一編〕》，（上海：上海書店，1989 年），頁 400，云：「高祖令民鑄莢錢這一事，在社會經濟上發生了何種影響呢？第一個壞的影響，是人民自由造幣，就是把貨幣弄得紊亂無章，這是一個不成制度的制度……」；黃萬里，《中國貨幣史》，（台北：河洛圖書出版社，民國 68 年 10 月初版），頁 68，云而：「《食貨志》曰：『漢興以爲秦重難用，更令民鑄莢錢』。這所謂榆莢錢……即爲高祖時的錢幣。」又李劍農，《先秦兩漢經濟史稿》，（北京：生活‧讀書‧新知三聯書店三聯書店，1957 年），頁 186，云：「高后二年（西元前 193 年）行八銖錢，……禁私鑄。」其亦持高祖時令民私鑄錢，禁私鑄則是在呂后時期。但宋敘五分析高祖時已經禁民鑄錢，而文帝所除禁令即是高祖的禁令，非呂后，見宋敘五，〈高祖時是否令民自由鑄錢〉，《西漢貨幣史》，（香港：中文大學出版社，2002 年），頁 127～128。本文認爲宋敘五之說較爲正確，也有可能高祖開放鑄莢錢，不久後高祖又禁止。因此吳王劉濞在位四十二年，歷高帝、惠帝（呂后）、文帝、景帝四朝，所以在文帝除盜鑄錢令之前，吳王若有鑄錢的行爲，的確屬於「盜鑄」的行爲。
〔註80〕《漢書》，卷二十四下，〈食貨志第四下〉，頁 1168。

於全國，也可以說漢法絕對適用於全國。

又有關於田畝大小的制定，應該是通行於全國，因爲徵收田租時，中央是「十五稅一」，諸侯國也是「十五稅一」，稅率是一致的，所以每一畝地的大小當然要相同，不然就會有多收、少收的情況。因此《二年律令‧田律》云：

> 田廣一步，袤二百卌步，爲畛，一佰（陌）道；百畝爲頃，十頃一千（阡）道，道廣兩丈。〔註81〕

所以田地的大小面積是由中央所規定的，阡陌爲田上的走道，也都有所制定，因此諸侯王所收的田租稅率跟中央相同，田制當然也要相同，否則就有違劉邦限定「獻費」定額的用意，讓諸侯王能任意的多征賦稅了。

從前述兩個例中可以看見，皆跟日常生活有關的事物，其立法規範範圍當是包含諸侯王國和漢中央直轄郡，即是漢朝整體疆域。

（三）全國性中設有特別「地區」規定的法律

《二年律令》中的法律條文，應該都是全國適用的，但也會有以此條文下，再去訂定的特定地區之特別規定。此舉《二年律令‧田律》中的一條規定，其云：

> 入頃芻稾，頃入芻三石；上郡地惡，頃入二石；稾皆二石。……收入芻稾，縣各度一歲用芻稾，足其縣用，其餘令頃入五十五錢以當芻稾。芻一石當十五錢，稾一石當五錢。〔註82〕

此處是通行全國的規定，而「上郡」的規定可視爲特別規定，會有特別規定必當有其原因，此處屬經濟上的原因。〔註83〕王國內部的基本組織仍是郡縣，所以應當王國郡縣也依此規定繳內，王國若自行規定收取的種類和數量，這是會影響人民的家計和生活的問題，應當是不被允許任意更動的。

再舉一例，在交通上漢朝爲了訊息傳送而建立郵傳系統，方便將文書傳達到各地，當然包括諸侯王國在內，不然政令如何通行。《二年律令‧行書律》中有置郵距離的規定，亦有因地區不同而呈現差異者，其云：

〔註81〕張家山二四七號漢墓竹簡整理小組，《張家山漢墓竹簡〔二四七號墓〕（釋文修訂本)》，《二年律令‧田律》，簡246，頁42。

〔註82〕同前注，引書，簡240～241，頁41。

〔註83〕王子今，〈說「上郡地惡」──張家山漢簡《二年律令》研讀札記〉，《張家山漢簡《二年律令》研究文集》，頁113，云：「在法律條文中明確寫到某地因『地惡』而享有經濟上的優遇，是十分特殊的情形。」

十里置一郵。南郡江水以南至索（？）南水，二十里一郵。〔註84〕

北地、上（郡）、隴西，卅里一郵；地狹不可郵者，得進退就便宜處。

〔註85〕

在這裡的考量因素，因該是地理上和人口上的考慮，從上引兩條史料可以看到「江水以南」及北地、上郡、隴西等地區，以中國的地方開發來看，這些地方開發較晚，而北地、上郡、隴西生活環境較差，人口本來就會比關中、關東地區還少，加上有地形上的限制，所以置郵的里數上有特別規定。〔註86〕文書傳送方式有三種，以郵行、乘傳馬行及以次傳行，乘傳馬行需用到馬。〔註87〕而在《二年律令・津關令》中有特許長沙王國買馬的規定，其原因為「長沙卑濕，不宜馬，置缺不備一駟，為有傳馬請得買馬十，給置傳」〔註88〕此處代表諸侯王國也需要郵傳系統，所以設置的規定應該也適用於諸侯王國。

綜合言之，《二年律令》的法律約束是遍及漢朝的疆土，即代表漢法不只適用於漢中央直轄郡，當然也包括諸侯王國在內。

三、賈誼所言「漢法非立，漢令非行」的意義

從《二年律令》的內容來看，雖然其明文規定與「諸侯王」有關的事務不是很多，但是仍然可以了解到漢中央仍然是藉由法律來做為管制諸侯國的手段，《二年律令》即是反映這種狀況的一個很好的材料。可是，漢朝中央法律約束力是普遍達於諸侯王國之中，至於諸侯王是否遵守是另一回事；漢中央能否管的到諸侯王不守法行為，就又是另一回事了。因此，賈誼於《新

〔註84〕張家山二四七號漢墓竹簡整理小組，《張家山漢墓竹簡〔二四七號墓〕（釋文修訂本)》，《二年律令・行書律》，簡264，頁45。

〔註85〕同前注，引書，簡266～267，頁45。

〔註86〕彭浩，〈讀張家山漢簡《行書律》〉，《張家山漢簡《二年律令》研究文集》，頁318，云：「關中和長江以北的中原地區經多年開發，經濟繁榮、人口稠密，所置郡縣和侯國數量遠多於長江以南和邊境地區。」又云：「關中和長江以北地區集中全國郡縣數的大半，往來公文數量要大大超過西北和長江以南地區，故設郵數量多，郵距離小。南郡將水以南至索（？）南水之間是古雲夢澤，水往縱橫，開發程度甚低，居民不多，因而設縣少，公文往來相對較少，所以各郵的間距比關中和長江以北地區還大出一倍。」

〔註87〕同前注，引文，頁316～318。

〔註88〕同前注，引文，頁87。

語‧親疏爲亂》所提出的「漢法非立，漢令非行」一語，〔註89〕其實就是在這樣的前提下受到關注，或不被關注的。

陳蘇鎮認爲「漢法非立，漢令非行」是漢初諸侯王國的普遍現象。〔註90〕而梁安和提出「漢法非立，漢令非行」並非漢初王國的普遍現象。〔註91〕其實，是否爲普遍現象可能牽涉到主觀的意見。這裡要討論的是爲何此問題會被提出來，諸侯王雖說親民，但是他們真的會事必躬親，常常擅作法律，尤其是治理百姓的法律，而不遵守漢法嗎？答案應該是「不會」。真正會使諸侯王去碰觸到漢法，且去違反它的，擅自去更改者，應該是漢朝制定的有關「諸侯王制度」的法令。如此，「漢法非立，漢令非行」還是一種漢朝中央對於諸侯王跋扈到「僭越法制」問題的反應。賈誼所論其實就論及問題核心，此觀點必定也深入文帝的內心。在《新書‧親疏危亂》中「漢法非立，漢令非行」一語之前，所指的是諸侯王「擅與人爵、赦免死罪、黃屋左纛」〔註92〕以及淮南屬王劉長的「不用漢法，出稱警蹕，稱制。」〔註93〕這些都是連帶著諸侯王僭越制度的語句下再去討論「漢法非立，漢令非行」的問題。

景帝子膠西于王劉端則是「相兩千石至者，奉漢法以治」便加以加害，但若「相兩千石從王治，則漢繩之以法。」和趙敬肅王劉彭祖「心深刻，好法律」，而「相兩千石欲奉漢法以治，則害於王家。」〔註94〕這裡一樣是表現出諸侯王僭越的問題，因爲景帝中五年（西元前 145 年）後，諸侯王不得治國，干涉相二千石的奉漢法治治民，其實是在爭奪「治民權」的一種表現，本身是踰越諸侯王應有的制度規範。所以「漢法非立，漢令非行」反映的是諸侯王的尾大不掉，僭越踰制的意義。

因爲漢初諸侯王擁有政治、經濟、軍事上的各種權力，加上其封地皆相當大，大都橫跨數郡，其團結起來仍是一股相當大的勢力，所謂「動一親戚，天下圜視而起。」〔註95〕所以漢朝中央絕對不是從文帝以後才思考這一問題，只是漢初高祖劉邦剛建國時，最主要問題是解決社會經濟上的問題爲關

〔註89〕參見註57。
〔註90〕陳蘇鎮，〈漢初王國制度考述〉，《中國史研究》，2004 年第 3 期，頁 30。
〔註91〕梁安和，〈也談西漢初期諸侯王國的法律制度——與陳蘇鎮先生商榷〉，《咸陽師範學院學報》，2006 年第 21 卷第 1 期，頁 3。
〔註92〕賈誼著，閻振益、鍾夏校注，《新書校注》，卷三，〈親疏爲亂〉，頁 120。
〔註93〕《漢書》，卷四十四，〈淮南衡山濟北王傳第十四〉，頁 2136。
〔註94〕《漢書》，卷五十三，〈景十三王傳第二十三〉，頁 2419。
〔註95〕《漢書》，卷四十八，〈賈誼傳第十八〉，頁 2234。

鍵，加上惠帝、呂后時期中央內部皇權的力量微弱及統治集團有所分歧，造成同姓諸侯王第一次叛亂，即齊哀王劉襄所引起的「諸呂之亂」後，等到文帝入主長安，中央統治集團意見一致，加上見識到諸侯王的威脅，開始思考要削弱諸侯王的勢力。

而在文帝以前，漢朝中央仍然有注意到諸侯王的潛在威脅性，具有防備諸侯王的心態，張家山漢簡的《二年律令》就是具體反映出這種想法的一種很重要的資料，這亦是一種在「法律上」表現出漢朝中央與諸侯王之間的微妙關係。因爲《二年律令》並沒有太多的，或相當明顯的限制諸侯王和諸侯王國地區人民的種種規定，卻是消極的利用約束中央直轄地區的人民，來防止諸侯王國勢力的擴張、強大，甚至是叛亂行爲。

第三節　《二年律令》中漢廷對諸侯王的限制與防範

前漢初年，諸侯王在「一用漢法」的原則下，在其封域中擁有相當的獨立性，在政治上、經濟上、軍事上，也都享有與皇帝相似的權力。從諸侯王的墓葬中可以看出諸侯王展現與生前一般的實力和自信，如徐州獅子山楚王劉戊之墓，出土的陪葬兵馬俑，即有試圖展現楚國軍事力量的意味。因此，漢高祖劉邦分封同姓諸侯王是爲了鞏固中，成爲漢朝的藩輔之臣，但心中始終有所疑慮，如高祖晚年封劉濞爲吳王時，對劉濞云：「漢五十年後東南有亂者，豈若邪？然天下同姓爲一家，慎無反！」〔註 96〕此雖像是史家後敘之筆法，實際上也反映了劉邦身爲天下統治者的憂心。

所以皇帝與諸侯王雖同爲劉姓一家，但卻是親疏有別，絕對不可能作到「一家親」。漢中央賦予諸侯王權力的同時，亦在思考如何防備諸侯王，上舉的史家之筆，可能不是眞實的事件，但正好就是這種情況下的寫照。張家山漢簡《二年律令》也透露出這樣的訊息，而諸侯王在漢初有其任務，漢中央不便對諸侯王作太多的限制，只好以採取消極的防範措施爲主，藉由區別、限制諸侯王的身分地位以及管制漢朝直轄郡縣人民與諸侯王國接觸，來達到漢中央防備諸侯王的目的。

以下就以張家山漢簡《二年律令》作爲分析討論的對象，來了解漢朝對諸侯王的消極措施：

〔註96〕《史紀》，卷一百六，〈吳王濞列傳第四十六〉，頁 2821。

一、限制諸侯王制度的法律

　　關於限制諸侯王制度的法律在《二年律令》中有二項，分別載於《置吏律》和《秩律》裡面，分別討論於下。

（一）《二年律令・置吏律》中規定

　　　　諸侯王得置姬、八子、良人。〔註97〕

又云：

　　　　諸侯王女毋得稱公主。〔註98〕

　　首先，此為一種身分上的限制，其目的就是要區別皇帝與諸侯王的不同，而「得」、「毋得」有允許與不允許的意思，即通過規定「後宮建制」的方式限制諸侯王身分上的地位。根據《漢書・外戚傳》皇帝後宮的等級遠遠多於諸侯王，其云：

　　　　漢興，因秦之稱號，帝……適稱皇后，妾皆稱夫人。又有美人、良
　　　　子、八子、七子、長使、少使之號焉。至武帝制倢伃、娙娥、傛華、
　　　　充依，各有爵位，而元帝加昭儀之號，凡十四等云。〔註99〕

皇帝的後宮定制為十四等，就算在漢初也有九個等級，而諸侯王僅僅只有三個等級，諸侯王在此就遜色很多，使其不能比之於天子。還有皇帝之女稱公主，而諸侯王之女不能稱公主，在法定上只能稱「翁主」，〔註100〕這也是一種身分上的區別。不過，有一點值得注意，諸侯王的繼承人仍然稱為太子，如吳王劉濞的吳太子、淮南王劉安太子劉遷、趙敬肅王劉彭祖太子劉丹等等。〔註101〕不知為何要在《二年律令》中僅僅區別皇帝與諸侯王之女的名稱，無區別繼承者的名稱，《置吏律》的這條規定可能是在「一用漢法」的原則下，欲令其略有區別的補充條款。

（二）《二年律令・秩律》中規定

〔註97〕張家山二四七號漢墓竹簡整理小組，《張家山漢墓竹簡〔二四七號墓〕（釋文修訂本）》，《二年律令・置吏律》，簡221，頁38。

〔註98〕同前註，引書，簡223，頁39。

〔註99〕《漢書》，卷九十七上，〈外戚傳第六十七上〉，頁3935。

〔註100〕《漢書》，卷一下，〈高帝紀第一下〉，頁79，云：「女子公主」下如淳曰：「《公羊傳》曰：『天子嫁女於諸侯，必使諸侯同姓者主之。』故謂之公主。」師古曰：「諸王即自主婚，故其女稱翁主。」

〔註101〕參見《漢書》，卷三十五，〈荊燕吳傳第五〉；卷四十四，〈淮南衡山濟北王傳第十四〉；卷五十三，〈景十三王傳第二十三〉。

在此即是前討已論過的《秩律》二千石條上，屬有關於諸侯王國官制的法律條文，其云：

> 御史大夫，廷尉，內史，典客，中尉，車騎都尉，大僕，長信詹事，
> 少府令，備塞都尉，郡守、尉，〈衛〉將軍，〈衛〉尉，漢中大夫令，
> 漢郎中、奉常，秩各兩千石。〔註102〕

此處特別強調「漢」中大夫令及「漢」郎中令，陳蘇鎮云：

> 因此，《秩律》二千石條在中大夫令和郎中令前冠以「漢」字，肯定
> 是為了表明此處的中大夫令與郎中令僅指漢官，不包括王國官。其
> 他不冠「漢」字者，若漢與王國皆有，應兼指漢官與王國官。若是
> 王國所無，當僅指漢官。〔註103〕

其所分析是在《二年律令‧秩律》中有著區別漢中央與諸侯王國職官上的不同的法律規定，值得注意。因此可以聯想到武帝時改「漢內史為京兆尹，中尉為執金吾，郎中令為光祿勳，故王國如故」的行動。〔註104〕為何武帝改制中央官名，而將諸侯王國的官名保留不變，應是對於「一用漢法」的強烈修正，即為事諸侯王不能等同於事天子。

因此可以推論《秩律》中「漢」中大夫令及「漢」郎中令，也是對於「一用漢法」的區別性補充，尤其是郎中令為天子的親信官職，理所當然要與諸侯王的郎中令作區別。

二、防備諸侯王的法律

（一）預防諸侯王謀反「攻盜」軍事據點

在《二年律令‧賊律》中規定：

> 以城邑亭障反，降諸侯，及守乘城亭障，諸侯人來攻盜，不堅守而
> 棄去之若降者，及謀反者，皆要（腰）斬。其父母、妻子、同產，
> 無少長皆棄市。其坐謀反者，能偏（徧）捕，若先告吏，皆除坐者
> 罪。〔註105〕

〔註102〕張家山二四七號漢墓竹簡整理小組，《張家山漢墓竹簡〔二四七號墓〕（釋文修訂本）》，《二年律令‧秩律》，簡440～441，頁69。

〔註103〕陳蘇鎮，〈漢初王國制度考述〉，《中國史研究》，2004年第3期，頁34。

〔註104〕《漢書》，卷十九上，〈百官公卿表第七上〉，頁741。

〔註105〕張家山二四七號漢墓竹簡整理小組，《張家山漢墓竹簡〔二四七號墓〕（釋文修訂本）》，《二年律令‧賊律》，簡1～2，頁7。

「城邑」可能爲一座大型的軍事要塞，亦有可能是一縣的縣城；〔註106〕「亭障」爲次級軍事據點，主要有偵查斥候的功能。〔註107〕簡而言之，城邑亭障皆是軍事防禦據點，用以抵抗敵人的侵略以及掌握周邊地區的動靜。守城塞亭障的人，以其據點降諸侯王，或諸侯王攻打時，不「堅守」而逃跑，或趁機謀反者，本人要腰斬處分，並牽連家人。這是十足的警告和約束人民有與諸侯王戰爭時要堅決抵抗，不能投降。

　　《漢書》載高祖二年（西元前 205 年）「都櫟陽，使諸將略地，拔隴西。……繕治河上塞。」及「興關中卒乘邊塞」；〔註108〕《史記》則爲「興關內卒乘塞」，〔註109〕如果從《史記》的記載來看，就相當符合《賊律》上述律文的情況，因爲《漢書》是「乘邊塞」，《史記》爲「乘塞」，以此區別前者的要塞有針對外族的可能性，後者的要塞則是防備內地與其它割據勢力，不過當時處於非統一狀態，因此「邊塞」亦可指漢與其他勢力的邊界，也說得通。所以此條律文訂定的時間相當高的可能性是在「楚漢相爭」時期，此後一直沿用或修改，直到漢初依然施行。

　　臧知非對於此律文的分析，其云：「諸侯王國與漢之間存在著軍事衝突與摩擦，有時甚至比較激烈，並非一般『攻盜』，才有『堅守』與否的問題。」〔註110〕對於臧知非所言「一般攻盜」的情況不甚了解，難道說除了一般攻盜外，還有「特殊攻盜」的狀況嗎？其實此律文應該是指平時或戰時軍事據點守將以據點降諸侯王，但這種情況應該多存在諸侯王舉兵謀反時，才有發生的可能性，不然軍事據點守將要降，諸侯王應該也不敢接納，因爲接納就等同謀反。因此，所謂「攻盜」實指諸侯王舉兵謀反的意思。諸侯王國與漢中央會有可能發生軍事衝突，可是從《史記》、《漢書》來看，二者大規模軍事衝突只有「諸呂之亂」

〔註106〕《史記》，卷六，〈秦始皇本紀第六〉，頁 253，秦始皇三十三年云：「自榆中並河以東，屬之陰山，以爲（三）〔四〕十四縣，城河上爲塞。」在此是依黃河築了四十四座要塞，一方面利於防守，另一方面又「徙謫，實之初縣。」城塞成爲一縣的中心地點。

〔註107〕《漢書》，卷六，〈武帝紀第六〉，頁 201，云：「匈奴入定襄、雲中，殺略數千人，行壞光祿諸亭障」師古曰：「漢制，每塞要處別築爲城，置人鎮守，謂之候城，此即障也」。可知亭障爲要塞的次級建築，並與之有聯繫。

〔註108〕《漢書》，卷一上，〈高帝紀第一上〉，頁 33 及 38。

〔註109〕《史記》，卷八，〈高祖本紀第八〉，頁 372。

〔註110〕臧知非，〈張家山漢簡所見漢初中央與諸侯王國關係略論〉，《陝西歷史博物館刊》，第 10 輯，頁 308。

與「七國之亂」二次，不過前者實際上也沒打起來。所以《賊律》的此條律文規定，是當時以「預想」諸侯王有謀逆的可能角度來訂定律文，因此以重罰來遏止在漢中央與諸侯王發生衝突時，不讓直轄地區倒向諸侯國的消極的懲罰性約束。前引的《賊律》律文是反映可能情況，並非反映真實的情況。

（二）防制諸侯王的間諜行為

在《二年律令・捕律》中規定：

> 捕從諸侯來為間者一人，（拜）爵一級，有（又）購二萬錢。不當（拜）爵者，級賜萬錢，有（又）行其購。〔註111〕

上引《捕律》律文是運用「獎賞」的方式鼓勵人民舉報，或捕抓從諸侯王國來的間諜，有爵位者在漢初擁有相當的權利，例如免除賦役、受賞賜、受田宅地、抵罪等等。〔註112〕因此，這是相當吸引人的獎勵，為何會有豐厚的獎賞，代表諸侯王國派間諜到中央直轄地區進行情報收集、滲透的行動，甚至圖謀不軌，如暗殺行動，可能為常有的事情。景帝時，梁孝王劉武因景帝立太子之事，「怨爰盎及議臣，乃與羊勝、公孫詭之屬謀，因使人刺殺爰盎及他議臣十餘人。……於是天子意梁，逐賊，果梁使之。」〔註113〕此即是諸侯王派人來為間，進行暗殺中央大臣的一個例子。而武帝死後，燕王劉旦遣人朝京師，刺探消息，也可視為一種間諜行為。〔註114〕由此可推論諸侯王可能常派有間諜於中央執行各種任務。

以漢中央與諸侯王之間的關係，尤其是以諸侯王的角度來看，舉反旗造反比起派遣間諜到中央還來得不常見，因為舉兵謀反，如果失敗代價相當大，所以此律文再度反映二者的關係，有如敵國。換個角度想，漢中央也有可能派間諜到諸侯王國作情報收集，但其實漢中央派任的王國丞相，就有如間諜一樣，只是王國丞相是合法的監視諸侯王得一舉一動，因此即使沒有派間諜

〔註111〕 張家山二四七號漢墓竹簡整理小組，《張家山漢墓竹簡〔二四七號墓〕（釋文修訂本）》，《二年律令・捕律》，簡150～151，頁29。
〔註112〕 關於有爵位者的權利於第五章有詳細討論。
〔註113〕 《漢書》，卷五十三，〈景十三王傳第二十三〉，頁2210。
〔註114〕 《漢書》，卷六十三，〈武五子傳第三十三〉，頁2751，云：「帝崩，太子立，是為孝昭帝，賜諸侯王璽書。（燕王）旦得書，不肯哭，曰：『璽書封小，京師疑有變。』遣幸臣壽西長、孫縱之、王孺等之長安，以問禮儀為名。王孺見執金吾廣意，問帝崩所病，立者誰子，年幾歲。廣意言待招五柞宮，宮中謹言帝崩，諸將軍共立太子為帝，年八九歲，葬時不出臨。歸以報王。」

到諸侯王國，還是可以了解其動向，但並不排除有的可能性。

另外，在《賊律》中有一條律文跟《捕律》「捕從諸侯來爲閒」條有相關聯性，其云：

（以上殘缺）來誘及爲閒者，磔。亡之（以下殘缺）〔註115〕

此處律文雖不太清楚，但在從張家山漢簡《奏讞書》的高祖十年（西元前197年）七月胡縣的奏讞紀錄有「律所以禁從諸侯來誘者」，〔註116〕可以推論「來誘及爲閒者，磔」前面應該有「從諸侯」三個字。而此處得知諸侯王的間諜被抓到要處以磔刑。因此《捕律》「捕從諸侯來爲閒」是約束或警告，王國人或中央直轄地區的人民，不要爲諸侯王從事間諜工作。

所以對於諸侯王的間諜行爲，漢中央一方面用獎賞，一方面用刑罰來防範，但是這也都是消極的作爲，因爲上述辦法無法真正解決諸侯王派間諜到中央的行爲，梁孝王劉武使人刺殺爰盎等人即是一例。

（三）限制人口流向諸侯王國

《賊律》中規定「（缺字）來誘及爲閒者，磔。亡之（缺字）」，前面已經認爲是對於處罰諸侯王派遣的間諜之律文。但此律文還涉及到人口的管制問題，即「從諸侯王來誘」，「誘」應爲誘拐的意思，張家山漢簡《奏讞書》的高祖十年（西元前197年）七月胡縣的奏讞文書正好就是涉及此法律，齊國的臨淄獄史闌本來送一名女子南徙往長安，但闌卻娶女子南爲妻，要回齊國，出關時被查獲。

闌的罪名《奏讞書》紀錄此案有兩種罪名可以判，分別爲「從諸侯來誘論」、「奸及匿黥春罪論」，前一罪名正是《賊律》中的規定，並且漢法也有規定「令它國毋得取（娶）它國人」。還有，此奏讞文書比附其他案件，提到「亡之諸侯」，應爲女子南的罪名。〔註117〕很明顯的，這是一種對人民流動的管制，並嚴格禁止國與國之間人民的婚姻行爲，當然包括漢中央直轄地區與各諸侯王國的人民，因爲會造成人口流失和人力喪失，即在賦稅與繇役的損失問題。

漢初經歷秦末群雄、楚漢戰爭，人口凋零，經濟殘破，除了力圖恢復經濟外，對於人口的重新掌握與管理，就成爲當時的重要課題。對於人口的掌

〔註115〕張家山二四七號漢墓竹簡整理小組，《張家山漢墓竹簡〔二四七號墓〕（釋文修訂本）》，《二年律令・賊律》，簡3，頁8。

〔註116〕同前注，引書，《奏讞書》，簡17～27，頁93。

〔註117〕同前注。

握可以追溯到秦朝，甚至是秦國商鞅變法時，《商君書》云：「四境之內，丈夫女子皆有名於上，（生）者著，死者削。」〔註118〕名指「名籍」，即為身分資料，上面要至少有姓名、性別、年齡、爵級、健康狀況。〔註119〕

其實，歷朝歷代都重視人口的管理，並且禁止逃亡，即離開原戶籍地到其他地區去，這從《二年律令》的《戶律》、《亡律》可以看到相關的規定。《戶律》規定云：

> 自五大夫以下，比地為伍，以辨券為信，居處相察，出入相司。有
> 為盜賊及亡者，輒謁吏、典。〔註120〕

所以漢初就有相當程度的管理人口制度，而且每個人都有責任向官府舉報逃亡之人，即要相互監察，除了守望相助之外，也要糾舉不法，特別是盜賊和逃命之人，此亦是承襲自商鞅變法的「令民為什伍，而相牧司連坐。」〔註121〕《亡律》則規定逃亡之人的處罰，其云：

> 吏民亡，盈卒歲，耐；不盈卒歲，繫為城旦舂；公士、公士妻以上
> 坐官府，皆償亡日。其自出也，笞五十。給逋事，皆籍亡日，軨數
> 盈卒歲而得，亦耐之。〔註122〕

在漢初人民的逃亡應該是常有的現象，舉吳王劉濞為例，《漢書·荊燕吳傳》云：

> 會孝惠、高后時天下初定，郡國諸侯各務字拊循其民。吳有豫章郡
> 銅山，即招致天下亡命者盜鑄錢，東煮海水為鹽，以故無賦，國用
> 饒足。〔註123〕

又云：

> 它郡國吏欲來捕亡人者，頌共禁不與。〔註124〕

經上述兩條史料，結合《賊律》、《戶律》、《亡律》等，可以很明白的了解漢初

〔註118〕商鞅著，蔣禮鴻校注，《商君書錐指》，卷五，〈境內第十九〉，頁114。
〔註119〕李均明，〈張家山漢簡所見規範人口管理的法律〉，《政法論壇》，2002年第20卷第5期，頁20。
〔註120〕張家山二四七號漢墓竹簡整理小組，《張家山漢墓竹簡〔二四七號墓〕（釋文修訂本）》，《二年律令·戶律》，簡305，頁51。
〔註121〕《史記》，卷六十八，〈商君列傳第八〉，頁2230。
〔註122〕張家山二四七號漢墓竹簡整理小組，《張家山漢墓竹簡〔二四七號墓〕（釋文修訂本）》，《二年律令·亡律》，簡157，頁30。
〔註123〕《漢書》，卷三十五，〈荊燕吳傳第五〉，頁1904。
〔註124〕同前注，引書、卷，頁1905。

人口的管理，漢中央基本上是不允許人民逃亡它地，除非經正式手續辦理移徙，〔註125〕不然即是逃亡。發現人民逃亡後，該人民原居住地的官府可以進行追捕，若清楚知道該逃亡者的現居地，可以向該地官府要回該逃亡者。而且並非只有中央直轄郡逃往諸侯王國，也有從諸侯王國逃到其他諸侯王國的情況。

　　所以可以了解到漢初人口的逃亡，因諸侯王國可以運用其經濟力量對人民降低賦稅，甚至免除賦稅，使漢中央的人口多數欲逃往諸侯王國。所以《亡律》「吏民亡」條可能是規定中央直轄地區的人民逃亡到其他地區；但可能不包括逃到諸侯王國，因為另外在《賊律》規定有「來誘及為閒者，磔。亡之（案：亡之，其後應為「諸侯」，即亡之諸侯。）」〔註126〕及其相關刑罰，可見在漢初人民逃亡於原居地，其懲罰有分為逃往「諸侯王國」與「非諸侯王國」的區別，可惜以下文殘缺，不然可以分析二者之間的不同。但從《二年律令》的律文體系來看，逃到諸侯王國者的刑罰應該比較重。又諸侯王通常都不將逃亡者歸還，此反映漢初諸侯王的勢力大，漢中央不敢強索，因此制定相關的律文，作為消極的防制措施。而從吳王劉濞的例子看來，可知這樣的規定是成效不彰。

（四）限制物資流往諸侯王國

　　《二年律令・津關令》還有防止物資流向諸侯王國的律文，雖然在令文中沒有明文針對諸侯王國，但從其劃分的地理區塊的分析，《津關令》中得禁止黃金、銅、馬匹等出關之規定是有此意圖的。

1. 關於黃金、銅的「關禁」規定

　　首先，先了解《津關令》中提到的五關，其云：

甲、〔註127〕

　　制詔御史，其令扞〈杆〉關、鄖關、武關、函谷【關】、臨晉關，及
　　諸其塞之河津，禁毋出黃金，諸奠黃金器及銅，有犯令（以下殘缺）

〔註128〕

〔註125〕張家山二四七號漢墓竹簡整理小組，《張家山漢墓竹簡〔二四七號墓〕（釋文修訂本）》，《二年律令・戶律》，簡328，頁54，云：「恒以八月令鄉部嗇夫、吏、令史相襍案戶籍，副臧（藏）其廷。有移徙者，輒移戶及年籍爵細徙所，并封。」此為人民要移徙他處要經證是手續辦理移徙的律文。

〔註126〕同前注，引書，《二年律令・賊律》，簡3，頁8。

〔註127〕因為所引張家山漢簡《二年律令・津關令》令文較多，為了論述的方便，以甲、乙、丙依次編號，其下皆代稱為《津關令》甲條、乙條、丙條。

〔註128〕張家山二四七號漢墓竹簡整理小組，《張家山漢墓竹簡〔二四七號墓〕（釋文

　　上述五關大致區別關中與關東地區，〔註129〕在漢初關東地區有少數幾個漢中央直轄郡，其他都是諸侯王國的封域。所以很明顯的，禁止黃金、鑲有黃金的器具及銅流向關東地區，即禁止黃金等物出關，雖不明言是衝著諸侯王而禁止，但其實《津關令》甲條，其意義就是不讓黃金、銅流通到諸侯王國地區。又從《津關令》其他規定來看，漢中央防範黃金出關中制度相當詳細，其云：

乙、

　　制詔御史，其令諸關，禁毋出私黃金器□。其以黃金器入，關謹以籍書，出復以閱，出之。籍器，飾及所服者不用此令。〔註130〕

丙、

　　制詔相國、御史，諸不幸死，家在關外者，關發索之，不宜，其令勿索，具爲令。相國、御史請關外人宦爲吏若徭使，有事關中，不幸死，縣道若屬所官謹視收斂，無禁物，以令若丞印封櫝槥，以印章告關，關完封出，勿索。〔註131〕

　　雖然《津關令》甲條規定黃金及鑲有黃金的器物禁止出關，且在《津關令》丙條制定之前，嚴格到連棺材都要打開來檢視有無「禁物」，才准許出關中，「禁物」就是諸如黃金等物品。在中國人的傳統觀念中「死者爲大」，如果一定要打開棺材檢察實在是有點不近人情，打擾死者安寧。所以才有《津關令》丙條的制定，此爲漢法變通、權宜的一種表現。

　　在《津關令》乙條中，若關東地區的人攜帶黃金（含黃金的器具）進入關中，只要經過登記就放行，該人要出關中時，再按記錄檢視無誤就可放行。此規定還是重申不能讓黃金流出關中，可是只限於本屬於關中的黃金，所以假若關東的人混水摸魚，攜帶當時入關時沒有記錄的黃金（含黃金的器具）要出關，如被發現，一樣犯法，因爲入關時所攜帶的黃金或黃金器都有簿籍記錄，無可抵賴，從中可了解漢法制法的細膩。

修訂本）》，《二年律令・津關令》，簡492，頁83。

〔註129〕王子今、劉華祝，〈說張家山漢簡《二年律令・津關令》所見五關〉，《張家山漢簡《二年律令》研究文集》，頁370，云：「很可能張家山漢簡《二年律令》中《津關令》的法律條文所體現的區域地理觀，是使用了『大關中』概念。也就是說，以『扞關、酈關、武關、涵谷、臨晉關』劃定界線的『關中』，是包括了『天水、隴西、北地、上郡』地方，也包括了『巴、蜀、漢中』地方的。」

〔註130〕同前注，引文，頁84。

〔註131〕同前注，引文，頁85。

2. 關於馬匹的「關禁」規定

《津關令》中關於馬匹出關的相關規定有嚴格的區分，通常屬於「官用」馬匹才可以向關中購買並允許出關中，一般人民是不能夠以買賣馬匹作為目的而買馬關中，並將馬匹輸往關東。關於這種區別《津關令》的規定：

丁、

> 議，禁民毋得私買馬以出扞〈杆〉關、鄖關、函谷【關】、武關及諸其塞之河津。其買騎、輕車馬、吏乘、置傳馬者，縣各以所買名匹數告買所內史、郡守，內史、郡守各以馬所補名為久久馬，為致告津關，津關謹以藉（籍）、久案閱，出。〔註132〕

> 相國議，關外郡買計獻馬者，守各以匹數告買所內史、郡守，內史、郡守謹籍馬職（識）物、齒、高，移其守，及為致告津關，津關案閱，津關謹以傳案出入之。〔註133〕

一般人民不得買馬出關中，可是關外縣和關外郡，因為是官府執行工作時需要馬匹，所以可以買馬出關中。另外，還有郎中令、中大夫的屬官及郎騎也可以買馬關中，〔註134〕因為「這些人是天子的親信與近衛。郎騎買馬備乘，為職責所需。中大夫謁者與郎中執盾、執戟私買馬，則應是皇帝的恩典。這些都有助於王朝的維繫與鞏固。」〔註135〕《津關令》丁條的規定很明顯有區

〔註132〕張家山二四七號漢墓竹簡整理小組，《張家山漢墓竹簡〔二四七號墓〕（釋文修訂本）》，《二年律令・津關令》，簡 506～508，頁 85～86。

〔註133〕同前注，引書，簡 509～510，頁 86。關於「計獻馬」的問題有兩種看法，一為是獻給皇帝用的馬，一為每年計獻時運送東西所用的馬。主前者為陳偉，〈張家山漢簡《津關令》涉馬諸令研究〉，《考古學報》，2003 年第 1 期，頁 32；主後者有龔留柱，〈論張家山漢簡《津關令》之「禁馬出關」〉，《史學月刊》，2004 年第 11 期，頁 22、臧知非〈張家山漢簡所見津關令漢初馬政及其相關問題〉，《史林》，2004 年第 6 期，頁 71。本文也認為是後者，即每年計獻時運送東西所用的馬，就如龔留柱所說在當時的環境下，要關外郡以上計的方式獻馬，是相當不實際的作法。

〔註134〕同前注，引書，簡 504～505，頁 85，云：「相國上中大夫書，請中大夫謁者、郎中、執盾、執戟家在關外者買私買關中。有縣致上中大夫、郎中，中大夫、郎中為書告津關，來，復傳，津關謹閱出入。」此為郎中令與中大夫令官買馬的規定；又簡 513～515，頁 86，云：「相國、御史大夫請郎騎家在關外，騎馬節（即）死，得買馬關中人一匹補。郎中為致告買所縣道，縣道官聽之，為質〈致〉告居縣，受數而籍書馬職（識）物、齒、高，上郎中。節（即）歸休、徭使，郎中為傳致津關，馬死，死所縣道官診上。」這裡是郎騎買馬的規定。

〔註135〕陳偉，〈張家山漢簡《津關令》涉馬諸令研究〉，《考古學報》，2003 年第 1 期，

別性，即諸侯王國是不能夠買馬關中，此即表明了其消極的目的，防止馬匹流入諸侯王國。

但是擁有馬匹的一般人民，或是郎騎及郎中令、中大夫屬官家在關東等，會出入關中與關東的問題，因此《津關令》有相關規定：「諸乘私馬入而復以出，若出而復以入者」及「諸乘私馬出，馬當復入而死亡，自言在縣官，縣官診及獄訊審死亡」，還有「詐偽出馬，馬當復入不入，皆以馬賈（價）訑過平令論」、「詐貿易馬及偽診，皆以詐偽出馬令論」〔註136〕上述規定，其實都只有一個原則，即是原屬於關中的馬匹，出關中後，最後一定要回到關中，如果不幸死，也要經縣府診斷與審問，確定無誤方可，不然就以馬價訑過平令或詐偽出馬令來懲罰。同樣是基於防止馬匹流往諸侯王國的可能性。

許多人從漢初漢中央與諸侯王的緊張、接近敵對的關係，來解釋「禁馬出關」的對象為諸侯王，不是邊疆的外族，這看法是相當正確的。不過，從《二年律令‧盜律》也可知道《津關令》的對象是諸侯王；《盜律》有「盜出財物於邊關徼」及「盜出黃金邊關徼」的處罰規定，〔註137〕此處是禁止黃金、財物等流往邊疆民族地區，為何沒有馬匹，有人說：「景帝時中原地區的馬匹無論數量還是質量都比不上西北胡人。」〔註138〕便是相當正確的原因，明白而簡單的說，就是沒有必要，因為邊疆民族的馬匹比漢朝來的多、來的好。

3. 特許諸侯王買馬的「例外」

《津關令》中基本上是不允許諸侯王買馬，但是又有例外特許諸侯王買馬的令文，即吳姓長沙國和呂太后外孫張偃的魯國。〔註139〕吳姓長沙國自「吳芮之起，不失正道，故能傳號五世」又「初文王芮，高祖賢之，置詔御史：『長

〔註136〕張家山二四七號漢墓竹簡整理小組，《張家山漢墓竹簡〔二四七號墓〕（釋文修訂本）》，《二年律令‧津關令》，簡507、510、514，頁86。
〔註137〕同前注，引書，《二年律令‧盜律》，簡76，頁19。
〔註138〕陳蓓，〈漢初「禁馬出關」辨析〉，《陰山學刊》，2007年第20卷第4期，頁47。
〔註139〕張家山二四七號漢墓竹簡整理小組，《張家山漢墓竹簡〔二四七號墓〕（釋文修訂本）》，《二年律令‧津關令》，簡516～517，頁87，云：「相國上長沙丞相書言，長沙地卑濕，不宜馬，置缺不備一駟，未有傳馬，請得買馬時，給置傳，以為恒。相國、御史以聞，許給買馬。制曰：可。」及簡502，頁87，云：「丞相上魯御史書言，魯侯居長安，請得買馬關中。丞相、御史以聞，許給買馬。制曰：可。」又簡521，頁88，云：「丞相上魯御史書，請魯中大夫謁者得私買馬關中」及簡522，頁88，云：「丞相上魯御史書，請魯郎中自給馬騎，得買馬關中」。

沙王忠，其定著令。』」〔註140〕就是因爲表彰其忠心於漢朝，因此成爲唯一一個異姓諸侯王國，且特許吳姓長沙王國買馬，可能是一種獎勵措施，但最主要的原因應該跟長沙國的氣候環境不適合馬匹繁殖有關，即《二年律令・津關令》所描述的「長沙地卑濕，不宜馬」的情況。而此令文制定時間可能在高祖十一年（西元前 196 年）到惠帝五年（西元前 190 年）之間。〔註141〕本文認爲相當大的可能性即在高祖末年「定著令」時，就允許其買馬，因爲高祖末年，吳姓長沙國爲唯一的異姓諸侯王國，又高祖末年白馬之盟「非劉姓而王者，天下共擊之」的約定，推定吳姓長沙國是高祖認可著於令文的合法異姓諸侯王國，有其法律效力，因此很有可能同時允許買馬。

呂太后外孫張偃的魯國被允許買馬，第一，當然是因其爲呂太后之女魯元公主之子，身分上的關係，被允許買馬，而且所買的馬匹，應該多留在關中；第二，其制定的時間應該是在呂太后臨朝稱制之時期，足以反映出此爲當時的政治局勢下的產物，是呂后時期相當重要的資料。

漢初禁止黃金、銅、馬匹等物資出關中地區，目的是防止其落入諸侯王國之中，此爲一個主因。另一個主因，從漢中央來看就是不讓自己掌握的資源流失，以保障其實力。因爲以黃金、銅來看，舉吳國爲例，有章山的銅礦，吳王劉濞用此鑄錢，以至吳、鄧錢通天下，可見其經濟實力的厚實，不需依靠中央的黃金、銅礦。又以馬匹而言，漢初「天子不能具醇駟，而將相或乘牛車」〔註142〕可知當時中央也缺馬，更不遑論要給諸侯王買馬的權利了。有人論說：「（關東地區馬匹）即便是數量不足，也不必非要從關西和巴蜀進口……北方燕代、太原、直至河東地區等廣大區域也是良馬生產地，從資料看雖然禁止馬匹出關，卻未禁止北方馬匹輸入，所以政策效果是有限的。」〔註143〕其論關東地區不一定要從關中輸入馬匹，不無道理，可是想當時匈奴與漢朝的敵對關係，就算能從北方進口，其數量應該也不會太多才是。但其關東有部分地區適合養馬的分析，是值得參考的。如《漢書・地理志》所

〔註140〕《漢書》，卷三十四，〈韓彭英盧吳傳第四〉，頁 1894 及 1895。

〔註141〕據《漢書》，卷十九上，〈百官公卿表第七上〉，頁 724，云：「高帝即位，置一丞相，十一年更名相國」又《漢書》，卷十九下，〈百官公卿表第七下〉，頁 751 惠帝五年條云：「十月己丑，安國侯王陵爲右丞相，曲逆侯陳平爲左丞相。」可知相國之名，始於高祖十一年，至惠帝五年。

〔註142〕《漢書》，卷二十四上，〈食貨志第四上〉，頁 1127。

〔註143〕陳蓓，〈漢初「禁馬出關」辨析〉，《陰山學刊》，2007 年第 20 卷第 4 期，頁 49。

載周代九州之地，有豫州、兗州「蓄宜六擾（馬、牛、羊、豕、犬、雞）」；幽州「蓄宜四擾（馬、牛、羊、豕）」；并州「蓄宜五擾（馬、牛、羊、豕、犬）」。〔註144〕而這些地區大多為漢代關東地區，因此有些諸侯王國，可以自行繁殖馬匹，如燕國、趙國、梁國等等。

三、賦予諸侯王利益的法律

在張家山漢簡《二年律令》中只有《具律》中惟一一條不是限制、防備諸侯王的法律，其云：

> 呂宣王內孫、外孫、內耳孫玄孫，諸侯王子、內孫耳孫，徹侯子、
>
> 內孫有罪，如上造、上造妻以上。〔註145〕

而「如上造、上造妻以上」即是「上造、上造妻以上，及內公孫、外公孫、內公耳玄孫有罪，其當刑及當為城旦舂，耐以為鬼薪白粲。」〔註146〕就是諸侯王子跟內孫、曾孫，若有犯罪，可以有減刑的權利。

此有可能是呂太后在讓呂氏家族子弟可以享有減刑的權利時，為求讓各方勢力能夠平衡，因而增加的法律條文，可能亦是呂后時期的產物，呂后為求諸呂子弟政治地位如同皇族，所以在犯罪減刑的特權，讓諸呂子弟同於皇室成員。這種手段與呂后在「分封諸呂為王」時是同樣的，即欲封諸呂子弟為諸侯王，就先封劉姓子弟為諸侯王，以達到利益的平衡。

總而言之，張家山漢簡《二年律令》中反映的許多漢中央對於諸侯王的限制與防範之措施，可以清楚的了解二者之間的關係，漢中央皇帝賦予諸侯王種種權力的時候，就已經種下防備諸侯王的心結，以前從《史記》、《漢書》，只能聞出火藥的味道，並且在景帝三年（西元前154年）爆發出來，即是吳、楚「七國之亂」。現在仔細分析《二年律令》，就可以清楚的了解到，文帝以前，漢朝中央的皇帝，並不是放任諸侯王為所欲為，仍然有運用其與諸侯王的法律紐帶，進行對諸侯王地位的限制，還有防範諸侯王，諸如諸侯王女稱翁主、限制人口以及物資流向諸侯王國等辦法。而《二年律令》中許張偃魯國買馬及諸侯王子孫犯罪得減刑，則是呂后當政時期的政治局勢所造成的時

〔註144〕《漢書》，卷二十八上，〈地理志第八上〉，頁1539～1542。

〔註145〕張家山二四七號漢墓竹簡整理小組，《張家山漢墓竹簡〔二四七號墓〕（釋文修訂本）》，《二年律令·具律》，簡85，頁21。

〔註146〕同前注，引書，簡82，頁20。

代產物，並不符合漢朝中央皇權的意旨，這也是當時皇權不彰的表現。

可是，這些作為是「消極的作為」，因為這些限制與防範根本改變不了諸侯王權力過大問題，以至於諸侯王囂張跋扈、目無法紀、不用漢法。至於漢初僅僅對於諸侯王以消極的防範措施，主要作法是以法律來約束漢中央直轄地區的人民，再輔以限制諸侯王身分上的地位，這是因為漢初諸侯王有其「鎮撫」該地的任務，加上經歷惠帝、呂后時期，中央內部有外戚與功臣的分歧，最後以諸侯王發動叛亂，功臣被動配合下，犧牲外戚誅呂氏子弟為收場，此時的中央既無能力，也無辦法對付諸侯王。文帝以後，中央內部已無分歧，諸侯王成為中央唯一的目標，所以中央的天子開始有積極的作為，運用軟、硬兼的政策施逐步收回諸侯王的權力，甚至是其過大的封域。諸侯王威脅中央的問題，才慢慢化解，至武帝時，諸侯王「惟得衣食租稅，不與政事」，〔註147〕已經無法有所作為了。

第四節　從《二年律令》到文景武對諸侯王政策的改變

張家山漢簡的出土對於漢初政治的研究可以有更進一步的了解，其中《二年律令》記錄了漢初的法律，雖不是完整的一部漢法，但是已經提供相當多漢初中央與諸侯王之間的法律關係訊息。從中可以看到漢初中央對於諸侯的政策，是採取「消極的」且「被動的」措施，主要是這些措施並不在於解決二者之間的對立、矛盾及衝突，而是中央要保持自己的力量不流失，以免助長諸侯王的力量，所以著重於約束中央直轄地區的人民，這樣的政策對於諸侯王的影響勢必有限。

《二年律令·賊律》中約束人民防守城池或軍事據點時要堅守及鼓勵人民抓諸侯王派來的間諜，甚至是將諸侯王派遣的間諜處以極刑，但諸侯王本身似乎沒有太大影響，如前舉梁孝王劉武派刺客暗殺爰盎等人，景帝就算是已經知道是梁國派來的，也只是「遣使冠蓋相望於道，覆案梁事」。最後「王乃令（羊）勝、（公孫）詭皆自殺，出之。上由是怨望於梁王。梁王恐，乃使韓安國因長公主謝罪太后，然後得釋。」〔註148〕以整個事件的發展，景帝只

〔註147〕《漢書》，卷十四，〈諸侯王表第二〉，頁395。
〔註148〕《漢書》，卷四十七，〈文三王傳第十七〉，頁2210。

是氣在心裡，但也沒有對梁孝王作出如削地、除國的實質處分，而梁王最後沒有獲罪，僅是承受心理上的恐懼，這雖然主要是因為其母為竇太后的關係，但是梁國在七國之亂時所展現軍事力量應該也是景帝顧慮的因素，不然也不會在梁孝死後，分梁國為五。〔註149〕而在《二年律令·賊律》中只有規定對間諜處以磔刑，也沒有看到針對於諸侯王的處分方式。因為從這個事件看來，「從諸侯來誘及為閒」者，中央是可以掌握是哪個諸侯王國派來的，所以可見《賊律》及《捕律》的規定只是作消極的「防止」諸侯王的間諜行為，諸侯王並不因為如此減少權力。

又《二年律令·津關令》裡有不少「禁止馬匹出關」的令文，有人稱為「涉馬諸令」，〔註150〕有人稱為「禁馬出關（令）政策」等，〔註151〕這都可以。從整個《津關令》的律文來看，漢初對於馬匹管理是有一套制度，陳偉將之分為「經關中郡買馬」的關外縣和關外郡；「經關中縣道買馬」的郎騎；「私買馬」的中大夫令和郎中令的屬官，而人民是禁止買馬出關；並又依買馬的性質分為「官買」與「私買」。〔註152〕從分別人民禁止買馬、官用馬匹的官買與私買到特許個別諸侯王國買馬的例外，明顯表現出漢中央對於馬匹的重視。

這是因為漢中央本身就缺乏馬匹，舉兩個時代作對比，高祖七年（西元前200年）韓王信降匈奴，高祖因而伐匈奴，追至平城被圍，《漢書·匈奴傳》云：

> 漢兵逐擊冒頓（單于）……漢悉兵，多步兵，三十二萬，北逐之。
> 高祖先至平城，步兵未盡到冒頓縱精兵三十餘萬騎圍高帝於白登……匈奴騎，其西方盡白，東方盡駹，北方盡驪，南方盡騂馬。
> 〔註153〕

並且從「天子不能具醇駟，而將相或乘牛車」〔註154〕來看當時漢軍主力，應該是以步兵為主。歷經此慘痛教訓的漢初君臣，開始著重馬匹的繁殖，到了

〔註149〕同前注，引書、卷，頁 2214～2215，云：「梁孝王子五人無王。太子買為梁共王，次子明為濟川王，彭離為濟東王，定為山陽王，不識為濟陰王，皆以孝景中元六年同日立。」

〔註150〕陳偉，〈張家山漢簡《津關令》涉馬諸令研究〉，《考古學報》，2003 年第 1 期，頁 29。

〔註151〕陳蓓，〈漢初「禁馬出關」辨析〉，《陰山學刊》，2007 年第 20 卷第 4 期，頁 49。

〔註152〕陳偉，〈張家山漢簡《津關令》涉馬諸令研究〉，《考古學報》，2003 年第 1 期，頁 35～36。

〔註153〕《漢書》，卷九十四上，〈匈奴傳第六十四上〉，頁 3753。

〔註154〕《漢書》，卷二十四上，〈食貨志第四上〉，頁 1127。

武帝時「眾庶街巷有馬，阡陌之間成羣，乘牸牝擯而不得聚會。」〔註155〕這時的漢朝，無論街道，或是田畝間都可見到馬匹，而且當時之人怕馬匹繁殖太多，不許公馬母馬聚在一起。可見漢初與武帝時代，相距將近七十年，不過經濟力卻是大大不同。所以漢初中央注重馬匹的繁養與控管出關，並非只是單單怕馬匹流入諸侯王國手裡，恐怕中央爲蓄積力量才是更重要的因素。

因此，漢初防止人口、黃金、銅礦、馬匹等人力和物資流失的政策，應該都是基於消極的防止自身力量的流失，避免增強了諸侯王國的力量的「強幹弱支」的政策，〔註156〕但這也是因爲漢初中央與諸侯王呈現「支強幹弱」的形勢所採取之必要措施。因爲諸侯王因爲封域大，並且經濟上有徵賦權，再加上若其國有豐富的天然資源，如吳國、齊國等等，就算漢中央禁止物資的流往關東地區相當成功，諸侯王國在經濟上的力量，仍然一天一天的茁壯。而馬匹的進口，從吳王劉濞造反時，吳楚主力爲步兵來看，〔註157〕這是相當成功的。但是在諸侯王國中也有王國有能力養馬自用，如燕國、趙國等，這些諸侯王國甚至可以外銷馬匹以謀取利益，並不一定要向關中地區購買馬匹。總而言之，漢中央最害怕的是自己的力量流失。

漢初中央對於諸侯王採取「消極且被動的」政策，主要是受時代背景因素的影響，前已論及漢初經濟上的凋零、百廢待興，劉邦因而分封諸侯王，諸侯王有兩個主要任務，一爲鞏固皇室，二是「拊循」其國。賦予諸侯王極大的權力，也是其任務上的需要，但劉邦乃經歷生死存亡的人，因此對於諸侯王仍有防備，此即《二年律令》中展現的消極法律規定，本章前節已有詳論，但在劉邦心理，這種措施是「暫時性」的，等中央皇權漸上軌道必定會改弦更張。不巧，漢中央歷經惠帝及呂后時期，統治者內部有所衝突，如呂后與惠帝爭權、

〔註155〕同前注，引書、卷，頁1135。

〔註156〕臧知非，〈張家山漢簡所見漢初中央與諸侯王國關係略論〉，《陝西歷史博物館館刊》，第10輯，頁314，云：「防止爲禁物品流往諸侯王國，也防止流往關外郡縣，目的是以關外郡縣爲緩衝，保證關中的中心地位不受王國威脅。從地理結構看，漢廷直轄的十五個郡和西周的王頗相似，從政治控制的層面看，二者有著相當大的差別，原因就是強幹弱枝的需要。」陳偉，〈張家山漢簡《津關令》涉馬諸令研究〉，《考古學報》，2003年第1期，頁41，云：「西漢王朝徙民關中的舉措，時人目之爲『強本弱末之術』。以此來慨括涉馬諸令的意蘊，也同樣合適。」

〔註157〕《漢書》，卷三十五，〈荊燕吳傳第五〉，頁1914，吳少將桓將軍云：「吳多步兵，步兵利險；漢多車騎，車騎利平地。」

呂后臨朝時期的一廢一立、外戚與功臣的鬥爭，都造成皇權受到打擊，以致皇權「低落」、「不彰」，不然想必中央對諸侯王政策的轉變應該會更快。

　　所以等到文帝即位，隨著統治者內部的政治鬥爭消失、經濟上的持續恢復，這代表中央有力量開始整頓諸侯王國勢力過於龐大的問題，在政策上由「消極」改為「積極」；從「被動」變成「主動」。經過文景武三朝的努力，諸侯王為漢朝隱憂的問題，才被解決。以下分文帝、景帝、武帝三個時期進行討論。

一、文帝時期對諸侯王的政策

　　文帝時對於諸侯王的問題，提出反省與解決之道者，最著名者為「賈誼」。其認為諸侯王問題至文帝時已經相當嚴重了，〔註158〕不得不解決，否則必為隱憂，賈誼云：

> 天下之勢方病大瘇。一脛之大幾如要，一指之大幾如股，平居不可屈信，一二指搐，身慮亡聊。失今不治，必為錮疾，後雖有扁鵲，不能為矣。〔註159〕

強調諸侯王的政策問題，為非常重要的問題，且其已經嚴重危害到國家的健康，再不醫治，恐怕要病入膏肓了。

　　諸侯王的問題賈誼認為起源自「封域太大」，因此其在提出對於「關禁」政策的反思，就已經點出此一課題，其云：

> 所為建武關、涵谷、臨晉關者，大抵為備山東諸侯也。天下之制在陛下，今大諸侯多其力，因建關而備之，若秦時之備六國也。豈若定地勢使無可備之患，因行兼愛之道，罷關一通，示天下無以區區獨有關中者。所謂禁游宦諸侯及無得出馬關者，豈不曰諸侯得眾則權益重，其國眾車騎則力益多，故明為之法，無資諸侯。於臣之計，疏山東，尊諸侯，不令似一家者，其精於此矣。豈若一定地制，令諸侯之民，人騎二馬，不足以患，益以萬夫不足以為害。今不定大理，數起禁，不服人心，害兼覆之義，不便。〔註160〕

上引賈誼之論正好可以跟《二年律令》作對照，其說「明為之法」的詳細內

〔註158〕《漢書》，卷四，〈文帝紀第四〉，頁 120，文帝三年云：「濟北王興居聞帝之代，欲自擊匈奴，乃反，發兵欲襲滎陽。」又頁 121，文帝六年十一月云：「淮南王長謀反，廢邊蜀嚴道，死雍。」

〔註159〕《漢書》，卷四十八，〈賈誼傳第十八〉，頁 2239。

〔註160〕賈誼著，閻振益、鍾夏校注，《新書校注》卷三，〈壹通〉，頁 113～114。

容應該即為《津關令》的相關令文，而會有這樣的政策，本因為諸侯王「多其力」，「多其力」又因其「地制」、「地勢」過大而來，這就是此政策的產生的本質。但是賈誼認為「不定大理，數起禁，不服人心」這並不是解決問題的辦法，其解決之道才是賈誼的此一段言論的重點，即「一定地制」，也就是將諸侯王過大的封域作重新的處置，如此便不怕諸侯王力量過大，也不用禁止人口及馬匹流往諸侯王國地區。

（一）眾建諸侯

對於賈誼上述的論述，作為最直接的回應就是文帝前元十二年（西元前168 年）的「除關無用傳」。〔註161〕而對於諸侯王地制過大問題有精闢的見解的賈誼，其解決之道為「眾建諸侯少其力」，其云：

> 欲天下之治安，莫若眾建諸侯而少其力。力少則易使之以義，國小則亡邪心。……割地定制，令齊、趙、楚各為若干國，使悼惠王、幽王、元王之子孫畢以次各受祖之分地，地盡而止，及燕、梁它國皆然。其分地眾而子孫少，建以為國，空而置之，須其子孫生者，舉使君之。……地制壹定，宗室子孫莫慮不王，下無倍畔之心，上無誅伐之志，故天下咸知陛下之仁。〔註162〕

賈誼的方法在漢初的政治環境下，為相當大膽的建議，因為當時的諸侯王仍然有一定的勢力存在，不過賈誼策略是屬於「緩和」方法，不是直接奪取諸侯王的封地，是製造一種「凡是劉氏子孫皆可為王」的論說，但其最後的目的是要讓諸侯王「國小、力小」而無法與中央對抗，致使諸侯王無叛亂的「邪心」。董平均云：

> 「眾建諸侯」是在現有王國基礎上進行「眾建」，勢必損害現任諸王及其嗣子的利益，遭到他們的反對而功虧一簣，其他庶子也因無法實現其「君國子民」的夢想而心懷不滿，引起更大的混亂，故文帝分國的態度十分謹慎，主要是選擇王國王位有所變動時對諸侯王國進行剖分。〔註163〕

董氏之說指出賈誼政策在實行時的困難的一面，賴文帝為一「難得之君」，能夠將賈誼的政策適當發揮，達到欲求的目地。眾建諸侯最重要的成果，為「齊

〔註161〕《漢書》，卷四，〈文帝紀第四〉，頁 123。
〔註162〕《漢書》，卷四十八，〈賈誼傳第十八〉，頁 2237。
〔註163〕董平均，《西漢分封制度研究——西漢諸侯王的興衰考略》，頁 108。

分爲七，淮南分爲三」，〔註164〕在景帝七國之亂時起關鍵作用。

（二）以親制疏

文帝前元二年（西元前 178 年），分封三子爲王，即代王劉武、太原王劉參、梁王劉揖。〔註165〕若以地理位置來看，代國、太原、梁三國，都屬於比較接近關中地區的封國，即可看出文帝的用意。

賈誼於梁王揖（勝）死後，曾建言：「舉淮南以益淮陽，而爲梁王立後，割淮陽北邊兩三列城與東郡以益梁；不可者，可徙代王而都睢陽。」其目的就是要讓「梁足以扞齊、趙，淮陽足以禁吳、楚，陛下高枕，終無山東之憂矣，此二世之利也。」〔註166〕最後文帝採用部分意見徙淮陽王劉武爲梁王，並予其大縣四十。〔註167〕而後來七國之亂也證明了文帝和賈誼了想法，梁國抵擋了吳、楚二國連軍，讓吳王劉濞身陷梁國泥沼之中，使周亞夫率領的中央軍不費吹灰之力擊敗吳王濞，這便是「以親制疏」政策發揮的功效。

二、景帝時期對諸侯王的政策

（一）削藩政策

景帝時期基本上是承其父所建立起來的皇權威信，繼續推進削弱諸侯王力量的進程。但是其使用的策略是較「激進」的「削地」，此主張爲景帝寵臣鼂錯提出，而其在文帝時就已經上過建言書，但並不爲文帝所採納，其主張云：

> 今削之亦反，不削之亦反。削之，其反亟，禍小；不削，反遲，禍
>
> 大。〔註168〕

鼂錯的思想接近法家，此種主張充滿「急功近利」思想，〔註169〕所以鼂錯爲

〔註164〕《漢書》，卷四，〈文帝紀第四〉，頁 127，文帝（前元）十六年云：「五月，立齊悼惠王子六人，淮南厲王長子三人皆爲王。」齊國即分爲齊王將閭、濟北王志、濟南王辟光、菑川王賢、膠西王卬、膠東王雄渠及文帝（前元）二年所封城陽王共七國；淮南國分爲淮南王安、衡山王勃、廬江王賜三國。

〔註165〕同前注，引書、卷，頁 117。又參《漢書》，卷四十七，〈文三王傳第十七〉，梁王揖（案：《漢書‧賈誼傳》稱梁王勝）死後，代王武先徙淮陽，後遷爲梁王，即梁孝王；太原王參併有代國，徙爲代王。

〔註166〕《漢書》，卷四十八，〈賈誼傳第十八〉，頁 2261。

〔註167〕同前注，引書、卷，頁 2263。

〔註168〕《史記》，卷一百六，〈吳王濞列傳第四十六〉，頁 2825。

〔註169〕《漢書》，卷四十九，〈爰盎鼂錯傳第十九〉，頁 2277，云：「錯爲人陗直刻深。」表現出其有法家者流的氣息。

御史大夫時，請求景帝削吳二郡；並以諸侯王的種種罪過，削其旁郡、支郡，又更動令三十章，造成諸侯王憤怒不已，逐漸醞釀出中央與諸侯王之間的火藥味。〔註170〕景帝前元三年（西元前 154 年），爆發吳、楚「七國之亂」。

七國之亂在短短的七個月被完全平定，這是因爲文帝時的「齊分爲七，淮南分爲三」起來作用，因爲原本要參加叛亂的齊王劉將閭，後來反悔，堅守城池，造成其他四王，濟南王劉辟光、甾川王劉賢、膠西王劉卬、膠東王劉雄渠的兵力陷於齊地。又「以親制疏」的政策下梁國發揮阻擋叛軍吳、楚的主力，實際上是一種「以諸侯王攻諸侯王的策略」，〔註171〕也展現出文帝與賈誼的遠見。景帝此後並繼續文帝的「眾建諸侯少其力之策」，因此景帝時期最高總共有二十六的之諸侯國。〔註172〕

（二）恢復關禁及「馬弩關」政策

張家山漢簡《二年律令·津關令》中有禁止黃金、銅、馬匹出關的令文，代表此政策最遲至呂后二年（西元前 186 年）開始，有人認爲在「漢高祖八年到十年（西元 199～197）之間」，〔註173〕也有人主張「高祖二年（西元前 205 年），楚漢相爭時期就開始」。〔註174〕二說都各有其依據，不過總而言之，應該在高祖時期就已經開始是無疑問的。

這樣的政策到了文帝前元十二年（西元前 168 年）「除關無用傳」後，代表關禁解除，使人民可以較自由，無限制的來往關中與關東。可是好景不長，景帝前元三年（西元前 154 年）因爲「削藩政策」，爆發大規模的諸侯王叛亂，使得漢中央考慮再度恢復關禁，以作爲非常時期的防備措施，於是解禁十六年後的景帝前元四年（西元前 153 年），「復置諸關用傳出入」及進一步於中

〔註170〕《漢書》，卷四十九，〈爰盎鼂錯傳第十九〉，頁 2300。又《漢書》，卷三十五，〈荊燕吳傳第五〉，頁 1906，云：「（景帝前元）三年（西元前 154 年）冬，楚王來朝，錯因言楚王戊往年爲薄太后服，私姦服舍，請誅之。詔赦，削東海郡。及前二年，趙王有罪，削常山郡。膠西王卬以賣爵事有姦，削其六縣。」

〔註171〕《漢書》，卷四十七，〈文三王傳第十七〉，頁 2208，云：「吳、楚、齊、趙七國反，先擊梁棘壁，殺數萬人。梁王城守睢陽，而使韓安國、張羽等爲將軍以距吳、楚。吳、楚以梁爲限，不敢過而西，與太尉亞夫等相距三月。吳、楚破，而梁所殺虜略與漢中分。」

〔註172〕柳春藩，《秦漢封國食邑賜爵制》，頁 61。

〔註173〕龔留柱，〈論張家山漢簡《津關令》之「禁馬出關」——兼與陳偉先生商榷〉，《史學月刊》，2004 年第 11 期，頁 25。

〔註174〕陳蓓，〈漢初「禁馬出關」辨析〉，《陰山學刊》，2007 年第 20 卷第 4 期，頁 49。

元四年（西元前 146 年），「御史大夫（衛）縮奏禁馬高五尺九寸以上，齒未平，不得出關。」〔註175〕一直要到昭帝始元五年（西元前 82 年），「罷天下亭母馬及馬弩關」，〔註176〕約六十餘年才廢止這項規定。

圖4～1　吳楚七國之亂諸侯王關係圖

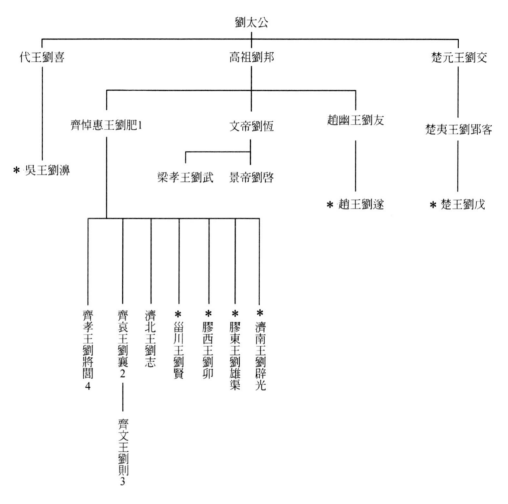

資料出處：《漢書》，卷十四，〈諸侯王表第二〉。＊代表實際參加叛亂的七國。1～4
　　　　　為齊王繼承順序，因文帝前元十六年（西元前 164 年）文王則絕嗣，文帝
　　　　　因而分其國為六國，楊虛侯劉將閭嗣為齊王。

〔註175〕《漢書》，卷五，〈景帝紀第五〉，頁 143 及 147。
〔註176〕《漢書》，卷七，〈昭帝紀第七〉，頁 222。下孟康曰：「舊馬高五尺六寸齒未平，弩十石，皆不得出關，今不禁。」

從整體來看兩次關禁內容不同，目的也有所不同。前已討論《二年律令‧津關令》主要禁止黃金、馬匹等，沒有兵器「弩」，其目的主要是防止漢中央自身力量的流失，其次才是防止物資流到諸侯王國去，因為漢初馬匹缺少，不願再減少其數量；景帝到昭帝初年的「馬弩關」政策，主要是禁止戰略物資，如戰馬、十石弩，其目的則是因為漢中央實力已經充足，但不希望這些戰馬和兵器落入諸侯王國的手上，成為其反叛的力量。為何會有這樣的轉變，原因很可能是七國之亂初始時，出現超出景帝預期的反抗勢力，從後來景帝殺鼂錯以謝諸侯，欲息事寧人來看，景帝曾慌了手腳。所以平定七國之亂後，為了能繼續推動其它收回諸侯王權力的政策時，防止可能再度激發叛亂的可能性，因而作出恢復關禁及規定禁止戰略物資、兵器等出關的「馬弩關」政策。

（三）收回諸侯王的治民權、軍事權與縮減、變更諸侯王官制

漢初諸侯王政治上有統治權及置吏權，其實兩者也可視為一體。七國之亂約十年後，景帝中元五年（西元前 145 年），「令諸侯王不得復治國，天子為置吏，改丞相曰相，省御史大夫、廷尉、少府、宗正、博士官，大夫、謁者、郎諸官長丞皆損其員。」〔註177〕這種手段就如同《二年律令‧置吏律》中限制諸侯王的後宮建制與區別諸侯王女稱翁主而非公主。上引文為《漢書‧百官公卿表》的陳述，但查《漢書‧景帝紀》省御史大夫等官應該是在中元三年（西元前 147 年）十一月，屬於縮減王國官制的部分；改丞相曰相才是在中元五年（西元前 145 年），此為變更官名的部分，也應該是在此後令諸侯王不再擁有治國的權力，如此幾乎把諸侯王政治上的權力取消了。陳蘇鎮云：

> 王國二千石官改由中央任免並非始於景帝而是自文帝初年已然，景帝所「奪」的可能是言諸侯王對其他品秩更低的官吏自置權，從而諸侯王基本喪失了治民權。〔註178〕

前已論到文帝時可能剝奪諸侯王對其王國二千石官的任命權，這是值得肯定的，不過是否是全部二千石官的任命權，則是有待商榷。因為楚王劉戊反叛時，反對者只有楚國太傅、丞相兩人，其它楚國官員如中衛、內史等並沒有發言，這些人可能是由楚王劉戊所任命，可以反證文帝時所奪的王國二千石

〔註177〕《漢書》，卷十九上，〈百官公卿表第九上〉，頁 741。
〔註178〕陳蘇鎮，《漢代政治與春秋學》，（北京：中國廣播電視出版社，2001 年 3 月第 1 版），頁 86。

官任命權，不一定包含全部二千石官在內。所以應該還是要到景帝中五年（西元前 145 年）時，諸侯王才算基本被剝奪「統治權」。同時王國中最高武職中尉也由中央命，因此諸侯王的軍事上的權力也被奪所，只剩經濟上的權力了。

三、武帝時期對諸侯王的政策

經歷文帝與景帝的努力，武帝時諸侯王的勢力與力量均與漢初連城數十、地跨數郡的時候來的天差地遠。基本上諸侯王土地過制的部分，經過文帝「析藩」與景帝「削藩」、「析藩」，大多小於一郡之地了。而且諸侯王的「統治權」基本上被取消，此時武帝又進一步取消諸侯王對其王國的所有置吏權。陳蘇鎮認爲「武帝又進一步剝奪了諸侯王全部的置吏權。」〔註 179〕而本文認爲武帝以後諸侯王仍有極小部分置吏權，但至此諸侯王政治上的權勢消失，劉邦說的諸侯王「皆自置吏」正式走入歷史是無疑問的事實。可是，武帝爲一個有作爲的君主，雖然諸侯王的問題，大致已經解決，不過其仍然有更進一步剝奪諸侯王權力的作爲。

（一）推恩眾建政策

武帝推恩令，基本上是由主父偃提出，其云：

> 古者諸侯地不百里，彊弱之形易制。今諸侯或連城數十，地方千里，緩則驕奢易爲淫亂；急則阻其彊而合縱以逆京師。今以法割削，則逆節萌起，前日朝錯是也。今諸侯子弟或十數，而適嗣代立，餘雖骨肉，無尺地之封，則仁孝之道不宣。願陛下令諸侯得推恩分封子弟，以地侯之。彼人人喜得所願，上以德施，實分其國，必稍自銷弱矣。〔註 180〕

主父偃之論前半段是文景時期的諸侯王，後半段則有承襲賈誼理論的意味。只是賈誼的「眾建諸侯」的諸侯只的是諸侯王，現在主父偃所提倡的則是令諸侯王割其地封子弟爲列侯。推恩眾建是皇帝以「恩德」的方式，允許諸侯王將部分土地割出，再請皇帝封其非繼承者的其他子弟爲列侯，這是一種相當高明的蠶食諸侯土地的方法。〔註 181〕

〔註 179〕同前注，引書，頁 86～87。
〔註 180〕《漢書》，卷六十四上，〈嚴朱吾丘主父嚴終王賈傳第三十四上〉，頁 2802。
〔註 181〕廖伯源，〈封建與郡縣〉，收入於戴晉新編《中國上古秦漢學會通訊〔第五

　　武帝據主父偃的建議，於是於元朔二年正月（西元前 127 年），下詔曰：
「梁王、城陽王親慈同生，願以邑分弟，其許之。諸侯王請與子弟邑者，朕
將親覽，使有列位焉。」〔註182〕又《漢書‧王子侯表》云：「制詔御史：『諸
侯王或欲推恩分封子弟邑者，令各條上，朕且臨定其號名。』自是支庶畢侯
矣。」〔註183〕又進一步討論，雖然王子侯的封地屬漢郡，達到縮小諸侯王土
地的目的，但其稅賦仍然屬於王子侯所有，非漢中央。因此武帝封諸侯王弟
爲侯後，再運用各種罪名將其除國，如酎金罪等，直接將其稅收歸屬漢中央，
此可能與武帝時年年對外征伐，導致財政困竭有關。〔註184〕武帝時酎金律與
推恩眾建，即是因政治、經濟的因素下成爲互相配合的措施。所以推恩令開
始後不久，武帝元鼎五年九月（西元前 112 年），「列侯坐獻黃金酎祭宗廟不如
法奪爵一百六人」。〔註185〕

　　所謂「酎祭」，指《漢儀》云：「酎金律，文帝所加，以正月旦作酒，八
月成，名酎酒。因合諸侯助祭貢金。」〔註186〕又《漢舊儀》云：

　　　侯、王歲以戶口酎黃金，獻於漢廟，皇帝臨受獻金以助祭。大祠曰

　　　飲酎，飲酎受金，小不如斤兩，色惡，王奪戶，侯免國。〔註187〕

可見酎祭制度遠在文帝時就已經制定了，爲何在武帝時，並且皆在同一年發
生大規模「獻黃金酎祭宗廟不如法」的事件，而遍觀《史記》、《漢書》也只
有這一次，不禁令人聯想武帝是否有所預謀，據董平均的統計，武帝時分封
的王子侯有 178 位，因坐武帝元鼎五年（西元前 112 年）酎金律之罪的就高達

期〕》，（台北：上古秦漢學會，民國 94 年 9 月），頁 74，云：「推恩分封之
　　策所以有效分割諸侯王之領土，蓋不知何時始，王國內已無侯國。侯國如縣
　　一般，爲郡太守之下之下一級行政區劃。當諸侯分其一縣作爲其子之侯國，
　　此新侯國即不復隸屬於王國，而在行政上別屬於旁邊一郡。」因此每當諸侯
　　王請求皇帝封其子爲列侯時，其地不再屬於王國，諸侯王的領地自然就會減
　　少、縮小。

〔註182〕《漢書》，卷六，〈武帝紀第六〉，頁 170。
〔註183〕《漢書》，卷十五上，〈王子侯表第三上〉，頁 427。
〔註184〕《漢書》，卷二十四下，〈食貨志第四下〉，頁 1159，云：「衛青比歲十餘萬眾
　　擊胡，斬捕首虜之士受賜黃金二十餘萬斤，而漢軍士馬死者十餘萬，兵甲轉漕
　　之費不與焉。於是大司農陳臧錢經用，賦稅既竭，不足以奉戰士。」在此可以
　　看到武帝時，連連戰事後，戰爭的花費與犒賞將士，造成財政困竭之一端。
〔註185〕《漢書》，卷六，〈武帝紀第六〉，頁 187。
〔註186〕丁孚，《漢儀》，孫星衍輯，周天游典校，《漢官六種》，頁 218。
〔註187〕衛宏，《漢舊儀》，卷下，孫星衍輯，周天游典校，《漢官六種》，頁 80。

64 位，達到三分之一以上，若以武帝時期因「酎金罪」除侯者，還有南蠻侯劉佗。[註188]

所以推恩令就像一場政治陰謀，本打著仁孝的旗號，實包藏禍心，被封爲列侯的諸侯王子弟，有一大部分的人最後還是淪落爲平民一樣，究其到底這些人也是當時政治上的犧牲品。

（二）進一步變更王國官制與剝奪諸侯王經濟上的權力

景帝中元五年（西元前 145 年），已經基本收回諸侯王的統治權，武帝時「改內史爲京兆尹，中尉爲執金吾，郎中令爲光祿勳，故王國如故。損其郎中令秩，秩千石；改太僕爲僕，秩亦千石。」[註189] 前已論及，此亦是源自《二年律令·置吏律》中區別皇帝女與諸侯王女名稱的辦法，是一種要改變或修正「一用漢法」的原則，所以武帝改變部分官職的名稱，而王國同樣的官職名稱不變，還有降低諸侯王官的品秩，因爲從《二年律令·秩律》中可以看出漢初的中央官和王國官的品秩大致相同，所以是一方面打壓諸侯王官的地位，另一方面提高中央官的地位，以官職相同，但地位不同的效果。

而《續漢書·百官志》所云：「改內史、中尉、郎中令之名，而王國如故，員職皆朝廷爲署，不得自置。」[註190] 此指王國的內史、中尉、郎中令等官職由朝廷署置，但武帝以後諸侯王仍保留一小部分的置吏權，前已論及，只是這時的諸侯王已無涉及統治權了。

武帝因爲長年四方用兵，造成財政困乏，所以開始開闢財源。在其財政改革上，以「鹽鐵專賣」，對於諸侯王的影響最大，因爲諸侯王的財富大致有兩類，一爲田租和人口稅，一種爲自然資源的收入，通常後者會比前者還要多，所以武帝將鹽鐵的資源奪回由中央專門管理，取消諸侯王對鹽鐵的管理權，一是對於諸侯王造成莫大的打擊，二是增加國家的收入，眞是一舉兩得。再者，文帝五年四月「除盜鑄錢令。」[註191] 後諸侯王可以大大方方的鑄錢，雖然在此以前就有諸侯王進行盜鑄的活動，可是在此之後是合法的，只要有

〔註188〕董平均，《出土秦律漢律所見封君食邑制度研究》，頁 261。據《漢書》，卷十五上，〈王子侯表第三上〉，頁 477，南蠻侯佗條，「征和二年（西元前 91 年），坐酎金免。」也是在武帝時期因酎金不法被免侯，但不在元鼎五年（西元前112 年）之列。

〔註189〕《漢書》，卷十九上，〈百官公卿表第七上〉，頁 741。

〔註190〕司馬彪，《續漢書》，志第二十八，〈百官志五〉，頁 3627。

〔註191〕《漢書》，卷四，〈文帝紀第四〉，頁 121。

能力，連人民都可以鑄錢。但武帝元鼎五年（西元前 112 年）「罷行半兩，行五銖錢。」〔註192〕《史記‧平準書》云：

　　是歲（元鼎三年，西元前 114 年）張湯死，而民不思。其後二歲（元
　　鼎五年，西元前 112 年）赤側錢賤，民巧法用之，不便，又廢。於
　　是悉禁郡國無鑄錢，專令上林三官鑄。〔註193〕

因此武帝元鼎五年（西元前 112 年）後鑄錢爲中央專屬的權力，引文的「郡國」自然包括諸侯王國在內。所以諸侯王經濟上的權力至武帝時被剝奪只剩田租和人口稅，成爲只能「衣食租稅」的諸侯王了。

（三）附益阿黨之法與左官之律的訂定

《漢書‧高五王傳》贊云：「自吳楚誅以後，稍奪諸侯權，左官附益阿黨之法設。其後諸侯王唯得衣食租稅，貧者或乘牛車。」〔註194〕又《漢書‧諸侯王表》云：「武有衡山、淮南之謀，作左官之律，設附益之法，諸侯惟得衣食租稅，不與政事。」〔註195〕綜觀而知，附益阿黨之法、左官之律都是在武帝時期制定的，其目的還是在打壓諸侯王。

附益阿黨之法，其中的「阿黨」的部分，應該是針對有些諸侯王養了很多賓客，這些賓客可能是來自社會上各式各樣的階層，簡而言之，就是中央的皇帝不喜歡諸侯王聚眾。舉淮南王劉安爲例，史載云：

　　淮南王安爲人好書，鼓琴，不喜弋獵狗馬馳騁，亦欲以行陰德拊循百
　　姓，流名譽。招致賓客方術之士數千人，作爲《内書》二十一篇，《外
　　書》甚眾，又有《中篇》八卷，言神仙黃白之術，亦二十餘萬言。時
　　武帝方好藝文，以安屬爲諸父，辯博善爲文辭，甚尊重之。〔註196〕

淮南王劉安賓客眾多，自然成爲一股勢力，縱然自身不想謀反，也會受到天子的猜忌。因此雖言武帝「尊重」劉安，其實應該是疑心病勝過尊重吧！所以會有禁止阿黨諸侯王的限制。

至於「附益」的部分，《漢書‧諸侯王表》中「設附益之法」注引張晏曰：「律鄭氏說，封諸侯王過限曰附益。或曰阿媚王侯，有重法也。」師古曰：「附

〔註192〕《漢書》，卷六，〈武帝紀第六〉，頁 179。
〔註193〕《史記》，卷三十，〈平準書第八〉，頁 1434～1435。
〔註194〕《漢書》，卷三十八，〈高五王傳第八〉，頁 2002。
〔註195〕《漢書》，卷十四，〈諸侯王表第二〉，頁 395。
〔註196〕《漢書》，卷四十四，〈淮南衡山濟北王傳第十四〉，頁 2145。

益者，蓋取孔子云：『求也爲之聚斂而附益之』之義，皆背正法而厚於私家也。」
〔註197〕簡單的來看，就是凡是官吏，無論中央官、郡縣官，還是諸侯王國官，
遇到跟諸侯王有關的事情，不能因私情與諸侯王請託，而違背法律的規定，
給諸侯王過於正常，或法度內的利益。

　　「左官之律」是用來區別漢官與諸侯王官政治地位的一種法律，換言之，
就是諸侯王官的政治地位低於漢官，而諸侯王官爲左，應該是中國人尙右的
思想有關係。所以柳春藩云：

> 作「左官律」的目的是限制諸侯王勢力的發展，並不是歧視諸侯王
> 官員本身。也不是限制諸侯王國官吏的仕途，因爲武帝時期王國的
> 重要官員都是由中央任免的。〔註198〕

所以武帝設附益阿黨之法與左官之律，是對諸侯王剩餘無幾的權勢，作最後
奪取。尤其是阿黨之法，連諸侯王招致賓客的權利也要加以剝奪，使諸侯王
只能整天無所事事。又《漢書・景十三王傳》贊云：「漢興，至於平帝，諸
侯王以百數，率多驕淫失道，何則？沈溺放恣之中，居勢使然。」〔註199〕
此論只對一半，若綜觀整個前漢，自景武之後的諸侯王「驕淫」，有很大的
原因是諸侯王沒有權力，因此只能在自己的王宮中爲胡作非爲，以滿足內心
的空虛。

　　漢初諸侯王在其王國內擁有政治、經濟、軍事等權力，對漢中央來說是
相當具有獨立性的存在。所以漢中央不可能沒有防備諸侯王的想法，從張家
山漢簡《二年律令》的出土，其中有豐富的資料，可以進一步探究漢中央與
諸侯王的關係，二者即是由「法律」作爲紐帶維繫君臣的關係。並且以《二
年律令》與《史記》、《漢書》作綜合研究，在漢初到文景武對於諸侯王的政
策，呈現由「消極且被動的」政策到「積極且主動的」政策改變。

　　消極政策主要是防止中央自身力量的流失，諸侯王勢力並不會因此而有明
顯的削弱，因爲其自身擁有足以自我壯大的資源；積極政策主要是透過收回土
地、剝奪政治、軍事上完全的權力與經濟上部分權力、立法限制官民與諸侯王
有親密的往來等等，如此才能讓諸侯王的勢力的發展受到限制，甚至萎縮到讓
諸侯王成爲孤伶伶的一個人，根本無法對抗中央，更遑論叛亂謀反了。

〔註197〕《漢書》，卷十四，〈諸侯王表第二〉，頁396。
〔註198〕柳春藩，《秦漢封國食邑賜爵制》，頁64。
〔註199〕《漢書》，卷五十三，〈景十三王傳第二十三〉，頁2436。

　　在這一個轉變過程中，可以反映出惠帝、呂后時期因為皇權低落與不彰、統治集團內部分歧的情況。所以這段時間對於諸侯王的政策沒辦法轉變，一直到文帝以後，中央集權的進程，才繼續前進。到武帝時可以說諸侯王對中央的威脅問題完全解決，達到中央集權的高點。

第五章 《二年律令》與漢初的軍功功臣

第一節 二十等爵制下的田宅授與和軍功功臣

漢高祖五年（西元前 202 年）十二月，漢王劉邦消滅西楚霸王項羽，自秦末群雄並起至楚漢相爭的分裂局面歸於統一，同年二月甲午劉邦於汜水之陽即位為皇帝。劉邦所以能夠坐上皇帝這個位子，是藉由許多人的力量達成，包括當時因形勢不得不封的異姓諸侯王和一批跟隨劉邦豐沛反秦起義到消滅項羽的「軍功功臣」，[註48] 但軍功功臣並不僅僅只是見於《史記》、《漢書》的蕭何、張良、周勃等人而已，還有一群不載於史冊的中、低軍官與士兵。而蕭何、張良、周勃等或運籌帷幄，或指揮軍隊，或鎮國撫民，[註1] 另外在戰場上擔任攻堅任務的則是中、低軍官和士兵，所以蕭何、張良、周勃等為漢朝開國功臣，中、低軍官與士兵當然也是建立漢朝的功臣。

〔註48〕 李開元將建立漢朝的集團稱為「劉邦集團」、「軍功受益階層」，並且以地域構成的概念將其大致分為豐沛元從集團、碭泗楚人集團、秦人集團、多國合縱集團。且云：「劉邦集團之地域構成乃呈現出一種同心圓的結構，碭泗楚人集團為中心，以蜀漢關中之秦人集團為中堅，以多國合縱集團之其他諸侯王國人為外圍，而豐沛元從集團，乃居於中心之中的核心。……豐沛元從集團居於頂層，碭泗楚人集團支撐於其下，再下，分別是關中秦人集團和多國合縱集團。」見李開元，《漢帝國的建立與劉邦集團——軍功受益階層研究》，頁175～176。本論文則將這些人稱為「軍功功臣」，因為不論其為何地之人，從將領到士兵，都為劉邦建立漢朝在軍事上作出奉獻，畢竟漢朝天下是「馬上得之」，因此這些人都算是立有軍功的漢朝功臣。

〔註1〕 《史記》，卷八，〈高祖本紀第八〉，頁381，劉邦曾云：「夫運籌策帷帳之中，決勝於千里之外，吾不如子房。鎮國家，撫百姓，給饋饟，不絕糧道，吾不如蕭何。連百萬之軍，戰必勝，攻必取，吾不如韓信。」說明軍功功臣中擁有各式各樣的人才，有的行謀略、有的為後勤、有的領兵作戰。

　　劉邦對於這些幫助他得到天下的人，給予相應的利益，且自認為對其無所虧欠，曾云：

> 吾立為天子，帝有天下，十二年于今矣。與天下賢大夫共定天下，同安輯之。其有功者上致之王，次為列侯，下乃食邑。而重臣之親，或為列侯，皆令自置吏，得賦斂，女子公主。為列侯食邑者，皆佩之印，賜大第室。吏兩千石，徙之長安，受小第室。入蜀漢定三秦者，皆世世復。吾於天下賢士功臣，可謂無負矣。〔註2〕

劉邦所言不差，有上功為異姓諸侯王者，因其本身威脅到漢朝的統治而多已被誅除。列侯者多以領導階層封侯，因為一般士兵與低階軍官除非有特別突出的軍功，否則是不可能被封為列侯。漢初的列侯擁有相當大的權力、利益，除了可以建有封國，在封國內享有統治權、置吏權及賦稅權外，其在漢初亦是一群掌控政權的統治族群，〔註3〕這部分前人研究頗多，所以在此則先討論一般軍官、士兵，其為漢朝建立軍功因而享有哪些權益。

　　上引文提到「入蜀漢定三秦者」，說明了包含一般士兵在內，劉邦亦將其算入共定天下的人，所以能擁有世世代代的免除賦稅的權利。值得注意，此言是否包括僅參與楚漢戰爭時期的士兵，若無則是對於跟其入蜀定三秦的軍士的優待。而能夠涵蓋從劉邦豐沛起義到滅項羽的所有軍士的利益為高祖五年（西元前202年）五月詔書。其前提背景就是天下統一，「兵皆罷歸家」。〔註4〕詔書內容云：

> 諸侯子在關中者，復之十二歲，其歸者半之。民前或相聚保山澤，不書名數，今天下已定，令各歸其縣，復故爵田宅。……軍吏卒會赦，其無罪而亡爵及不滿大夫者，皆賜爵為大夫。故大夫以上賜爵各一級，其七大夫（案：即二十等爵中第七等爵，公大夫）以上，

〔註2〕　《漢書》，卷一下，〈高帝紀第一下〉，頁78。
〔註3〕　芮和蒸，〈論呂后專政與諸呂事件〉，《國立政治大學學報》，第20期，頁245，云：「至言此一『諸呂事件』對實際政治所發生之衝激作用，則尤為強烈，不僅使周勃、陳平輩成為當時支配漢廷政局之強有力之領袖人物，而且強化漢初軍功臣執政之『列侯政治』之特殊態勢。」廖伯源，〈試論西漢時期列侯與政治關係〉，《新亞學報》，第14卷，頁123，云：「漢初功臣列侯集團……他們在高祖、惠帝、高后時及文帝之初年為領兵將領，政府官吏之主要人選，百餘人聚居京師，外派者則為郡國守相。同功一體，利益與共，可謂漢初勢力強大的政治集團。」
〔註4〕　《漢書》，卷一下，〈高帝紀第一下〉，頁54。

皆令食邑，非七大夫以下，皆復其身及戶，勿事。〔註5〕

又云：

> 七大夫、公乘以上，皆高爵也。諸侯子及從軍歸者，甚多高爵，吾
> 數詔吏先與田宅，及所求當於吏者，亟與。爵或人君，上所尊禮，
> 久立吏前，曾爲不決，甚亡謂者。異日秦民爵公大夫以上，令丞與
> 亢禮。今吾爵非輕也，吏獨安取此！且法以有功勞行田宅，今小吏
> 未嘗從軍者多滿，而有功者顧不得，……〔註6〕

因爲戰爭結束，天下歸於安定，不需要龐大的軍隊，〔註7〕所以漢高祖劉邦進
行復員的工作，可是若僅僅將其放回鄉里，有些人戎馬一生，復員等同失業，
經濟上頓失依靠或淪爲盜賊，成爲社會問題，因此「以有功勞行田宅」，就是
論其功勞的大或小，授與多或少的田地與宅地，令其經濟上、生活上有保障，
甚至擁有七大夫（公大夫）爵的人可以有食邑，可以看到劉邦對復員士兵的
優待。另外，加上兵荒馬亂七、八年，人民流離失所，所以使流民「各歸其
縣，復故爵田宅」，讓社會生產恢復，社會秩序回到正軌。

　　而「復故爵田宅」與「法以有功勞行田宅」的根據是哪種爵制、何種法
律呢？首先，「故爵」即是秦代的二十等爵制，〔註8〕而秦代的二十等爵制是
從戰國時期秦國商鞅變法，爲鼓勵人民積極從事耕、戰，建立事功、軍功的
爵制，並且漢代也非一成不變的承襲，仍有所變革。〔註9〕再來，「法以有功
勞行田宅」的淵源亦可溯及商鞅變法，《商君書・境內》云：「能得爵（蔣禮
鴻注：王時潤曰：『爵當依崇文本作甲。』）首一者，賞爵一級，益田一頃，
益宅九畝，一除庶子一人，乃得人兵官之吏。」〔註10〕又《史記・商君列傳》

〔註5〕　同前注，引書、卷、頁。
〔註6〕　同前注，引書、卷、頁。
〔註7〕　根據李開元研究劉邦打敗項羽，建立漢朝時的軍隊約六十萬人以上，連同家
　　　　屬約有三百萬以上，占當時人約人口百分之二十。見李開元，《漢帝國的建立與
　　　　劉邦集團——軍功受益階層研究》，頁240。
〔註8〕　董平均，《出土秦律漢律所見封君食邑制度研究》，頁133，云：「漢高祖五年
　　　　（公元前202年），劉邦發布『復故爵田宅』的詔令，恢復秦代爵制秩序及相
　　　　應制度，標誌劉邦廢除楚爵制，正式實行以二十等爵爲藍本的秦爵，完成『漢
　　　　承秦制』的歷史變化。」
〔註9〕　朱紹侯，《軍功爵制研究》，頁34，云：「漢代並沒有照搬秦的軍功爵制，而是
　　　　有因有革，實際上秦的軍功爵制也不是一成不變的，而是有一個長時期形成
　　　　和發展的過程。」
〔註10〕商鞅著，蔣禮鴻集注，《商君書錐指》，卷五，〈境內第十九〉，頁119。

云:「明尊卑爵秩等級,各以差次名田宅,臣妾衣服以家次。有功者顯榮,無功者雖富貴無所芬華。」〔註11〕

　　綜合上述兩段史料,當時每個人的尊卑是由爵的等級來判定,在戰場上殺敵斬一首級,可得一級爵位,每一級爵位又可以分到一頃田地、九畝宅地、一個庶子,〔註12〕其田地、宅地的大小,家屬的服飾也依據爵位高低決定。所以商鞅變法時將爵制與賜田宅結合在一起,〔註13〕並形成一種身分等級的社會,〔註14〕也伴隨著擁有一定的經濟利益。朱紹侯云:「在劉邦的詔令（高祖五年五月詔）中,可以看出漢初對於按軍功爵級的高低,授與不同數量的土地和食邑制度是很重視的。」因此商鞅變法時期爵制與授田宅成為互相關聯的制度,且在漢初被劉邦所承襲。〔註15〕可惜詔書只說以功勞來授與田宅,並沒有詳細說明每個爵級所可得田地、宅地實際的大小。

　　張家山漢簡中的《二年律令》有一些資料可以了解漢初以二十等爵制來授與田宅的相關規定,其中《戶律》詳細記錄了每個爵級所能授與的田地、宅地的數量,其云:

> 關內侯九十五頃,大庶長九十頃,駟車庶長八十八頃,大上造八十六頃,少上造八十四頃,右更八十二頃,中更八十頃,左更七十八頃,右庶長七十六頃,左庶長七十四頃,五大夫二十五頃,公乘二十頃,公大夫九頃,官大夫七頃,大夫五頃,不更四頃,簪裊三頃,上造二頃,公士一頃半頃,公卒、士五（伍）、庶人各一頃,司寇、隱官各五十畝。不幸死者,令其後先擇田,乃行其餘。它子男欲為

〔註11〕《史記》,卷六十八,〈商君列傳第八〉,頁2230。

〔註12〕關於「除庶子」的解釋商鞅著,蔣禮鴻集注,《商君書錐指》,卷五,〈境內第十九〉,頁114,云:「其有爵者乞無爵者以為庶子,級乞一人。其無役事也,其庶子役其大夫,月六日。其役事也,隨而養之軍。」柳春藩,《秦漢封國食邑賜爵制》,頁16,云:「『庶子』屬於依附農民,他們平時每月要為主人服役六天,有事時則隨時供驅使,類似地主、官僚家中的奴僕。」

〔註13〕朱紹侯,《軍功爵制研究》,頁143,云:「把軍功爵制與名田制聯繫在一起,并作為一統一的制度而確定下來的,是從商鞅變法時解決的。」

〔註14〕廖伯源,〈漢代爵位制度試釋（下篇）〉,《新亞學報》,第12卷,頁197,云:「爵位制度是身分之等級制度,可崇高受爵者之身分地位。」西嶋定生著,武尚清譯,《中國古代帝國的形成與結構——二十等爵制研究》,頁553,云:「由於賜爵而規定了身分,而在社會生活中兌現的這種身份的具體表現,就是有爵者的特權。」

〔註15〕朱紹侯,《軍功爵制研究》,頁149。

戶者，以爲其□田予之。其已先爲戶而無田宅，田宅不盈，得以盈。
宅不比，不得。〔註16〕

又云：

宅之大方卅步。徹侯受百五宅，關內侯九十五宅，大庶長九十宅，
駟車庶長八十八宅，大上造八十六宅，少上造八十四宅，右更八十
二宅，中更八十宅，左更七十八宅，右庶長七十六宅，左庶長七十
四宅，五大夫二十五宅，公乘二十宅，公大夫九宅，官大夫七宅，
大夫五宅，不更四宅，簪裊三宅，上造二宅，公士一宅半宅，公卒、
士五（伍）、庶人一宅，司寇、隱官半宅。欲爲戶者，許之。〔註17〕

上引兩條資料，一爲爵等與田地大小的規定，一爲爵等與宅地大小的規定，
〔註18〕這與高祖五年詔所言「法律」以功勞來給與復員士兵田宅的詔令是有
關係的，所以是非常值得注意的資料，應該是高祖所言的「法律」的細節規
定，即如何以爵等授與田宅的規定。〔註19〕至於爲何徹侯只有宅地的規定，
而無田地的規定？應該是徹侯有封地，〔註20〕自成一國，可以在封國裡收田

〔註16〕 張家山二四七號漢墓竹簡整理小組，《張家山漢墓竹簡〔二四七號墓〕（釋文
修訂本）》，《二年律令·戶律》，簡310～313，頁52。

〔註17〕 同前注，引書，簡314～316，52頁。

〔註18〕 據楊振紅計算，「一宅」的大小爲漢代九小畝的面積，即爲1713.96平方米（公
尺），見楊振紅，〈秦漢「名田宅制」說——從張家山漢簡看戰國秦漢的土地
制度〉，《中國史研究》，2003年第3期，頁50。

〔註19〕 高敏，〈《張家山漢墓竹簡·二年律令》中諸律的制作年代試探——讀《張家山
漢墓竹簡·二年律令》札記之四〉，《秦漢魏晉南北朝史論稿》，（北京：中國社
會科學出版社，2004年7月第1版），頁149，云：「《二年律令》中的《戶律》
的製作和適用年代應當是上起高祖五年五月詔時的漢律。」朱紹侯，〈呂后二
年賜田宅制度試探——《二年律令》與軍功爵制研究之二〉，《史學月刊》，2002
年第12期，頁16，云：「把《二年律令》中的賜田宅制與秦商鞅變法時的以軍
功爵賞賜田宅制、劉邦漢五年詔令中賜田宅制及漢武帝時的軍功爵賞賜制度作
了對比性的分析，發現他們之間都有某些關聯，但又各有不同……它只是呂后
當政時期制定的制度。」高敏認爲《戶律》的制定上限是高祖五年五月，與當
時所下以爵授田宅詔令有直接關聯。朱紹侯則認爲《戶律》是呂后時期制定，
也不否認《戶律》與高祖五年詔有關聯。但是高祖時期已有「法以功勞行田宅」
之語，如眞是呂后時期所制定，其也是根據高祖時期的法律規定加以修改，所
以《戶律》跟高祖五年五月詔有相當的關聯是值得肯定的。

〔註20〕 徹侯，爲二十等第二十級爵，後因避武帝諱，改稱列侯或通侯。《漢書》，
卷十九上，〈百官公卿表第七上〉，頁740，云：「徹侯金印紫綬，避武帝諱，
曰通侯，或曰列侯。」所以本文在此後皆以「列侯」來代替徹侯之名稱。

租賦稅，有足夠的經濟基礎，因此無授田的必要。

再者，《戶律》的兩條律文體現了高祖五年（西元前202年）五月詔的「以有功勞行田宅」與「七大夫、公乘以上，皆高爵」的精神，在《戶律》中從公乘到公大夫就差九頃與九宅，再往上五大夫與公乘差五頃五宅，而從第十級的左庶長更是拉大差距，比五大夫多四十九頃與四十九宅，即是以功勞大小授與，功大者多，功小者少。又田地、宅地授與的差距增大則從「公乘」開始，即與公乘以上為高爵吻合，而且越往上的高爵，所授田地、宅地數量越多。

表5～1 《二年律令・戶律》以二十等爵授田宅表

爵 級	爵名／爵等	田（頃）	宅
侯級爵	徹侯／20	無載	105
	關內侯／19	95	95
卿級爵〔註21〕	大庶長／18	90	90
	駟車庶長／17	88	88
	大上造／16	86	86
	少上造／15	84	84
	右更／14	82	82
	中更／13	80	80
	左更／12	78	78
	右庶長／11	76	76
	左庶長／10	74	74
大夫級爵	五大夫／9	25	25
	公乘／8	20	20
	公大夫／7	9	9
	官大夫／6	7	7
	大夫／5	5	5
小爵級爵	不更／4	4	4
	簪裏／3	3	3

〔註21〕 朱紹侯，〈西漢初年軍功爵制的等級劃分——《二年律令》與軍功爵制研究之一〉，《河南大學學報》（社會科學版），2002年第42卷第5期，頁100，云：「卿就是左庶長以上到大庶長九級爵位的總稱，這也就是卿爵等級的代稱。」

	上造／2	2	2
	公士／1	1.5	1.5
無爵	公卒、士五、庶人	1	1
輕刑犯者〔註22〕	司寇、隱官	0.5	0.5

資料出處：《張家山漢墓竹簡〔二四七號墓〕（釋文修訂本）》，《二年律令・戶律》，頁52；朱紹侯，〈西漢初年軍功爵制的等級劃分——《二年律令》與軍功爵制研究之一〉，《河南大學學報》，第42卷第5期；李均明，〈張家山漢簡所反映的二十等爵〉，《張家山漢簡《二年律令》研究文集》。

　　秦國、秦朝創立二十等爵制，是一種軍功爵制，其目的最主要是鼓勵人民勇於作戰，以達成統一天下的宿願，作為給人民的獎勵就是賜與爵位，得到爵位時便得到經濟利益，即擁有田地與宅地。漢高祖在反秦戰爭與楚漢戰爭也實行以軍功賜爵的制度，只是這中間有由楚爵到秦爵的變化，〔註23〕但是當時仍屬戰亂時期，無法穩定確保田宅授與，所以可能只是先賜與爵位，等到戰事相對穩定，如楚漢戰爭後期，才有施行田宅授與的可能性。因此劉邦在統一天下後，田宅的授與已經不能再拖延了，開始落實以二十等爵授與田宅的制度，而且還伴隨有急切、緊迫的感覺，所以在高祖五年（西元前202年）五月詔時，才會有「數詔」、「亟與」的措辭，似乎深怕有爵位者得不到應有的田宅，更在詔書中斥責沒有打過仗，無軍功的小吏田宅多以滿額，但是有軍功、爵位者卻都得不到應有的田宅了。

　　為何統一天下後的劉邦會如此緊張有爵位者得不到田宅，除了復員後，怕這群人因失去生活依靠，淪為盜賊外，主要是為了滿足跟隨他打天下的人的欲望，因為當時的人普遍有因時代之變而成「封侯之業」、「割地之業」的想法，

〔註22〕楊振紅，〈秦漢「名田宅制」說——從張家山漢簡看戰國秦漢的土地制度〉，《中國史研究》，2003年第3期，頁51，云：「處於這套制度最底層的是司寇、隱官，他們是受輕刑的沒有完全自由的罪犯，屬於半賤民。」

〔註23〕李開元，《漢帝國的建立與劉邦集團——軍功受益階層研究》，頁39，云：「（一）從秦二世元年九月沛縣起兵到漢元年四月漢中就國期間，劉邦集團從楚制，用楚爵。（二）漢元年四月以後，劉邦集團所頒賜的爵位中，楚爵不再出現。想來，其時劉邦集團所使用的爵制在制度上有了變化。」又頁42，云：「韓信於漢元年四月到八月間，於漢中被劉邦拜為大將，以最高軍職負起全面指揮漢軍的責任，由他整頓軍隊，重申軍法一事，最合情合理。……恰在此時，劉邦軍的軍功爵出現由楚制改為秦制的變化。」至於秦爵制的改變下限應為高祖五年五月，因其五年五月詔有「復故爵田宅」的詔令，而其恢復的故爵唯有秦爵，才能使全部的人民受惠，因為全國人民都曾為秦朝臣民。

〔註24〕可是天下有多大，並非人人可以封王、封侯，所以更要實行以軍功授田宅的制度，用田地、宅地等經濟利益來滿足未能封王、封侯的大多數人。

首先，以爵位授與田宅使其得到經濟上的利益，讓其能過著比一般庶民較好的生活，這是從物質上滿足其生活的基本需求；再者，從《二年律令‧戶律》中授田宅也包含一般無爵者，甚至是犯輕刑的人，且以一般無爵者爲基礎，〔註25〕讓有爵位者依其爵位高低授與不同數量的田地、宅地，使其有所區別，有爵者身分地位因此得到滿足，並突顯有爵位與無爵位及高爵跟低爵之間身分的差別。三者，高祖劉邦於六年（西元前201年）十二月甲申，始封曹參等爲列侯，〔註26〕這件事比高祖詔令「以功勞行田宅」還要晚一些，此爲劉邦對於爵位所帶來的經濟利益的保證積極的實現，這表現出其對所有軍功功臣的重視，亦是對其爵制的重視，讓所有軍功功臣對漢朝的爵位產生信任感。所以高祖五年（西元前202年）五月詔，有劉邦穩定基層士兵的信心，鞏固剛剛建立的漢朝政權的意圖，劉邦除了數次下詔以軍功授田宅外，在詔書中將不到大夫爵的軍吏卒的爵位一律提升到大夫，已經是大夫爵者則各往上加一級，還優待七（公）大夫爵以上者全部都可食邑，〔註27〕七（公）大夫爵以下給與免除自身與其家人的繇役，說明這群人亦是漢朝建國的大功臣。

而根據《二年律令‧戶律》的相關律文，在漢初，或呂后當時的以二十

〔註24〕《漢書》，卷三十二，〈張耳陳餘傳第二〉，頁1831。

〔註25〕《漢書》，卷二十四上，〈食貨志第四上〉，頁1125，云：「今一夫挾五口，治田百畮。」在戰國時代，一戶人家也是耕種百畝之地，即一頃地。從戰國到漢初，一個人生產能力應該不會有太大的變化。因此在《二年律令‧戶律》中一般無爵者授田亦是一頃，可推測其爲授與田地的基礎點，再以爵級高低，逐漸增加授與的數量。

〔註26〕《漢書》，卷一下，〈高帝紀第一下〉，頁60，云：「（六年十二月）甲申，始剖符封功臣曹參等爲通侯」《漢書》，卷十六，〈高惠高后文功臣表第四〉，頁531，平陽懿侯曹參條云：「六年十二月甲申封。」

〔註27〕《漢書》，卷一下，〈高帝紀第一下〉，頁54，云：「其七大夫以上，皆令食邑」臣瓚曰：「秦制，列侯乃得食邑，今七大夫以上皆食邑，所以優寵之也。」李開元，《漢帝國的建立與劉邦集團——軍功受益階層研究》，頁30，云：「就漢制一般而言，只有列侯、關內侯方有食邑，然而，西漢初年，非侯而食邑者也有。比如趙堯。」可見高祖五年五月詔是一種非常制的優賞。至於漢初七大夫以上食邑是否能世襲，因史料的缺乏不能得到確切的答案。柳春藩云：「在西漢初期，七級爵以上者都可以食邑，到中、後期，取消了高爵者的食邑特權，九級爵以上的高爵主要是享有免役權。」見柳春藩，《秦漢封國食邑賜爵制》，頁120。基本上漢朝中、後期取消高爵者食邑的特權，並不代表之前有食邑者要歸還食邑，也只能知道食邑的適用對象縮小了。

等爵授與田宅的制度，是以「戶」爲單位，前引《戶律》兩條律文中規定「它子男欲爲戶者，以爲其□田予之。其已先爲戶而無田宅，田宅不盈，得以盈。」及「欲爲戶者，許之。」說明當時田地、宅地授與是以「戶主爵位」來授與規定的數量，要繼承戶主的田地，則要先獨立成戶，但是宅地授與在成戶時就會授與，似乎沒有繼承問題。其它《戶律》律文云：

> □□廷歲不得以庶人律未受田宅者，鄉部以其爲戶先後次次編之，久爲右。久等，以爵先後。有籍縣官田宅，上其廷，令輒以次行之。〔註28〕

又云：

> 諸不爲戶，有田宅，附令人名，及爲人名田宅者，皆令以卒戌邊二歲，沒入田宅縣官。爲人名田，能先告，除其罪，有（又）畀之所名田，它如律令。〔註29〕

上引資料，再度證明當時以戶爲授與田宅單位，前一條是人民受田宅的原則，先以成戶爲首要條件，若成戶時間相同，再來以爵的高低爲授與先後的條件，符合以軍功行田宅的精神。後一條，是非爲戶，而將田宅依附在成戶的人家，是不被允許，雙方都將受處罰。但若能先告知縣官，不但除罪，還能得到之前受託依附的田宅。在此成戶、不成戶是爲能否有田宅的條件。

《二年律令・戶律》中田宅授與以成戶爲條件與當時的賜爵制度可以互相呼應，據西嶋定生的統計，非軍功賜爵，在文帝以前有五次賜民爵，惠帝時有二次、呂后時有一次，共八次，都是「賜民爵戶一級」。〔註30〕因此賜爵對象爲戶主，可能因呂后時期以前是要成戶才能受田宅，若非戶主而有爵位，則要獨立成戶，方可以得到田宅。文帝以後，轉爲「普賜男子」民爵，這樣的轉變西嶋定生認爲當時統治者的目的，是爲了讓每個編戶良民都進入爵制秩序中形成國家秩序，最後產生皇帝公權力支配結構。〔註31〕

所以普賜民爵後，爵已經非單單用以賞軍功而已，更成爲國家統治者得以控制人民的重要制度，其涵有更濃厚的政治意味。但是這樣的轉變勢必代

〔註28〕張家山二四七號漢墓竹簡整理小組，《張家山漢墓竹簡〔二四七號墓〕（釋文修訂本)》，《二年律令・戶律》，簡318，頁52。

〔註29〕同前注，引書，簡323～324，頁53。

〔註30〕西嶋定生著，武尚清譯，《中國古代帝國的形成與結構──二十等爵制研究》，頁151～154。

〔註31〕同前注，引書，頁449。

表著《二年律令・戶律》的規定可能要進行修改，以配合文帝以後的賜爵制度，例如于振波認為「文景時期，與名田制有關的諸多制度發生變化，這勢必影響到名田制的實施。」其中的一個制度就是「爵制」。〔註32〕楊振紅云：

> 文帝時期隨著對民田名有限制的廢止，授田存在的基礎也隨之被撤毀，因為既然沒有名田的標準，就不存在足與不足的問題，……影響文帝作出廢止這一制度的原因是什麼呢？賜爵的溢濫應該是一個重要原因。〔註33〕

許多學者皆認為文帝以後賜爵輕、濫，這是以賜爵應該是依功勞，如軍功、事功等原則賜與，文帝以後普賜民爵則破壞這樣的原則，此為一種觀點。可是，如以西嶋定生的觀點來看，賜爵制的改變是為了建立皇帝控制人民的一種媒介秩序，以此就不能說是賜爵的輕濫。只是這樣的改變，帶給以軍功授田宅的制度必然的改變罷了。

若以「名田宅制」〔註34〕實際施形情況來看，于振波認為《二年律令・戶律》授田宅制度，在當時社會中難以施行，其云：

> 不論是名田制，還是均田制，都是身分、等級占有田宅；……法律標準都只是一個限額，不是實授；都允許土地買賣，但都附加許多限制條件，不是自由買賣。〔註35〕

也有人認為可能局部施行，保障一部分人得到田宅，但一部分人根本無法得到田宅，王彥輝以前漢初年人口和墾田的比例及江陵鳳凰山 101 號漢墓簡牘「鄭里廩簿」二個觀點進行分析，其結論云：

> 漢初的名田宅制本質上主要是軍功受益制度，由其是小爵以上的人回到家鄉後，其應享受的待遇是有保障的，即使到呂后時期情況也

〔註32〕 于振波，〈張家山漢簡中的名田宅制及其在漢代實施情況〉，《中國史研究》，2004 年第 1 期，頁 33。

〔註33〕 楊振紅，〈秦漢「名田宅制」說——從張家山漢簡看戰國秦漢的土地制度〉，《中國史研究》，2003 年第 3 期，頁 68。

〔註34〕 朱紹侯，〈論漢代的名田（授田）制及其破壞〉，《張家山漢簡《二年律令》研究文集》，頁 181，云：「歷史文獻和簡牘資料都證明受田就是名田制，因為受田者的一個必備條件就是在戶籍上必須有名，故受田又稱名田，即以名占田之意。名田是按爵秩等級的不同授給不同數量的田宅（宅基地，實際也是土地），這也就是劉邦在漢高五年五月五日詔書中所說的『以軍功行田宅』的真正含意。」

〔註35〕 于振波，〈張家山漢簡中的名田宅制及其在漢代實施情況〉，《中國史研究》，2004 年第 1 期，頁 40。

不會有太大的改變。至於小爵以下的民戶因地域性差異，很多人自始至終都不可能按制占有法定的數額，甚至根本得不到國家授與的土地。〔註36〕

楊振紅也提出「以爵位名田宅制度是『限』（限制田宅數量）與『授』并舉，『限』的意義可能大於『授』，特別是制度施行後期。」〔註37〕

　　總而言之，漢初以二十等爵授與田宅的制度，應該是有實際施行過一段時間，因為高祖五年（西元前 202 年）五月詔的第一段話可以看出對復員士兵釋出實際利益，如進爵位、食邑、復除繇役等，可以知道劉邦對於這群數量龐大的中、低軍官與士兵仍然相當重視。其第二段話則以急迫、催促的語氣，令縣官吏先將田宅授與從軍將士，劉邦應該也認為這件事是相當要緊，此與「水能載舟，亦能覆舟」道理相同。士兵能擁戴劉邦，也能擁戴別人，因為這群人聚集起來是有很大的力量。可見當時劉邦必定有要落實以軍功行田宅的決心，以鞏固這群功臣的對新政府的信心。只是可能先授與高爵者田宅，低爵和一般無爵者有得不到田宅的可能性，因為以當時的土地開墾率，是無法負荷所有人都能獲得足夠的田地，所以劉邦才說：「諸侯子及從軍歸者，甚多高爵，吾數詔吏先與田宅，及所求當於吏者，亟與。」

　　張家山漢簡《二年律令・戶律》的授田宅規定，若不是高祖五年（西元前 202 年）時的規定，也必定是根據高祖五年（西元前 202 年）五月詔的命令修改而來的，二者間應該是有關聯的。其中《戶律》告訴我們爵等的差距越大，所得的田宅數量差距越大，這體現身分等級的精神。而從文帝以後賜爵制的改變，在《二年律令・戶律》的授田宅規定的相關規定必定要有所改變，方能適合制度的改變。這樣的改變還衝擊到軍功功臣在《二年律令》中規定的其它特權，因此軍功功臣在漢初還有哪些特權，將在下節詳談。

第二節　《二年律令》中軍功功臣的特權

　　漢初的軍功功臣，無論是高階將領，亦或是中、低軍官與士兵，都曾為漢高祖劉邦付出一分心力，終促成劉邦統一天下，建立漢朝。而劉邦以賞賜

〔註36〕王彥輝，〈論張家山漢簡中的軍功名田宅制度〉，《東北師大學報》（哲學社會科學版），2004 年第 4 期，頁 20～21。
〔註37〕楊振紅，〈秦漢「名田宅制」說──從張家山漢簡看戰國秦漢的土地制度〉，《中國史研究》，2003 年第 3 期，頁 68。

爵位來呼應這群軍功功臣的努力，功勞大的得高爵，功勞小的得低爵，此爵制上承襲秦代的二十等爵制而來，前已說明。但是爵位絕不單單只是一種裝飾而已，所以漢高祖於五年（西元前 202 年）五月下詔令，依據法令以功勞大小授與田地、宅地，而功勞大小就是依其爵位高低而定，在《二年律令・戶律》中已有高祖五年五月詔時，或是呂后時期據高祖當年的法律修改的授田宅之細節規定，此是劉邦為鞏固軍功功臣信心的政治措施。

　　西嶋定生認為爵制秩序的形成國家秩序，從中產生皇帝公權力支配結構，即是爵制本身一個極為重要的意義，是要讓皇帝能夠有支配任何人的公權力。可是，伴隨國家秩序形成的，爵還有其他內容，西嶋定生亦云：

> 爵首先是作為秩序結構的媒介而發揮其機能，所謂有爵者的具體特權，是附隨於這種已經編制就序的特定身分的特權；從而可知，這種特權依各時代諸條件之不同，不見得都有固定不變的內容。〔註38〕

也就是說爵位是一種秩序，在這秩序之下，或說一進入這個秩序之中，有爵者便擁有一定的特權，但存在著高爵位者與低爵位者之間特權多寡不同，有爵位者與無爵位者則是有無特權的不同。因為爵制為一種身分秩序，若沒有一些能區別彼此身分的具體事實，那麼此一秩序就若有若無，而區別的具體事實就是彼此間的「特權」。

　　所以在文帝「普賜民爵」前，漢初的軍功功臣先進入此秩序中，並依其爵位高低受田地、宅地，這是在高祖五年五月詔就明言的特權，雖然不一定能完全施行，若以政治因素考量，應該高爵者先得，低爵與無爵者就不一定可以得到。但是在張家山漢簡《二年律令》中，還有其它依爵位形成的爵制秩序以及其特權的相關規定，以下分別討論之。

一、有爵者在「刑罰」方面的特權

　　張家山漢簡《二年律令・具律》中有關於有爵者刑罰的特權，是一種對於有一定爵位者的刑罰減輕，其云：

> 上造、上造以上妻，及內公孫、外公孫、內公耳玄孫有罪，其當刑及當為城旦舂者，耐以為鬼薪白粲。〔註39〕

〔註38〕西嶋定生著，武尚清譯，《中國古代帝國的形成與結構──二十等爵制研究》，頁 319。

〔註39〕張家山二四七號漢墓竹簡整理小組，《張家山漢墓竹簡〔二四七號墓〕（釋文

又云：

> 公士、公士妻及□□行年七十以上，若年不盈十七歲，有罪當刑者，皆完之。〔註40〕

《漢書‧惠帝紀》中也有類似的記載，但卻非完全相同，可互相補其不足，其云：

> 爵五大夫、吏六百石以上及宦皇帝而知名者有罪當盜械者，皆頌繫。上造以上及内外公孫耳孫有罪當刑及當爲城旦舂者，皆耐爲鬼薪白粲。民年七十以上若不滿十歲有罪當刑者，皆完之。〔註41〕

綜合三段引文，有爵者刑罰的減輕，分爲兩個等級，上造與公士是其分野，上造以上者有罪當被用肉刑或爲城旦舂時，就耐爲鬼薪白粲徒刑，刑期由五年減爲三年，並且不用受肉刑。公士有罪要用肉刑，則減刑爲四年徒刑。〔註42〕另外，五大夫爵以上更可以有不戴刑具的特權，是一種對高爵者的優待。因此以爵位的高低不同享有的刑罰減輕的程度也不同，甚至到五大夫爵以上更享有有罪不戴刑具的權力，並且有爵者不不連坐的處分，〔註43〕這也是一種對有爵者的寬待，確保有爵者的地位，以上都顯現出刑罰中的身分秩序。

而在刑罰中身分上的秩序，也因高低爵的差異，產生了「增罪」的刑罰問題。〔註44〕《二年律令‧賊律》云：

> 鬬而以釶及鐵銳、錘、椎傷人，皆完爲城旦舂。其非用此物而眇人，

修訂本）》，《二年律令‧具律》，簡82，頁20。
〔註40〕同前注，引書，簡83，頁20。
〔註41〕《漢書》，卷二，〈惠帝紀第二〉，頁85。
〔註42〕衛宏，《漢舊儀》，卷下，孫星衍輯，周天游典校，《漢官六種》，頁85，云：「無爵……有罪，各盡其刑。凡有罪，男髡鉗爲城旦，城旦者，治城也；女爲舂，舂者，治米也，皆作五歲。完四歲，鬼薪三歲。鬼薪者，男當爲祠祀鬼神伐山之薪蒸也，女爲白粲者，以爲祠祀擇米也，皆作三歲。」
〔註43〕張家山二四七號漢墓竹簡整理小組，《張家山漢墓竹簡〔二四七號墓〕（釋文修訂本）》，《二年律令‧收律》，簡174～175，頁32，云：「罪人完城旦舂、鬼薪以上，及坐奸府（腐）者，皆收其妻、子、財、田宅。其子有妻、夫，若爲戶、有爵，及年十七以上，若爲人妻而棄、寡者，皆勿收。」這種有罪則將犯罪者的家屬和家產一律沒入公家，原本是有條件的免除，其中一個條件就是有爵位者，但至文帝元年十二月「盡除收帑相坐律」後，則不論有爵無爵都不受《二年律令‧收律》的規定影響，不會受家人中犯罪者的牽連，見《漢書》，卷四，〈文帝紀第四〉，頁110。
〔註44〕李均明，〈張家山漢簡所反映的二十等爵〉，《張家山漢簡《二年律令》研究文集》，頁90，云：「增罪主要是針對加害於高爵（被害者爵位高於加害者）的行爲。」

> 折枳、齒、指，胅體，斷胅（決）、鼻、耳者，耐。其毋傷也，下爵
> 毆上爵，罰金四兩。毆同死〈列〉以下，罰金二兩；其有疕痏及□，
> 罰金四兩。〔註45〕

這是有關於傷人罪刑罰的規定，有用武器與不用武器的差別，當然使用武器的處罰比較重。但其下又有特別規定，有爵位者若鬥毆，如果是毆打比其爵位高，處罰重於毆打同等爵位或較低爵位者，多罰二兩黃金；若有令人受傷則罰四兩黃金。《賊律》又云：「以縣官事毆若詈吏，耐。所毆詈有秩以上，及吏以縣官事毆詈五大夫以上，皆黥爲城旦舂。」〔註46〕此同樣是因爲爵位而有加罪的情況，即官員不能因爲是公事就毆打、怒罵擁有五大夫爵位以上的人，不然從耐刑加重到黥面和五年徒刑。

另外，爵位還可以贖罪，在《二年律令·錢律》裡有條規定，其云：

> 捕盜鑄錢及佐者死罪一人，予爵一級。其欲免除罪人者，許之。捕
> 一人，免除死罪一人，若城旦舂、鬼薪白粲二人，隸臣妾、收人、
> 司空三人以爲庶人。〔註47〕

首先，在此律文中讓我們知道可以用爵位來贖罪，並且針對贖罪的各種罪名數量有詳細的規定，一級爵，可贖死罪一人，贖五年徒刑、三年徒刑罪兩人，贖隸臣妾、〔註48〕收人、司空者三人。第二，在其它的律文中，如《捕律》捕得諸侯國間諜的予爵、捕抓斬殺盜賊的予爵，〔註49〕則沒有以爵贖罪的明文規定，是否所有得到的爵位都可以贖罪可能要持疑問，若然如此，《錢律》可能顯示出呂后時期重視對盜鑄錢者的處罰，因而提升捕抓盜鑄錢者所予爵位的價值與功能。最後，呂后時期出現其他原因而給予爵位的規定，代表將更多人納入西嶋定生所言的爵制秩序，並形成國家秩序，產生皇帝的支配結

〔註45〕 張家山二四七號漢墓竹簡整理小組，《張家山漢墓竹簡〔二四七號墓〕（釋文修訂本）》，《二年律令·賊律》，簡 27～28，頁 12。
〔註46〕 同前注，引書，簡 46～47，頁 15。
〔註47〕 同前注，引書，《二年律令·錢律》，簡 204～205，頁 36。
〔註48〕 楊頡慧，〈張家山漢簡中「隸臣妾」身分探討〉，《中原文物》，2004 年第 1 期，頁 60，云：「漢律中有期徒刑共分四個等級，依次爲城旦舂、鬼薪白粲、隸臣妾、司寇。司寇這種刑徒罪名最輕，在刑滿後即恢復庶人的身分，但只能部分擁有公民的權利；城旦舂、鬼薪白粲、隸臣妾這三種刑徒判刑後即淪爲官奴隸，刑滿後仍然爲官奴隸。」所以隸臣妾的比鬼薪白粲、城旦舂者罪刑較輕，因此一級爵可以免除三人爲庶人。
〔註49〕 張家山二四七號漢墓竹簡整理小組，《張家山漢墓竹簡〔二四七號墓〕（釋文修訂本）》，《二年律令·捕律》，簡 150～151，頁 29。

構，將皇權逐漸的深入各個平民了。

二、以爵位高低受「賜與」的特權

　　有爵者除了可以得到刑罰的減輕，或用爵位來贖罪的特權外，有時還會得到皇帝賞賜食物、衣服，但是這樣的賞賜，乃依照爵位的不同而有區別，此亦是展現爵所形成的身分秩序的表現。先是「食物」方面，《二年律令・賜律》規定云：

> 賜不爲吏及宦皇帝者，關內侯以上比二千石，卿比千石，五大夫比八百石，公乘比六百石，公大夫、官大夫比五百石，大夫比三百石，不更比有秩，簪裊比斗食，上造、公士比佐使。無爵者，飯一斗、肉五斤、酒大半斗、醬少半斗。司寇、徒隸，飯一斗，肉三斤，酒少半斗，鹽廿分之一。〔註50〕

在此應有幾點說明，第一，在這賞賜的規定之中，有其爵位等級及有爵無爵的區別，與《戶律》中的以爵位授與田宅的規定的分類十分相似，可以說幾乎相同，因此在《二年律令》的某些律文中，確實如西嶋定生所論爵制秩序最終目的是成就皇帝個人支配結構的政治理念，甚至將輕刑犯都納入秩序之中。第二，即「宦皇帝者」所指爲何？閻步克云：「『宦皇帝者』依文穎和張晏之說，是相對於『宦王國者』而言的；然而它有另一義，是相對於『吏』而言的。」又云：「『吏』是行政事務的承擔者；『宦皇帝者』是近臣侍從，他們所承擔的不是行政事務，所以就沒有祿秩。」〔註51〕在上引文中的宦皇帝者，閻步克認爲是後一義，即是吏與宦皇帝是相對的概念，而且宦皇帝者沒有祿秩，因此才會將不爲吏而有爵者放在一起規定，宦皇帝者一樣以爵位受賞賜。〔註52〕只是細節內容不得而知了。最後，把爵位跟官秩放在一起，形成一個相對應的制度。可見當時統治者對於爵的重視，即劉邦所說「異日秦民爵公大夫以上，令丞與亢禮。」及「吾爵非輕也」。〔註53〕並且《二年律令・

〔註50〕同前注，引書，《二年律令・賜律》，簡291～293，頁49。

〔註51〕閻步克，〈論張家山漢簡《二年律令》中的「宦皇帝」〉，《中國史研究》，2003年第3期，頁76及77。

〔註52〕同前注，引文，頁81～82，云：「這些『宦皇帝者』沒有祿秩，按照慣例是依照爵位。把『宦皇帝者』跟『不爲吏』者做同等考慮，可見『宦皇帝者』跟『不爲吏』相近，不被朝廷視之爲『吏』。」

〔註53〕從張家山漢簡《二年律令・秩律》來看，縣令長的官秩從千石到三百石，見

賜律》亦云：「吏官庫（卑）而爵高，以宦皇帝者爵比賜之。」〔註54〕也顯示出當時已有有爵未必有官；爲官未必有爵的情況，即爵與官分離的趨勢，而且爵甚至比官秩重。

再來爲「衣物」，《二年律令·賜律》中規定因爵位的高低而得到不同等級衣服的賞賜，其云：

> 賜衣者六丈四尺、緣五尺、絮三斤，襦二丈二尺、緣丈、絮兩斤，
> 絝（袴）二丈一尺、絮一斤半，衾五丈二尺、緣二丈六尺、絮十一
> 斤。五大夫以上錦表，公乘以下縵表，皆帛裏；司寇以下布表、裏。
> 〔註55〕

在賜與衣服方面上，有上衣、褲子、短衣等等，且無論是誰所受的衣服，剪裁都相同，唯一在衣服的質料上有所不同，並且依爵位有不同的規定，衣服的表層，五大夫以上是錦，以下是縵，但裏層相同都是帛，而輕刑犯的司寇的表層裏層都是布，此與商鞅變法時的「明尊卑爵秩等級，各以差次名田宅，臣妾衣服以家次」精神能夠相呼應，而且這又是以爵爲身分等級秩序的一個表徵。

最後，《二年律令·賜律》中有依爵位賜與「棺錢」的規定，一樣是有爵位高低與有無爵位的區別，其云：

> 賜棺享（椁）而欲受齎者，卿以上與棺錢級千、享（椁）級六百；
> 五大夫以下棺級六百、享（椁）級三百；無爵者棺錢三百。〔註56〕

上引文所言，在賜予棺椁時若要換成金錢是允許的，且在此看到爵位的差別，因爲有兩個標準一爲爵級（侯爵級、卿爵級和大夫爵級、小爵級），二爲爵等。爵級越高者所得金錢就越多，但雖然爵級相同，仍然有爵等上的差別，如同樣是卿爵級的大庶長與馷車庶長，大庶長比馷車庶長高一爵等，因此大庶長比馷車庶長多得棺錢一千，椁錢六百。而無爵者只賜棺無椁，因此只能換取棺錢。這裡可以喪葬爲側面來看當時的爵制秩序的身分等級，無爵者下葬只能有棺無椁，有爵者又以爵級和爵等享有死後以不同等級的棺椁下葬的待遇。

張家山二四七號漢墓竹簡整理小組，《張家山漢墓竹簡〔二四七號墓〕（釋文修訂本）》，《二年律令·秩律》，簡443～466，頁70～79。此似乎可以跟劉邦所言相呼應，據此漢初的爵制，第五級爵的大夫，就等同三百石的縣長了，可見劉邦的「吾爵非輕」並非妄語。

〔註54〕張家山二四七號漢墓竹簡整理小組，《張家山漢墓竹簡〔二四七號墓〕（釋文修訂本）》，《二年律令·賜律》，簡294，頁49。

〔註55〕同前注，引書，簡282～283，頁48。

〔註56〕同前注，引書，簡289，頁49。

三、享有爵位「繼承」相關的特權

　　爵位既然在漢初擁有相當多的權益，如得受田宅，刑罰減輕及贖罪，得到衣服、食物、棺椁或金錢的賞賜。因此在漢初人們應當相當重視爵位，並且將之傳給後代子孫，以能繼續享有這樣的權益、特權。而在漢初也確實有一套爵位的繼承制度。張家山漢簡《二年律令》中的《傅律》、《置後律》都有提到相關規定的律文，只是前者是有爵者生前其子弟繼承的制度，後者有爵者死後嫡長子繼承的制度。在《置後律》中規定爵位繼承的原則，其云：

　　　　疾死置後者，徹侯後子爲徹侯，其毋適（嫡）子，以孺子□□□子。
　　　　關內侯後子爲關內侯，卿侯〈後〉子爲公乘，【五大夫】後子爲公大
　　　　夫，公乘後子爲官大夫，公大夫後子爲大夫，官大夫後子爲不更，
　　　　大夫後子爲簪裊，不更後子爲上造，簪裊后子爲公士，其毋適（嫡）
　　　　子，以下妻子、偏妻子。〔註57〕

這是對於因疾病死亡的爵位繼承，「後子」在漢代一般就是指嫡長子，〔註58〕但在無嫡子的情況，可允許以旁妻的庶子繼承，代表只要有爵位者不是無子嗣，其爵位肯定可以傳可後代，這顯示出有爵者擁有「爵位繼承」上的特權。可是只有列侯、關內侯可以原封不動將爵位傳承下去；大庶長到左庶長的爵位變動最大，一律降到第八級的公乘；五大夫以下則降兩級繼承，因此只到簪裊而已，上造、公士的後子則淪爲無爵的庶民、士伍。〔註59〕

　　另外，《置後律》還有特例的規定，即有特殊原因者，其爵位可以被完全繼承下來，其云：

　　　　□□□□爲縣官有爲也，以其故死若傷二旬中死，皆爲死事者，令
　　　　男子襲其爵。毋爵者，其後爲公士。〔註60〕

此特殊原因就是替國家工作，而死亡或受傷二十天內死亡的人，即爲國效力而死者，其爵位不論是哪個等級都可以原封不動的傳給繼承人，並且無爵者

〔註57〕同前注，引書，《二年律令‧置後律》，簡 367～368，頁 59。
〔註58〕朱紹侯，〈從《二年律令》看漢初二十級軍功爵的價值──《二年律令》與軍功爵制研究之四〉，《河南大學學報》（社會科學版），2003 年第 43 卷第 2 期，頁 54，云：「律文中的『後子』，是漢代的專用術語，即指繼承門戶的兒子，實指嫡長子。」
〔註59〕朱紹侯，《軍功爵制研究》，頁 285，云：「秦漢時期的士伍，就是居住在里伍或什伍中沒有官職、沒有爵位，在戶籍上有名的成年男子。」
〔註60〕張家山二四七號漢墓竹簡整理小組，《張家山漢墓竹簡〔二四七號墓〕（釋文修訂本）》，《二年律令‧置後律》，簡 369，頁 59。

的後子，可以得到公士的爵位，這條規定有優待死事者的精神。〔註61〕

在漢初並非只有嫡長子才有繼承父親爵位的權利，有爵者亦有給其他兒子繼承爵位的特權，特別的這樣的繼承制度並非死後才繼承，而是在男子「傳籍」以後，〔註62〕就給與爵位。所以也可以說有爵者除後子當然繼承其父爵位外，其他兒子的爵位，亦是因其父的身分關係才得到的，此就像是一種變形的繼承制度，但這反到是爵位繼承的常態。〔註63〕因為在有爵者的兒子當中凡是只要達到傳籍條件者，傳籍時就可以有爵位，此包含嫡長子在內。在《傳律》規定云：

> 不為後而傳者，關內侯子二人為不更，它子為簪褭；卿子二人為不更，它子為上造；五大夫二子為簪褭，它子為上造；公乘、公大夫子二人為上造，它子為公士；官大夫與大夫子為公士；不更至上造子為公卒。當士（仕）為上造以上，以適（嫡）子；毋適（嫡）子，以扁（偏）妻子、孽子，皆以長者若次父所以，所以未傳，須其傳，各以其傳時父爵定爵士（仕）之。父前死事，以死時爵。當為父爵後而傳者，士（仕）之如不為後者。〔註64〕

由上引文可以了解到不為後者，傳籍後可以以其父之爵位得到不更到公士不等的爵位，且關內侯到公大夫皆能有兩的兒子可繼承比其他兒子較高的爵位，除卿級爵差兩級外，其他皆差一級，但其實這兩個名額應該包含「後子」（嫡長子），因為其後有「當為父爵後而傳者，士（仕）之如不為後者」的規

〔註61〕 劉欣寧，《由張家山漢簡《二年律令》論漢初的繼承制度》，（臺北：國立臺灣大學出版委員會，民國96年11月初版），頁49，云：「總而言之，有功者死事固應重賞其後，無功者死事基於獎勵效死者及撫卹家屬等理由，亦應給予特別的照顧，爵制始終即與優遇死事者之精神相左右。是以在『嚴格』的爵位繼承法則之中，對於死事者之爵位繼承採取寬容優待的態度，構成制度性的例外。」

〔註62〕 關於「傳籍」的意義，朱紹侯，《軍功爵制研究》，頁286，云：「『傳籍』……就是在戶籍上註明，從此開始給公家服徭役、兵役。」曹旅寧，〈張家漢簡所見漢初徭役制度〉，《張家山漢律研究》，頁201，云：「戶籍大概是為了國家掌握天下戶口，作為徵收口賦等方面的依據。成年人傳籍，則是為了徵發徭役。」

〔註63〕 李均明，〈張家山漢簡所反映的二十等爵〉，《張家山漢簡《二年律令》研究文集》，頁89，云：「繼承爵位的時間，通常是傳給人死事、疾死之後及繼承人傳籍之時，其中當以傳籍時繼承爵位者居多。」

〔註64〕 張家山二四七號漢墓竹簡整理小組，《張家山漢墓竹簡〔二四七號墓〕（釋文修訂本）》，《二年律令·傳律》，簡359～362，頁58。

定，它子的部分則皆無限制，而後子（嫡長子）於其父死後又以《置後律》繼承新爵位。但是到官大夫、大夫則皆爲公士，不更以下爲無爵的公卒。而傅籍情況有兩種，一爲傅籍時父未死，即以當時父親的爵位而定；一爲傅籍前父已經死亡，以其父親死時的爵位而定。

　　但是「傅籍受爵」並非只是要擔任國家徭役的義務而已，臧知非云：「傅籍不僅僅只是意味著義務，也意味著權利，只是不同階層的義務和權利不同而已。」〔註65〕這是說明爵制秩序中因身分地位不同，其權利與義務都不盡相同，又云：

> 傅籍直接關係到社會財富的再分配和社會等級的再劃分，是國家控制社會成員和經濟資源的重要手段，在人口管理系統中有著關鍵作用。〔註66〕

因爲傅籍之後得到爵位，若自成一戶者依照漢初的法律可以得到相應其爵位的田地、宅地，不然在其父死後者，可另成一戶，或已經成戶，皆可以爵位繼承一定數量父親的田宅，不過前提要等嫡長子繼承後，以剩下的田宅再去繼承，本章前一節已說明，此不再引其律文。但是到文帝後賜爵爲「普賜民爵」，傅籍後賜爵的規定可能不合時宜，因爲一般《二年律令》規定傅籍後的爵位是不更到公士，據西嶋定生研究，漢代受賜爵位者可以爲「未使男」，〔註67〕在文帝以後賜爵改爲「普賜民爵」，一般人得到爵位的機會增加，所以在傅籍前就有可能因而得到爵位，此規定是必要改變或取消。

　　在爵位繼承的制度中，似乎可以看到統治者沒有要讓漢初的軍功功臣擁有永久的特權，因其繼承爵位，亦代表繼承其特權，可是爵位並沒有完全繼承，除列侯、關內侯外，都是有降級繼承的原則存在，降級之後所繼承的爵位比其父還低，所以能受與（占有）的田宅就減少，這是經濟上的利益而已，還有在受賞賜及下面將論的養老、徭役的特權都將受到影響。因此可以看到讓漢初的軍功功臣得到特權，是因爲要鞏固剛剛建立的國家及犒賞其辛勞，但是這群擁有特權的團體若長久存在，必影響國家推行中央集權的目標，所以在繼承制度

〔註65〕臧知非，〈秦漢「傅籍」制度與社會結構的變遷——以張家山漢律《二年律令》爲中心〉，《人文雜誌》，2005年第1期，頁115。

〔註66〕同前注，引文，頁116。

〔註67〕西嶋定生著，武尚清譯，《中國古代帝國的形成與結構——二十等爵制研究》，頁552，云：「被稱爲『小男』的14歲以下之人也被作爲賜爵對象，甚至可認爲10歲以下也已作爲賜爵對象。」

上給了限制，雖給有爵者子弟繼承爵位的特權，實際上已經限制與縮小其特權。而後來代爵位繼承制度而起的則是「普賜民爵」的國家支配結構。

四、關於有爵者養老、徭役的特權

在《二年律令・傅律》中有一套關於有爵位者，以其爵位高低而定的除役、養老、受杖等的律文，突顯出在當時有爵者因其身分等級的不同，在國家對其仍然有所優待。《傅律》云：

> 大夫以上年五十八，不更六十二，簪裹六十三，上造六十四，公士六十五，公卒以下六十六，皆爲免老。〔註68〕

又云：

> 不更年五十八，簪裹五十九，上造六十，公士六十一，公卒、士五（伍）六十二，皆爲睆老。〔註69〕

這兩條律文是關於有爵者免除徭役及一半徭役的律文，〔註70〕其原則也是以其爵位高低等次作爲標準，爵等越高越早免除徭役。另外還有關於養老、尊老的規定，云：

> 大夫以上年七十，不更七十一，簪裹七十二，上造七十三，公士七十四，公卒、士五（伍）七十五，皆受仗（杖）。〔註71〕

又云：

> 大夫以上【年】九十，不更九十一，簪裹九十二，上造九十三，公士九十四，公卒、士五（伍）九十五以上者，稟□□米月一石。〔註72〕

此兩條律文表示爵位越高越早受杖以及得到每月領一石米待遇，這爲漢朝敬老、養老的制度，在漢初已經開始，至文帝時重申云：「年八十已上，賜米人月一石，肉二十斤，酒五斗。其九十已上，又賜帛人兩疋，絮三斤。」〔註73〕

〔註68〕 張家山二四七號漢墓竹簡整理小組，《張家山漢墓竹簡〔二四七號墓〕（釋文修訂本）》，《二年律令・傅律》，簡356，頁57。
〔註69〕 同前注，引書，簡357，頁57。
〔註70〕 關於「睆老」張家山漢簡整理小組的注爲「減半服徭役」，見張家山二四七號漢墓竹簡整理小組，《張家山漢墓竹簡〔二四七號墓〕（釋文修訂本）》，《二年律令・傅律》，簡357注，頁58。
〔註71〕 張家山二四七號漢墓竹簡整理小組，《張家山漢墓竹簡〔二四七號墓〕（釋文修訂本）》，《二年律令・傅律》，簡355，頁57。
〔註72〕 同前注，引書簡354，頁57。
〔註73〕 《漢書》，卷四，〈文帝紀第四〉，頁113。

從中可以得知漢文帝此時已經無爵位高低，一律以年齡來行使「養老之意」，再一次證實文帝後，賜爵制度改為「普賜民爵」，張家山漢簡中《二年律令》有些關於爵制的規定可能要更改或取消。

最後有爵者的兒子，傅籍的年齡也有所寬待，爵越高者越晚傅籍，其云：

> 不更以下子年廿歲，大夫以上至五大夫子及小爵不更以下至上造年廿二歲，卿以上子及小爵大夫以上年廿四歲，皆傅之。公士、公卒及士五（伍）、司寇、隱官子，皆為士五（伍）。〔註74〕

在此的小爵，應該非朱紹侯所說的四個爵級的第四爵級，因為這樣解釋不通，上引文，在《傅律》中所稱的「小爵」應該有其他意義。劉敏云：

> 小爵是有嚴格年齡或身高規定的傅籍法律中的特殊名詞，它不是二十等爵中一至四等爵的總稱，而是未傅籍成年人占有爵位，其存在與漢代傅籍制度、力役制度、封爵制度和繼承制度有關。〔註75〕

劉敏所論合理，此的確與漢朝的眾多制度有關，亦符合西嶋定生所言未傅籍者也可以得到爵位的論斷，這是指有爵者而言，漢初一般無爵者的傅籍為應為十五歲，〔註76〕直到景帝二年（西元前155年）「令天下男子年二十始傅」，〔註77〕《二年律令‧傅律》中以爵制高低延後傅籍的規定取消，無論有爵無爵統一皆二十歲傅籍。此應該與文帝後爵制改變有關，普賜民爵後，人人有爵，若都以爵延後傅籍，將造成徭役來源缺乏，所以景帝取消此律文。

漢初的軍功功臣相當受到劉邦的重視，因為其是建立漢朝的功臣，所以以二十等爵制犒賞其軍功，使其成為有爵者，等統一天下後，這些人開始享受因爵位而來的權利。在張家山漢簡《二年律令》中有許多規定有爵位者特權的條文，如有爵者得受田宅，以爵減刑或贖罪、以爵位高低來獲賜食物、衣服、棺椁（金錢），並且從中都可以看到一個原則，即以爵制秩序形成國家秩序，因而享有這些特權，但是在享有特權的同時等同承認漢朝皇帝的支配公權力，所以漢初給與軍功功臣如此優渥的特權，是為了報答其建立漢朝的

〔註74〕 張家山二四七號漢墓竹簡整理小組，《張家山漢墓竹簡〔二四七號墓〕（釋文修訂本)》，《二年律令‧傅律》，簡364～365，頁58。

〔註75〕 劉敏，〈張家山漢簡「小爵」臆釋〉，《張家山漢簡《二年律令》研究文集》，頁104。

〔註76〕 高敏以張家山漢簡《二年律令》的資料家以推論，提出「十五歲」為服役年齡，即是一般人傅年、傅籍的開始，見高敏，〈西漢前期的「傅年」探討〉，《秦漢魏晉南北朝論考》，頁167～179。

〔註77〕 《漢書》，卷五，〈文帝紀第五〉，頁141。

功勞，滿足其需求，以穩定政局，相對的，軍功功臣也承認其統治權力。

　　文帝以後，因爵制的改變，由賜戶長爵位改爲「普賜民爵」，使天下所有良民皆能得到爵位，所以在《二年律令》的相關規定可能被迫修改，甚至遭取消，或廢除，其實在《二年律令》的繼承制度上就隱藏了伏筆，大部分有爵者的特權將在一至兩代後消失。而《二年律令》本身也反映了這一趨勢，至少在呂后時期開始對於非軍功者賜與爵位，即以事功得爵，如捕抓間諜、盜鑄錢幣者而賜爵，開始擴大爵制秩序。漢朝皇帝利用此改變逐步擴展其支配結構，將公權力伸張到每個編戶良民，達到中央集權，而軍功功臣的許多權利在這過程中遭到取消。軍功功臣中原爲劉邦征戰時的高階將領在漢初政治中成爲中樞統治者，形成列侯政治；中、低軍官與士兵，雖然在漢初因有爵位而享有眾多特權，但文帝以後慢慢被取消，因此兩者在漢初政治地位的仍然有區別，值得探討，下一節將討論。

第三節　漢初侯爵與非侯爵軍功功臣政治地位的區別

　　漢初的軍功功臣可以分爲兩個部分，一部分是中、低軍官與士兵，這些人的數量約有數十萬，其所得的爵位多在大庶長（第十八等爵）以下；一部分是高階將領，這群人數量僅僅數百，其所得的爵位卻爲列侯（第二十等爵）與關內侯（第十九等爵）。所以本節將其區別爲「侯爵」與「非侯爵」的軍功功臣來討論。雖然這兩大族群在漢初都因其爵位享有許多的特權，如受田宅、減刑贖罪、受賜食物、衣服、金錢等等。

　　但兩者在政治地位上卻有明顯的區別，尤其從《二年律令》中《置後律》的「繼承」特權中可以看出，侯爵者與非侯爵者爵位的延續大大不同，列侯、關內侯基本上可以一直延續其爵位給後代，其特權可以一直保留，其政治地位也能持續下去，而大庶長以下爵者經歷一至五代就淪爲無爵者，〔註78〕相

〔註78〕張家山二四七號漢墓竹簡整理小組，《張家山漢墓竹簡〔二四七號墓〕（釋文修訂本）》，《二年律令‧置後律》，簡 367～368，頁 59，云：「疾死置後者，徹侯後子爲徹侯，其毋適（嫡）子，以孺子□□□子。關內侯後子爲關內侯，卿侯〈後〉子爲公乘，【五大夫】後子爲公大夫，公乘後子爲官大夫，公大夫後子爲大夫，官大夫後子爲不更，大夫後子爲簪褭，不更後子爲上造，簪褭後子爲公士，其毋適（嫡）子，以下妻子、偏妻子。」所以在繼承方面，列侯（徹侯）仍爲列侯（徹侯），關內侯仍爲關內侯，而上造、公士者經一代，不更、簪褭者經二代，官大夫、大夫者經三代，公乘、公大夫經四代，卿爵

對其特權就消失，而無任何政治地位，因而作此區分和討論。

一、漢初軍功功臣「侯爵」者的政治地位

（一）列　侯

漢朝初年受封爲列侯、關內侯者多半爲劉邦起義以來的親信及高階將領，因此天下統一後，其搖身一變，成爲國家的統治階層，掌控國家長達五十年，握有中樞則近一世紀，李開元云：

> 從高帝到文帝末年的近五十年間，漢初軍功受益階層支配漢朝政權。其間，漢初軍功受益階層在三公九卿、王國相及郡太守三者間之和的占有率，均在 50%以上，即高帝期的 97%、惠呂期的 81%、文帝期的 50%。〔註79〕

可見軍功功臣在漢初政治地位相當顯赫，足以支配漢初的政權，尤其是侯爵者的軍功功臣更是主導政治的群體，〔註80〕即芮和蒸所說的「列侯政治」。而其對漢初的政治有影響與貢獻，其影響如以絳侯周勃、曲逆侯陳平爲首的功臣列侯與劉姓諸侯王聯手對外戚諸呂發起的政治鬥爭，造成諸呂滅亡、惠帝絕嗣；其貢獻如景帝三年（西元前 154 年）爆發七國之亂，也由軍功功臣的第二代條侯周亞夫所平定，此乃有救漢朝於危亡之中的功勞，使景帝可以更安心的推動整頓諸侯王的措施，初步解決漢初諸侯王封域和權力過大的問

（大庶長至左庶長）、五大夫經五代皆成爲無爵者。以一世代三十年來算，雖然有爵最長要到一百五十年後後代才成爲無爵者，可是文帝以後賜爵制有所改變，《二年律令・置後律》的規定也有可能遭取消，或改變，但這裡指出一個事實非侯爵者的爵位繼承不是原封不動的，每經一代繼承，其政治地位及特權都將縮小。

〔註79〕 李開元，《漢帝國的建立與劉邦集團——軍功受益階層研究》，頁 67。

〔註80〕 柳春藩，《秦漢封國食邑賜爵制》，頁 77～78，云：「西漢初年，列侯的政治地位是很高的。列侯有封。侯國有自己的紀年。列侯之子也稱太子。列侯中的不少人在漢中央政府做高官。漢初至武帝前期的朝廷丞相大都由列侯擔任。」陳玉屏，《西漢前期的政壇》，頁 44～45，云：「西漢前期，王朝柄政當軸者例由功臣充任，這才是決定功臣在統治集團中地位與作用的關鍵。……公孫弘之前的十七個丞相，均以列侯身分入相，足見『漢常以列侯爲丞相』已成定制。」李開元，《漢帝國的建立與劉邦集團——軍功受益階層研究》，頁 204～205，云：「從第十四代的衛綰開始，丞相第一次由漢初軍功受益階層以外的人擔任，其時代已在景帝末年。」因此軍功功臣列侯者，掌控漢朝中樞近一世紀。

題。因爲「列侯隸屬漢中央政府，其利益與漢皇朝之安危不可分割，漢皇朝之滅亡，列侯也會隨之失去其所享受之利益。故列侯皆會盡心捍衛漢皇朝之安全。」〔註 81〕而漢朝是由劉邦與軍功功臣一同建立的同袍情誼，應該也是其守護漢朝皇室一個不可忽略的因素。

列侯爲二十等爵制的第二十等爵位，即是二十等爵最高的爵位，又稱徹侯，《漢書・百官公卿表》云：

> 徹侯金印紫綬，避武帝諱，曰通侯，或曰列侯，改所食國令長曰相，
>
> 又有家丞、門大夫、庶子。〔註 82〕

列侯的官印與丞相、太尉一樣都是「金印紫綬」，代表其身分相當尊貴，但比諸侯王降一等，〔註 83〕諸侯王印爲「金璽盭綬」，皇帝則爲「玉璽」，雖然諸侯王的印同樣稱爲璽，卻降皇帝一級爲金璽。可見漢初政治上的貴族，是由皇帝、諸侯王、列侯，依次排列，〔註 84〕所以劉邦才說：「其有功者上致之王，次爲列侯，下乃食邑。而重臣之親，或爲列侯，皆令自置吏，得賦斂，女子公主。」〔註 85〕列侯可以自行置吏，即是家丞、門大夫、庶子，其則爲列侯的「家臣」。〔註 86〕但漢中央也派有治理其國的相，代表列侯並無統治權。值得注意的是漢初的列侯雖有封國而無統治權，但其政治地位主要是因其上控制中央朝政，其下掌握地方才突顯出來，諸侯王雖掌控其國政治、經濟、軍事權，有割據於地方之情況，不過漢初諸侯王國相仍多由列侯出任，仍有壓制諸侯王權力的力量。如平陽侯曹參爲齊相，在齊國推行黃老治術，最後爲代鄲侯蕭何爲漢相國便是一例。

另外，列侯除了可以「自置吏」外，還「得賦斂」，在《漢書・食貨志》云：

〔註 81〕 廖伯源，〈漢代爵位制度試釋（上篇）〉，《新亞學報》，第 10 卷第 1 期（下），頁 135。

〔註 82〕 《漢書》，卷十九上，〈百官公卿表第七上〉，頁 740。

〔註 83〕 《漢書》，卷十四，〈諸侯王表第二〉，頁 393，云：「漢興之初，海內新定，懲戒亡秦孤立之敗，於是剖裂疆土，立二等之爵。」二等之爵，就是指諸侯王與列侯二等。

〔註 84〕 曹旅寧，〈從張家山漢律說漢初列侯的政治經濟權益〉，《張家山漢律研究》，頁 36，云：「實際上，列侯也就是貴族階級中僅次於天子、諸侯王的第三級貴族。」

〔註 85〕 《漢書》，卷一下，〈高帝紀第一下〉，頁 78。

〔註 86〕 廖伯源，〈漢代爵位制度試釋（上篇）〉，《新亞學報》，第 10 卷第 1 期（下），頁 139。

> 而山川園池市肆租稅之入，自天子以下至湯沐邑，皆各爲私奉養，
> 不領於天子之經費。〔註87〕

即列侯可在其封國食邑內徵收田租、人口稅等稅賦，〔註88〕甚至是山川園池等自然資源的稅收及市井商業稅都是其經濟收入的來源，其經濟收入相當豐富，總收入相當可觀。〔註89〕並且在其封國內可以役使一定數量的人民爲其做勞役之事，如《漢書‧高惠高后文功臣表》記錄文帝十六年（西元前 164 年）東矛侯劉告「坐事國人過員，免。」、文帝後三年（西元前 161 年）祝阿侯高成因爲「坐事國人過律，免。」、文帝後三年信武侯靳亭「坐事國人過律，免。」〔註90〕就是幾個例子。

　　所以列侯的特權除了在張家山漢簡《二年律令》中的以爵位受田宅、受賞賜、減刑贖罪等等，還有可以將這些特權原封不動保留的權力，即是列侯後子（嫡長子）「繼承」列侯爵位的特權。且列侯在漢初的政治上不只掌控中央朝廷的權柄，連地方王國、郡縣也有其勢力，而其政治勢力也因其爵位仍原封不動繼承延續。所以基本上只要不犯罪、不絕嗣，都能延續列侯之爵位，因此才能控制中央朝政到武帝初年。最後，列侯經濟收入優渥，是因其政治地位上而來，可看出劉邦非常用心的給予這些「共天下者」的報酬，以突顯其在漢初政治、社會上地位的尊貴。

　　正因爲列侯政治地位高，劉邦爲了給予其地位的保障，而有白馬之盟，約「非劉氏不王，若有無功非上所置而侯者，天下共誅之。」〔註91〕此盟有定分止爭的目的，也明確保障軍功列侯的地位，使列侯之位不受侵犯。劉邦還希望這些軍功列侯能世世代代傳承下去。又有封爵之誓云：「使黃河如帶，泰山若厲，國以永存，爰及苗裔。」〔註92〕以示慎重其事。

〔註87〕《漢書》，卷二十四上，〈食貨志第四上〉，頁1127。

〔註88〕朱紹侯，《軍功爵制研究》，頁266，云：「封君在其國內，不僅徵收算賦、口賦（人頭稅），同時也收田租（土地稅）。」

〔註89〕據廖伯源計算，列侯的田租和人頭稅的收入，千戶侯就有八十萬六千錢，而丞相年俸七十二萬，御史大夫四十八萬，相比之下列侯收入比三公九卿都還優渥，見廖伯源，〈漢代爵位制度試釋（上篇）〉，《新亞學報》，第10卷第1期（下），頁158～160。

〔註90〕《漢書》，卷十六，〈高惠高后文功臣表第四〉，頁570，東矛侯劉到條（案：以始封者表示，以下皆同）；頁600，祝阿侯高色條；頁533，信武侯靳歙條。

〔註91〕《漢書》，卷十八，〈外戚恩澤侯表第六〉，頁678。

〔註92〕《漢書》，卷十六，〈高惠高后文功臣表第四〉，頁527。

（二）關內侯

關內侯爲二十等爵制的第十九等爵，雖然與列侯只差一級，可是其政治地位較列侯低的多，並且其參與漢初政治的程度也沒有列侯高。但是其政治地位比大庶長以下有爵者較高，因爲關內侯的爵位一樣可以不降等傳給其後子（嫡長子），所以因其政治地位而來的特權也保留下來，不受繼承影響。

而關內侯與列侯之間的政治地位的差異就在於「有無封國」，《續漢書・百官志》云：

> 關內侯，承秦賜爵十九等，爲關內侯，無土，寄食所居縣，民租多少，各有戶數爲限。〔註93〕

所謂「無土」，即是沒有封國的意思，就是「尺寸之封」，雖然關內侯沒有封國，可是漢初一般關內侯都有食邑，以酬勞其軍功。廖伯源認爲前漢關內侯食邑的一般情況，應該是有「加異者」才食邑，其云：

> 自高祖以來，漢代關內侯食邑者不必食邑關中，已詳上文。張晏、如淳皆以爲關內侯「但爵其身」，本無食邑，加異者乃賜食邑。按若以此說法解釋上述各例，甚爲合適。或者西漢爵與食邑分離，列侯必定有食邑，已如上論；而爵關內侯以下，則不一定有食邑，爵但爵其身，提高其身分而已，並不包括食邑在內，有加異者才賜予食邑。此或可作爲解釋西漢關內侯食邑之一說法。〔註94〕

柳春藩則持其他看法，認爲漢朝初年的關內侯都可以食邑，推測關內侯食邑是特殊情況的說法可能不通，其云：

> 西漢初期，或高爵者都可食邑，關內侯是高爵中的高爵，當然更不例外。因此，關內侯『但爵爾』，食邑是特殊情況的看法，是有問題。〔註95〕

兩者所論皆有其道理，值得討論的是廖伯源所舉的例子都爲武帝以後事例，而賜爵制在文帝以後已經有了改變，從賜戶長爵位改爲普賜民爵，關內侯成爲只賜給六百石以上的官吏的官爵，根據朱紹侯分析前漢第一次非軍功賜關內侯爵是在宣帝地節三年（西元前 67 年），且是賜給僅次於丞相的「御史大夫」，〔註

〔註93〕《續漢書》，志第二十八，〈百官第五〉，頁 3631。
〔註94〕廖伯源，〈漢代爵位制度試釋（下篇）〉，《新亞學報》，第 12 卷，頁 187。
〔註95〕柳春藩，《秦漢封國食邑賜爵制》，頁 115。
〔註96〕朱紹侯，《軍功爵制研究》，頁 113，云：「這是立太子賜爵，其中值得注意的是：首先第一次把關內侯爵與吏民爵廢在一起宣布。」

96〕所以可能關內侯食邑的特權在文帝到宣帝間有了變化，但卻不影響漢初的軍功功臣有關內侯爵者食邑的特權。又柳春藩的說法比較能反映漢初軍功功臣爵爲關內侯者食邑的事實，並且高祖五年（西元前 202 年）五月詔，詔文言「七（公）大夫以上皆食邑」，這當然包含關內侯在內。所以漢初的關內侯應該都有食邑，其目的本就以酬賞軍功，文帝以後賜爵制改變，賜爵與得爵的原因，已經皆非全由軍功，因此廖伯源所論「關內侯加異者」才食邑，有可能是武帝以後的前漢定制。

所以漢初關內侯確實有食邑，其在政治上的地位也受保障，因其爵位也不會降等繼承，因此其因爵位而來的特權，如受田宅、受賜物等是不會被縮減，或取消，與大庶長爵以下的人，會因降等繼承的規定而逐漸喪失其特權不同。只是其沒有封國使其政治地位與列侯仍然有差別，董平均云：

> 關內侯同列侯、諸侯王相比，爵級相差一、二級，但其身分和社會
> 政治地位卻與諸侯王、列侯相去甚遠，應該不在同一爵檔或爵級。

〔註 97〕

董平均所言有道理，但是若非同一個「爵檔」、「爵級」，其與列侯就不會同樣享有世襲爵位的權力，若如西嶋定生所說，爵制的根本目的是藉由身分秩序，形成國家秩序，使皇帝有支配的公權力，以這種觀點來看，《二年律令·置後律》顯示出列侯和關內侯的身分秩序是不會有變動的，以法律來保證兩者身分秩序，代表漢初列侯和關內侯都受到重視，雖然其政治地位不同，可是將其視爲同一個爵級──「侯級」爵也說的通。〔註 98〕

二、漢初軍功功臣「非侯爵」者的政治地位

前所論漢初「侯爵」者其爵位都可以原爵繼承，使其政治地位不受動搖，而「非侯爵」者，即大庶長至公士爵者，皆會因繼承而漸漸降低其政治地位與縮小其特權，這也是兩者最大且最明顯的區別。前者的政治地位不會變動；後者則會改變。

非侯爵者不如列侯、關內侯有較多參與中央政治的機會，尤其是列侯掌

〔註 97〕董平均，《出土秦律漢律所見封君食邑制度研究》，頁 337。
〔註 98〕廖伯源云：「高祖約非功臣不得侯包括關內侯在內。但執行上，對於關內侯之要求遠不如列侯嚴格。」見廖伯源，〈漢代爵位制度試釋（下篇）〉，《新亞學報》，第 12 卷，頁 191。若以此角度來看，在政治地位上列侯與關內侯都有高祖之約的保障，因此可以視爲同一個爵級。

控中央政治達一百餘年,所以非侯爵者多半無法參與中央政治,這與秦代的官爵合一的制度不相同。〔註99〕至少在漢初,官位與爵位已經不一定相符合了。在此以張家山漢簡《奏讞書》中所提到的爵稱作分析,其詳如表二:

表5〜2　《奏讞書》中所及案件相關人爵位表

時　間	案例（案件類型）	相　關　人　爵　位	簡　號
高祖六年（西元前201年）七月	新郪獄案	髳長大庶長蒼（謀殺獄史武） 大庶長信（謀殺獄史武） 校長大庶長丙（放縱蒼者） 校長大庶長贅（放縱蒼者） 求盜大夫布（與蒼供殺武） 簪褭餘（與蒼供殺武）	簡75〜98
高祖七年（西元前200年）八月	縣官盜米案	醴陽令左庶長恢（盜米主嫌）	簡69〜74
高祖八年（西元前199年）十月	匿無名數者案	五大夫平（安陸獄吏、匿無名數者）	簡63〜68
高祖十年（西元前197年）七月	臨淄獄史闌誘漢女子南案	大夫虞（其傳遣女子南冒用）	簡17〜27
高祖十年（西元前197年）十一月	取亡人女子符為妻案	大夫（告女子符亡） 大夫明（女子符為其隸）	簡28〜35
高祖十一年（西元前196年）八月	奴婢媚是否為奴婢案	大夫祿（奴婢媚買主）	簡8〜16
時間不明	笞奴致死自告案	公大夫昌（奴相如主）	簡49〜50
時間不明	越塞逃亡案	官大夫有（縣道戍卒）	簡53
時間不明	冒用馬傳案	大夫犬（冒用馬傳者） 大夫武（偷傳與犬者） 上造熊（馬傳遭竊者）	簡58〜59
時間不明	偽書案	官大夫內（郵人偽書者）	簡60
時間不明	守犯人逃亡與受賄案	大夫（逃亡與行賄者）	簡61〜62

資料出處:《張家山漢墓竹簡〔二四七號墓〕（釋文修訂本)》,《奏讞書》,頁91〜100。

〔註99〕 韓非云:「商君之法曰:『斬一首者爵一級,欲為官者為五十石之官;斬二首者爵二級,欲為官者為百石之官』官爵之遷與斬首之功相稱也。」見韓非著,王先慎集解,《韓非子集解》,卷十七,〈定法第四十三〉,頁399。體現從商鞅變法制定軍功爵後,官爵合一的精神,但卻在漢代有了改變。

從上表可以有幾點分析：第一，以上所列爵位最高者爲大庶長，最低者爲上造，官職最高爲醴陽縣令，最低者爲無官職。因此可以看出漢初非侯爵者參與政治的機會眞的不是很多，尤其無法當上中央官，在上舉十一例中，共十九位有爵者，才有一人爲縣令，八人爲小吏，即爲校長、求盜、獄吏、郵人、戍卒等，其他十人應該無官職。雖然不能說其他有官職者都是沒有爵位，可是就比例上來看來看，非侯爵者要擠進權力核心是非常困難的，有些人可能當上縣令，或郡守，但可能更多數的人是無任何官職者。第二，爵高者不一定官位高，上表的醴陽縣令爵位爲第十的左庶長，而爵位第十八的大庶長四人中有一人無官職，其他三人竟爲小吏，所以官與爵在漢初已經不相稱了，且政治地位低於侯爵者，只能當地方官或地方官的屬吏。第三，據上表統計大庶長四人、左庶長一人、五大夫一人、公大夫一人、官大夫一人、大夫八人、簪裊一人、上造一人。所以從表 5～2 來看有爵位者集中在大夫爵，推測當時軍功功臣中有一部分的人爵位不會高過大夫，且數量應該不少。

另外，從張家山漢簡《二年律令・徭律》規定，有爵位者在一定爵等以上可以不必服徭役，相對的，一定爵等以下的人就要服徭役，其云：

> 發傳送，縣官車牛不足，令大夫以下有訾（貲）者，以貲共出車牛及益，令其毋訾（貲）者與共出牛食、約、載具。吏及官皇帝者不與幾傳送。……免老、小爲傳者、女子及諸有除者，縣道勿敢繇（徭）使。節（即）載粟，乃發公大夫以下子、未傅年十五以上者。補繕邑□，除道橋，穿波（陂）池，治溝渠，塹奴苑；自公大夫以下，勿以爲繇（徭）。〔註100〕

因此非侯爵者在徭役方面仍有特權，其界線分兩種，一爲當要發徭役傳送物品的時候，大夫爵以下者，有財產者要出車及牛，無財產者則出牛的食物，牛具等；一爲要運送糧食時，公大夫以下就要派其子參與運送。還有當政府要修築公共設施，如城池、道路橋梁、蓄水池等，公大夫以上不用參與，應注意其原文爲「公大夫以下」，但是當應爲「公大夫以上」才合理，〔註101〕因爲哪有高爵者要服徭役，而爵位比其低的人反倒不用服徭役的道理。而從非侯爵者的爵

〔註100〕張家山二四七號漢墓竹簡整理小組，《張家山漢墓竹簡〔二四七號墓〕（釋文修訂本）》，《二年律令・徭律》，簡 411～414，頁 64。

〔註101〕張家山二四七號漢墓竹簡整理小組，《張家山漢墓竹簡〔二四七號墓〕（釋文修訂本）》，《二年律令・徭律》，頁 65。注云：「下，疑爲『上』字之誤。」其注應當正確，不然條文内容解釋不通。

位繼承規定，原本在公大夫爵以上者，經一至三代終究會淪落到要服繇役的公大夫爵以下，這就又突出侯爵者政治地位的優勢。還有，高祖五年（西元前 202 年）五月詔所說「非七（公）大夫以下，皆復其身及戶，勿事。」，似乎在呂后二年（西元前 186 年）時就取消了，或說高祖的規定只及軍功功臣本身，因此呂后二年後，其後代只要公大夫以下就要從事各種繇役。

最後再舉《二年律令‧戶律》的規定，其云：「自五大夫以下，比地爲伍，以辨券爲信，居處相察，出入相司。」〔註102〕即漢初五大夫爵以下者就要受到什伍制度管制，換言之就是五大夫爵以下者將受到嚴格的監控，此源自於商鞅變法時期「令民爲什伍，而相牧司連坐」的規定，〔註103〕這是一種對人口的管制，所以非侯爵者經降級繼承爵位，最後都將成爲「居處相察，出入相司」的一分子，而侯爵者則不用受到這樣的管制，可見其政治地位與侯爵者始終有差別。

總而言之，漢初侯爵與非侯爵的區別，其關鍵爲《二年律令》中的《置後律》，因爲侯爵的列侯、關內侯的後子繼承爲原爵繼承，即是擁有爵位世襲的特權，非侯爵者後子則受到降級繼承的約束，所以在政治地位上侯爵者高，非侯爵者低；關內侯低於列侯，但高於非侯爵者。因爲列侯、關內侯的政治地位及特權不會減少、降低，但非侯爵者卻隨著一代傳一代，漸漸失去其特權，其政治地位也不復存在。且從《奏讞書》看到漢初非侯爵者，最多爲地方縣官，不然爲小吏，更多爲有爵無官者，此也反映出兩者的政治地位，侯爵者，尤其是列侯，其把持漢初中央朝政，甚至是王國相與郡太守；非侯爵者僅僅爲縣令長，或小吏，無法進入政治核心、權力中心。

爲何會有這樣的區別，應該是統治者刻意爲之，其目的就是要保護與劉邦「共天下」的人，這些人自劉邦反秦起義以來爲劉邦作戰、守城、謀略，因此統一天下後被封爲列侯，並成爲統治核心階層。所以要使其能維持其政治地位而不衰及與中、低軍官與士兵做區別，讓非侯爵者先享有一定的特權，再慢慢縮減其特權，最後令其成爲一般的平民，不然大庶長到左庶長爵的後子一經繼承，就一律急遽降爲公乘爵，其中降幅十級到二級，五大夫後皆降兩級繼承的規定就很難解釋其目的了。雖然有這樣的目的，可是文帝以

〔註102〕張家山二四七號漢墓竹簡整理小組，《張家山漢墓竹簡〔二四七號墓〕（釋文修訂本）》，《二年律令‧戶律》，簡 305，頁 51。
〔註103〕《史記》，卷六十八，〈商君列傳第八〉，頁 2230。

後賜爵制的改變，《二年律令》中的許多規定被修改，甚至取消，因此這樣降級繼承的規定可能不合時宜，但也不能否定當初《二年律令・置後律》的制定沒有這樣的目的。

第四節　漢初軍功功臣的沒落

漢初的軍功功臣享有許多的特權，在《史記》、《漢書》和張家山漢簡《二年律令》中皆可以看到，如受田宅、受賜物、減刑贖罪、縮減服徭役年限等，這些特權都是伴隨爵制而來，並且在漢初的爵位繼承直到文帝改變賜爵制前，都爲有爵者的特權。在爵位繼承制度當中，能否「原爵繼承」是一個相當重要的指標，此不僅代表其是否能保有政治地位不變，亦能區別其政治地位的高低。所以以此標準將漢初的軍功功臣分爲「侯爵」與「非侯爵」兩類，又可將侯爵者細分爲列侯、關內侯，三者政治地位列侯最高，關內侯次之，非侯爵最低。軍功功臣的沒落，乃由政治地位低者開始。

形成上述政治地位的秩序就是商鞅變法時期建立起來的軍功爵制，[註104] 並一直發展到秦朝、漢朝的「二十等爵制」，其目的在於鼓勵人民努力於耕、戰，尤其是在於「戰鬥」，建立軍功，因爲在戰國到秦末漢初，天下處於和平、統一的時間少，多數時間是戰亂頻繁，所以運用一套爵制鼓舞人民勇於戰鬥，也是統一天下的一種利器。可是僅僅以爵制帶來身分等級的高低，以人性來說沒有多大的吸引力，所以爵制必定帶有一定可以期望的權利與利益，才有吸引力。

漢初的高祖五年（西元前 202 年）五月詔「以功勞行田宅」就是可被期望的利益其中之一，而高祖劉邦會如此著急，數度下詔，就是要實現這種被軍功功臣們期望的利益，報酬其建立漢朝的功勞，以鞏固軍功功臣對漢政權的信心，這才是劉邦所謂「吾爵非輕」的眞正意義。而張家山漢簡《二年律令》更加反映軍功功臣的特權與利益，劉邦之爵眞絕非兒戲。可是從《二年律令》還可以得到一個相當重要的訊息，即大庶長以下爵者的嫡長子、嫡子及妾子雖可以依其父爵而享有爵位，不過嫡長子傳至三到五代，嫡子及妾子傳一至二代皆成平民，他們的特權並非世世代代延續下去，這意味著大多數

〔註104〕朱紹侯，《軍功爵制研究》，頁 21，云：「在軍功爵制的規定下，人的政治地位要由有無軍功來決定。」

的軍功功臣最後都將成為一般的編戶良民，喪失其原有的政治地位。換言之，這是在制度上，不動聲色令其自然沒落。

為何要在制度上使其自然沒落？原因是軍功功臣的爵位是其自身在戰場上殺敵取得，其子孫則無半點軍功，若依然原爵繼承，不符合軍功爵本身的精神。再加上一個國家內如果長期存在數量龐大的特權族群，將不利於中央集權，推行政令。

後來賜爵制的改變，也說明了統治者是如此的思維，即賜爵制度內涵的改變與軍功功臣的特權漸次取消，來強化統治秩序。原本在「軍功爵」的制度中，爵位主要是由事功、軍功獲得，另外，伴隨爵位而來的特權與利益要有爵者本身自成一戶才有意義，這在前面已經明言。可是文帝時期，賜爵制出現變化，即為「普賜民爵」。但是首先，非軍功的民爵賜與很早就出現，只是戰國以來，以功勞得爵其情況較為突顯，且二十等爵制也不是為軍功特別制定的。〔註105〕秦昭襄王二十一年「（司馬）錯攻魏河內。魏獻安邑，秦出其人，募徙河東賜爵，赦罪人遷之。」〔註106〕上引此例，為戰國時非直接參與戰鬥而得爵的例子，這是一種徙民賜爵，有「形成新秩序的目的」〔註107〕，亦是爵制的根本目的。而最典型的普賜民爵的例子在秦始皇統一天下後的第二年，即始皇二十七年（西元前220年），「賜爵一級」。是全國性的賜爵〔註108〕

再說呂后時期的《二年律令》以戶為受田宅的單位，以戶主爵位為授多少田地、宅地的標準，這與惠帝、呂后時期皆以「賜民爵，戶一級」，〔註109〕有密切關係，因為任何制度都有配合的其他制度，如此形成一個系統，環環相扣。所以文帝普賜民爵，除了因爵制而來的以爵位受田宅制度可能將遭到改變，甚至被取消。爵位取得容易，軍功功臣為有爵者的特殊地位消失，其政治地位的特權就被一個個取消，如以爵位受養老的特權在文帝時改為一律

〔註105〕西嶋定生著，武尚清譯，《中國古代帝國的形成與結構——二十等爵制研究》，頁474，云：「廣大農民被吸收進由這個爵制所表示的秩序結構中來，這是二十等爵制的歷史特性。」農民作為一般百姓，藉由作戰立功得爵為進入爵制秩序為一途，另一方面非軍功的普賜民爵也是一途。

〔註106〕《史記》，卷五，〈秦本紀第五〉，頁212。

〔註107〕西嶋定生著，武尚清譯，《中國古代帝國的形成與結構——二十等爵制研究》，頁494。

〔註108〕《史記》，卷六，〈秦始皇本紀第六〉，頁241。

〔註109〕分別於惠帝元年、五年，呂后元年，見《漢書》，卷二，〈惠帝紀第二〉，頁88及91；《漢書》，卷三，〈高后紀第三〉，頁96。

以年齡，不以爵位；傅籍延後的特權在景帝二年（西元前 115 年）被取消，這些都是事例。二十等爵分為「民爵」與「官爵」，西嶋定生云：

> 以漢代制度的中心來看，此二十等爵中，自第一級的公士至第八級的公乘的爵位是給與一般庶民以及下級官吏的；第九級以上，秩六百石的官吏始得授與，一般庶民不授予五大夫以上爵。〔註110〕

一般人民的爵位最高到第八級公乘，在前漢似乎沒有民爵不得過公乘的明文規定的紀載。而《續漢書・百官志》引劉劭《爵制》為注云：「吏民爵不得過公乘者，得與子若同產。」〔註111〕其言或為前漢以來的制度，可是在後漢才出現如此的明確規定，茲舉一例以明之，後漢明帝中元二年（西元 57 年）二月「其賜天下男子爵，人二級；三老、孝悌、力田人三級；爵過公乘得移與子若同產、同產子」〔註112〕後漢一直以繼承前漢正統自居，因此這應該是延續前漢的規定而來，此規定前漢應該就有了。二十等爵制成為形成國家秩序，產生皇帝公權力支配結構的利器，亦符合法家「君尊臣卑」、「集權中央」的治術思想。爵制秩序普遍延伸後，其對大部分的人，尤其是公乘以下爵者，是社會上的地位象徵，政治地位的象徵已經不濃厚了，但對統治者「皇帝」而言，卻更富涵政治意義。

　　因此軍功功臣中的非侯爵者，其數量相當龐大，對剛建立的漢朝來說是一股勢力，必須獲取其支持，劉邦以爵制與其建立關係，並給予其特權，滿足其欲望，可是不打算使其長久擁有其特權，換言之是給予這群軍功功臣「一時性」的政治地位，所以在制度上又使其自然沒落。文帝時，擴大爵制秩序，形成更穩固的統治秩序，就是一個側面，反映劉邦與其軍功功臣的秩序是有時代性、階段性、特殊性，終將回到普遍的秩序中。所以軍功功臣中的大部分，在文帝以後就回歸到這個秩序中，不再享有以前的政治地位。

　　二十等爵制中軍功功臣的侯爵者，從《二年律令》來看侯爵者政治地位本身就較高，又以其中的繼承制度而言，侯爵者政治地位亦較受保障。此應與高祖劉邦的白馬之盟和封爵之誓有關，列侯、關內侯能夠世襲，一代傳一代，而呂后時期的《二年律令》出土，恰恰反映這樣的盟約、誓言，受到劉

〔註110〕西嶋定生著，武尚清譯，《中國古代帝國的形成與結構──二十等爵制研究》，頁 85。
〔註111〕《續漢書》，志第二十八，〈百官第五〉，頁 3632。
〔註112〕《後漢書》，卷二，〈顯宗孝明帝紀第二〉，頁 96。

邦及其繼承者的重視。〔註113〕但是，軍功功臣侯爵者，尤其是列侯在漢初的政治地位不僅僅因為爵制本身帶來的，還因為這些人大多本身就與劉邦親近，並且對於漢朝的建立的功勞比起非侯爵者來的大來的多，廖伯源云：

> 諸功臣於戰時為袍澤，共事日久，又同功一體，利益與共，自然形成一勢力集團。漢高祖安撫利用他們的政策是封他們為列侯。漢高祖自為漢王始，除非不得已，絕不封異姓王，以異姓王擁兵自治，封一異姓王即分己之力而多一敵國也。但一百餘名創立帝國的之大功臣不能不有所賞賜，而且此等功臣為帝國的安定力量，將領，官吏皆出其中；帝國之治理防衛多賴其出力，為使其繼續效忠，賞賜也是必須的。〔註114〕

確實一個剛剛建立起來的國家，通常開國大功臣即是朝廷大臣，漢初也不例外，三公九卿、王國相、郡太守等多由其擔任，特別是丞相一職，要到景帝末年才正式由非軍功功臣擔任。〔註115〕且這群人的確發揮防衛漢朝的作用，如剷除異姓諸侯王、平定七國之亂等等，這些人都出其一分力量。所以其政治地位不全由軍功爵而來，還從與劉邦「共天下」而產生，因此爵制的改變，並非其沒落的主要原因。

話雖然此，漢初軍功功臣列侯們的政治地位遭破壞，也是從制度上開始，漢初劉邦與軍功功臣列侯們，有白馬之盟和封爵之誓，確定彼此的身分專屬性，定分止爭。不過，在封侯制度上出現其他原因的封侯，即「外戚恩澤侯」及「王子侯」，漢初外戚封侯起於呂氏，可是呂氏多自劉邦豐沛起義就跟隨其

〔註113〕 高敏，〈《張家山漢墓竹簡・二年律令》中諸律的製作年代試探——讀《張家山漢墓竹簡・二年律令》札記之四〉，《秦漢魏晉南北朝史論稿》，頁154，云：「《置後律》有制定於劉邦死後和惠帝即位之初的可能。」高敏以惠帝遭逢皇位繼承之爭，推論呂后以此有必要確立嫡長繼承制度的必要，得到《置後律》的制定可能時間。但《置後律》中列侯、關內侯的嫡長子繼承其父的原爵的規定，此精神必定從高祖時與列侯、關內侯的約誓而來。

〔註114〕 廖伯源，〈試論西漢時期列侯與政治之關係〉，《新亞學報》，第14卷，頁125。

〔註115〕 李開元，《漢帝國的建立與劉邦集團——軍功受益階層研究》，頁204～205，云：「漢初之丞相，從第一任的蕭何到第十任的申屠嘉，除呂產因涉及諸呂之變，當作它論而外，皆為漢初軍功受益階層之最上層，即功臣列侯之第一代。從第十一任之陶青到第十三任的劉舍，皆為功臣列侯之第二代。從第十四代的衛綰開始，丞相第一次由漢初軍功受益階層以外的人擔任，其時代已在景帝末年。也就是說，西漢初年，從高祖到景帝末年，丞相例由功臣列侯世襲，即非功臣列侯能為相。」

征戰，有立下戰功，也可將其歸納爲功臣侯，但文帝以後的外戚就多無軍功，如文帝時軹侯薄昭；景帝時章武侯竇廣國、南皮侯竇彭祖、蓋侯王信；武帝時的武安侯田蚡、周陽侯田勝等，〔註116〕且當時天下太平，無戰事，唯景帝時竇嬰以平七國之亂封侯及武帝時衛青、霍去病等，領兵伐匈奴，因而光明正大的封爲列侯。但武帝以後外戚封侯似乎成爲常例了。

　　至於「恩澤侯」，始於公孫弘，並成定例、故事，即拜丞相封侯，《漢書‧外戚恩澤侯表》云：

> 及其行賞而授位也，爵以功爲先後，官用能爲次序。後嗣共已遵業，舊臣繼踵居位。至乎孝武，元功宿將略盡。會上亦興文學，近拔幽隱，公孫弘自海瀕而登宰相，於是寵以列侯之爵。……自是之後，宰相畢侯矣。〔註117〕

武帝以公孫弘爲丞相並封侯，打破非侯不爲丞相的慣例，且開創新例。而不只外戚恩澤侯衝擊到軍功功臣侯的政治地位上的專利，讓功臣列侯政治地位受侵害的還有「王子侯」，王子侯的產生雖然始於高祖，但武帝之前仍然是少數，是一種特別的恩典。王子侯大規模出現，在武帝元朔二年（西元前127年）正月，因主父偃的建議，下達「推恩令」，因而眾建王子侯，即讓諸侯王割地封其子爲侯，侯國由中央管理，達到漸漸縮小諸侯王封域的目的，此乃武帝時對諸侯王的重要政策，後來成爲定制並被後代皇帝延續下去。

　　在外戚恩澤侯與王子侯產生的同時，軍功功臣列侯本身也面臨自身的沒落，這是不可避免的現象，以下以高祖到文帝時期的軍功功臣侯所傳的代數與失侯的原因是作分析，先詳見表5～3、表5～4：

表5～3　高祖到文帝軍功功臣侯者繼承代數表

	一代	二代	三代	四代	五代	六代	代數不明	總計
高祖	15	37	38	30	14	2	1	137
惠帝	0	1	0	2	0	0	0	3
呂后	2	4	4	2	0	0	0	12
文帝	4	2	3	1	0	0	0	10
總計	21	44	45	35	14	2	1	162

資料出處：《漢書》，卷十六，〈高惠高后文功臣表第四〉

〔註116〕《漢書》，卷十八，〈外戚恩澤侯表第六〉，頁683～686。
〔註117〕同前注，引書、卷，頁677。

表5~4　高祖到文帝軍功功臣侯者失侯原因表

	亡後	坐酎金律	有罪	為太常免侯	子有罪不代	子非其侯子	為人所殺	封王	原因不明	總計
高祖	19	15	86	3	3	2	1	1	7	137
惠帝	0	1	2	0	0	0	0	0	0	3
呂后	2	0	10	0	0	0	0	0	0	12
文帝	2	0	8	0	0	0	0	0	0	10
總計	23	16	106	3	3	2	1	1	7	162

資料出處：《漢書》，卷十六，〈高惠高后文功臣表第四〉

說明：1. 高祖功臣侯條言封侯者一百四十七人，但據統計其始封條目上只有一百三十七人，相差十人，無計算在內。

　　　2. 本表所統計爲第一代侯到第一次失侯爲止，其後復侯、嗣封不算在內。

　　從以上兩表來看：首先，軍功列侯傳承的代數最多六個世代，若以一個世代三十年來算，是可以傳到前漢末年，約成帝河平年間，但是事實上不然，傳之六世者一爲平陽侯曹參之後，在征和二年（西元前 90 年），犯罪免；一爲陽信侯呂青之後，在元鼎五年（西元前 112 年），坐酎金免。〔註 118〕而其他軍功列侯多傳至二到四代，都在武帝末年以前失侯，因此「訖於孝武後元之年，靡有孑遺，耗矣。」所以才有宣帝元康二年（西元前 62 年）「乃開廟藏，覽舊籍，詔令有司求其子孫，咸出庸保之中，並受復除，或加以金帛」的舉措，〔註 119〕可見其沒落後的情況。其次，以失侯的原因來看，則以犯罪免侯爲大宗，占六成以上，亡後爲第二，坐酎金律第三。而武帝元鼎五年（西元前 112 年）的大規模以酎金律免侯，其目標可能爲王子侯，此措施參雜政治、經濟等因素，因此應該爲武帝時諸侯王政策的一環。第三，關內侯雖有世襲繼承爵位的特權，但從史料上來看漢初的關內侯在政治上不太活躍，從列侯失侯原因推測，軍功功臣中的關內侯失爵，不外乎應該也是犯罪、亡後，此是其沒落的主因。

　　最後，因犯罪失侯者，其中有七人因參與景帝三年（西元前 153 年）七國之亂及三人因捲入武帝元狩元年（西元前 122 年）淮南王劉安謀反事件被誅除國失侯，詳見下表5~5：

〔註 118〕見《漢書》，卷十六，〈高惠高后文功臣表第四〉，頁 531，平陽侯曹參條；頁 554，陽信侯呂青條。

〔註 119〕同前注，引書、卷，頁 528。

表5～5 軍功功臣參與七國之亂及淮南王劉安謀反關係表

時 間	列侯（含罪狀）	屬郡國（以《漢書‧地理志》爲準）	《漢書‧高惠高后文功臣表》頁數
景帝三年（西元前153年）七國之亂	魏其侯周簡。「孝景三年，謀反，誅。」	琅邪郡（時爲漢郡，隨齊諸王反）	頁563
景帝三年（西元前153年）七國之亂	臺侯戴午。「孝景三年，坐謀反，誅。」	濟南郡（隨濟南王劉辟光反）	頁572
景帝三年（西元前153年）七國之亂	辟陽侯審食平。「孝景二年，坐謀反，誅。」〔註120〕	信都國（隨趙王遂反）	頁573～574
景帝三年（西元前153年）七國之亂	昌侯旅通。「孝景三年，坐謀反，誅。」	琅邪郡（時爲漢郡，隨齊諸王反）	頁591
景帝三年（西元前153年）七國之亂	下相侯冷順。「孝景三年，坐謀反，誅。」	臨淮郡（隨吳王劉濞反）	頁610
景帝三年（西元前153年）七國之亂	高陵侯王行。「孝景三年，謀反，誅。」	琅邪郡（時爲漢郡，隨齊諸王反）	頁610～611
景帝三年（西元前153年）七國之亂	紀信侯陳燒。「孝景二年，反，誅。」〔註121〕	不明	頁615
武帝元狩元年（西元前122年）淮南王劉安謀反	陽陵侯傅偃。「坐與淮南王謀反，誅。」	九江郡〔註122〕	頁535
武帝元狩元年（西元前122年）淮南王劉安謀反	廣平侯薛穰。「坐受淮南王賂稱臣，在赦前，免。」	臨淮郡（時爲漢郡）	頁536

〔註120〕案：景帝二年無謀反事件的紀錄，應該是景帝三年的七國之亂有關。

〔註121〕同前注。

〔註122〕《漢書》，卷四，〈文帝紀第四〉，頁127，云：文帝十六年五月「立齊悼惠王子六人，淮南屬王子三人皆爲王。」周振鶴，《西漢政區地理》，頁51，云：「文帝十六年，以故淮南地九江郡置淮南國，封劉安。」王國維云：「若云秦符則有四證：《漢志》陽陵雖云景帝所置，然《史記‧高祖功臣年表》有『陽陵侯』，《傅寬列傳》亦同，《索隱》云：『陽陵，《楚漢春秋》作陰陵』。然濰縣郭氏有『陽陵邑丞』封泥，邑丞者，侯國之丞，足證傅寬所封爲陽陵而非陰陵。是高帝時已有陽陵，其因秦故名，蓋無可疑。」見王國維，〈秦陽陵虎符跋〉，《觀堂集林》，（石家莊：河北教育出版社2001年11月第1版），頁561。所以傅寬侯國當在九江郡的陽陵無誤。

武帝元狩元年（西元前 122 年）淮南王劉安謀反	安平侯鄂但。「坐與淮南王安通，遺王書稱臣，賂稱臣盡力，棄市。」	豫章郡（時為漢郡）	頁 575

資料出處：《漢書》，卷二十八上，〈地理志第八上〉；周振鶴，《西漢政區地理》；周振鶴編，《漢書地理志匯釋》，（合肥：安徽教育出版社，2006 年 6 月第 1 版），540 頁。

　　可以了解當時諸侯王與軍功列侯的後代之間有往來關係，這些列侯中與諸侯王之關係有的密切，如安平侯鄂但主動稱臣於淮南王劉安、廣平侯薛穰則收淮南王劉安的賄賂；或許有人出於被迫，如七國之亂時的臺侯戴午、辟陽侯審食平等與淮南王劉安謀反時的陽陵侯傅偃，只說反、謀反、坐謀反，被誅殺，實無可考其是否出於自願；而七國之亂身處漢郡的三位列侯，以其處漢郡還參加謀反，其積極、主動參與反叛的可性較高。還有從上表可以看出武帝元狩年間，侯國是可屬漢郡，也有屬諸侯王國的情況，至於漢初侯國歸屬關係，可以參考柳春藩的《秦漢封國食邑賜爵制》、周振鶴《西漢政區地理》、廖伯源〈漢代爵位制度試釋（上篇）〉、陳蘇鎮〈漢初侯國隸屬關係考〉等人的研究。〔註 123〕

　　文帝二年（西元前 178 年）十月，下詔令「列侯返國」，〔註 124〕有一部

〔註 123〕柳春藩，《秦漢封國食邑賜爵制》，頁 78，云：「侯國一般受直屬中央的郡管轄」；周振鶴，《西漢政區地理》，頁 232，云：「侯國這種半獨立地位直到吳楚之亂以後才被取消，此後徹侯只能衣食租稅，別無特權。侯國則分屬所在郡管轄，不再直屬中央。」；廖伯源，〈漢代爵位制度試釋（上篇）〉，《新亞學報》第 10 卷第 1 期（下），頁 135，云：「漢初侯國有領轄於郡，亦有領轄於王國者。大約在文景之世，侯國只轄於郡而不轄於王國，然到西漢末年，侯國不得轄於王國之限制是否存在，卻成問題。」；陳蘇鎮，〈漢初侯國隸屬關係考〉，《文史》2005 年第 1 輯，頁 9，云：「在漢初郡國並行的體制下，漢郡中的侯國既歸漢郡管轄，王國中侯國便應歸王國管轄。」上述四人關於漢初侯國歸屬的意見有些分歧，但漢初侯國可屬漢郡，也可屬王國應該無誤，但七國之亂後，是否侯國全歸漢郡管則可能存疑，而廖伯源對漢末侯國不得屬王國的限制是否存在提出質疑。從本文表 5～5 來看，武帝元狩元年淮南王劉安謀反，有三列侯與之有關，其中一人屬淮南王國，二人屬漢郡，可知似乎在武帝元狩年間，侯國仍可屬漢郡與諸侯王國。

〔註 124〕《漢書》，卷四，〈文帝紀第四〉，頁 115，云：「朕聞古者諸侯建國千餘，各守其地，以時入貢，民不勞苦，上下驩欣，靡有違德。今列侯多居長安，邑遠，吏卒給輸費苦，而列侯亦無緣教訓其民。其令列侯之國，為吏及詔所止者，遣太子。」又文帝三年（西元前 177 年），在次下詔，云：「前日詔遣列侯之國，辭未行。丞相朕之所重，其為（遂）〔朕〕率列侯之國。」見同書、

分原因應該是軍功列侯群聚於京師，形成一股陳舊勢力，文帝害怕其勢力，而下此詔令，但陳蘇鎮提出其他意見，其云：

> 「令列侯之國」詔表面上是針對長安的功臣侯其子孫的，因此而之國的也大多是他們，但僅僅用削弱長安功臣集團來解釋文帝此舉的用意仍然不夠充分，甚至有勉強。而趙兼一事使我們意識到，「易侯邑」與「令列侯之國」兩項措施是互相關聯的，……從這一角度看，諸侯王之子弟和外戚所受影響比功臣侯更大，因而王國勢力很可能是文帝此舉之不便明言的主要打擊目標。〔註125〕

陳蘇鎮之論相當新穎，可以認為「易侯邑」與「令列侯之國」兩項政策是有針對諸侯王的目的。不過如再進一步分析軍功功臣雖在文帝時，就有些軍功列侯因種種原因已經失侯，其勢力或許沒有那麼大，但仍然有首腦，即「絳侯周勃」，時為丞相，軍功功臣還是有一定勢力，只是沒有高祖、呂后時期大而已。但從文帝三年（西元前 177 年）重申詔令時，可以看出有針對性，就是命令當時軍功列侯中輩分最老的周勃返國，亦有遣散軍功功臣列侯中的主腦人物返國，〔註126〕藉以此瓦解其勢力的意思。而周勃似乎嗅出文帝的想法，所以非常不安，從其居國時常常令其家臣武裝戒備可見一斑。〔註127〕此也反映出軍功列侯勢力不再，並走向沒落的意味。因為一項措施不限定發揮一種目的，也許其有二至三種以上的目的，本文認為文帝此「令列侯之國」之舉有瓦解舊勢力的目的，即將絳侯周勃趕出中央政治的核心圈。

　　總而言之，任何團體皆有沒落的時候，漢初的軍功功臣，雖然在漢朝建國一開始有相當的特權與政治地位。若以二十等爵來分則為侯爵的列侯與關內侯、非侯爵的大庶長至公士。非侯爵本身因制度上的設計就會自然沒落，自文帝改變賜爵制度後，爵制成為擴大統治秩序的基礎後，有一時性、特殊性的非侯爵者，被納入其中，不再享有其政治地位。

　　　　卷，頁 119。此次造成當時的丞相絳侯周勃免相歸其封國。

〔註125〕陳蘇鎮，〈漢文帝「易侯邑」及「令列侯之國」考辨〉，《歷史研究》，2005 年第 5 期，頁 25。

〔註126〕諸呂事件時，周勃、陳平為當時軍功功臣的首腦，以機智順利解決劉氏諸侯王與呂氏外戚的政爭。文帝二年，陳平去世後，就剩周勃，當年馬上就命「列侯返國」，第二年又重申一次，並且點名周勃，其打擊軍功功臣列侯主腦以分散其力量的用意昭然若揭。

〔註127〕《漢書》，卷四十，〈張陳王周傳第十〉，頁 2056，云：「免相就國。……歲於，每河東守尉行縣至絳，絳侯勃自畏恐誅，常被甲，令家人持兵以見。」

　　軍功功臣侯爵者的沒落，尤其是列侯，主要是其專屬的封侯專權遭到侵奪，外戚恩澤侯和王子侯的大量出現，相對的其政治地位有遭受破壞。再加上軍功列侯一代傳一代，其後代子孫不爭氣，或憑其政治地位胡作非為，犯法被誅殺、免侯；或者無子嗣爵侯，國絕等，為其兩大失侯原因。最後，文帝時將軍功列侯老一輩的首腦周勃免相，強制遣國，象徵軍功功臣的領導群注定沒落的開始，之後雖有軍功功臣列侯的第二代，但也無太多傑出人物了，以此側面證明其走向沒落。之後，漢朝皇帝進用一些儒、法之吏，取代軍功功臣的政治位子，另一邊繼續削弱諸侯王，一步一步的向中央集權邁進。

第六章　結　論

　　秦末漢初，「五年之間，號令三嬗」，〔註1〕然也可說爲「八年之間，號令四變」。秦二世元年（西元前 209 年）七月，陳勝起兵反秦，自此反秦勢力集於陳勝之下，此一變。陳勝滅亡，項梁立楚懷王，繼續集結反秦勢力，「與諸將約，先入定關中者王之」，〔註2〕此再一變。劉邦豐沛楚軍攻入咸陽，秦王子嬰降，〔註3〕秦王子嬰後遭項羽殺害，秦朝滅亡，時年爲漢元年（西元前 206 年）。之後，項羽尊楚懷王爲義帝，自爲西楚霸王，大封十八諸侯王，「欲以力征經營天下」，〔註4〕此又一變。漢五年五年（西元前 202 年）十二月，漢王劉邦「與諸侯兵共擊楚軍，與項羽決勝垓下」，〔註5〕項羽兵敗，自刎於烏江邊。同年正月漢王劉邦於汜水之陽，即位爲皇帝，漢朝建立，號令再變，天下復歸統一。

　　雖然天下已經統一，可是漢初的政治局勢，卻仍是有所變化。漢初最大的政治問題以及漢中央最大的威脅，並非「外戚」也非「功臣」，而是「諸侯王」，尤其是同姓諸侯王。

　　漢朝能夠建立是靠著許多力量完成，異姓諸侯王是主要的力量，如齊王

〔註1〕　《史記》，卷十六，〈秦楚之際月表第四〉，頁 759。索隱：「三嬗，謂陳涉、項氏、漢高祖也。」

〔註2〕　《史記》，卷八，〈高祖本紀第八〉，頁 356。

〔註3〕　《史記》，卷六，〈秦始皇本紀第六〉，頁 275，云：「閻樂歸報趙高，趙高乃悉召諸大小公子，告以誅二世之狀。曰：『秦故王國，始皇君天下，故稱帝。今六國復自立，秦地益小，乃以空名爲帝，不可。宜爲王如故，便。』立二世兄子公子嬰爲秦王。」

〔註4〕　《史記》，卷七，〈項羽本紀第七〉，頁 339。

〔註5〕　《史記》，卷八，〈高祖本紀第八〉，頁 378。

韓信、梁王彭越、淮南王黥布等，這些人有的是劉邦新封的異姓諸侯王，有的爲項羽舊封的十八諸侯王。劉邦在與項羽決戰時，若無這股力量加入，勝敗仍難定。〔註6〕所以漢初異姓諸侯王形成一股力量，使立國形勢呈現「支強幹弱」，讓漢高祖劉邦有如芒刺在背。可是，漢高祖劉邦與異姓諸侯王因利益而結合，總有一天將因利益而對立，因此高祖定下以「同姓易異姓」的策略，並在其有生之年完成。高祖十二年（西元前 195 年）二月，立子劉建爲燕王爲第十個同姓諸侯王後，高祖的「同姓易異姓」策略至此完成。

　　漢高祖劉邦死後，惠帝時期與呂后時期的政治局勢呈現穩定，此歸功於黃老無爲的治國方針。呂后死後的漢朝政治局勢出現短暫的浮動，起因爲呂后臨朝稱制後，封諸呂爲列侯、爲諸侯王，打破白馬之盟，最後造成「諸呂事件」。呂后的本意，一爲保護惠帝子嗣，即少帝弘；一爲保護諸呂，其「劉呂共天下」的政治意圖，在張家山漢簡《二年律令》中《具律》、《津關令》可以得到進一步的證實。以張家山漢簡中《二年律令》的相關資料來看，呂后有一些行爲是侵奪劉氏皇權與破壞中央集權的表現，即呂后是在對其呂氏有利的情況下，一方面進行集權中央，如封王諸呂；另一方面也破壞中央集權，如許魯王張偃得買馬關中。雖然呂后侵奪劉姓皇帝的皇權，可是呂后與諸呂沒有謀朝篡位之舉，所以呂后的作爲似以維持中央政局的運作爲出發較多，卻也造成中央外戚與軍功功臣之間的分歧、分裂，不能一致對外。而呂后一死，同姓諸侯王中的齊哀王劉襄對中央舉起反旗，中央的軍功功臣與其聯合，共同誅除諸呂。同姓諸侯王與功臣聯手爲不爭的事實，可是值得注意的一點，同姓諸侯王在這場政治鬥爭扮演非常重要的角色是肯定的，主要在於朱虛侯劉章與其兄齊哀王劉襄裡應外合，如果沒有齊哀王劉襄舉兵，功臣無法趁亂騙取呂祿的兵權，促成政變的成功，因此同姓諸侯王乃是「諸呂事件」成功的關鍵，且同姓諸侯王對於漢中央的潛在威脅在這場政治鬥裡漸漸浮出檯面。

〔註6〕　《史記》，卷八，〈高祖本紀第八〉，頁 378，云：「項羽解而歸東。漢王欲引兵西歸，用留侯、陳平計，乃進兵追項羽，至陽夏南止軍，與齊王信、建成侯彭越期會擊楚軍。至固陵，不會。楚擊漢軍，大破之。漢王復入壁，深塹而守之。用張良計，於是韓信、彭越皆往。……立武王布爲淮南王。」張良之計見《史記》，卷七，〈項羽本紀第七〉，頁 331～332，張良云：「楚兵且破，信、越未有分地，其不至固宜。君王能與共分天下，今可立致也。即不能，事未可知也。君王能自陳以東傅海，盡與韓信；睢陽以北至穀城，以與彭越，使各自爲戰，則楚易敗也。」可知劉邦對項羽發起的最後決戰，若無韓信等人加入，成敗未可知；另外，劉邦與異姓諸侯王以利益結合，在此也展露無遺。

　　「諸呂事件」對於漢初政局的影響，一為諸呂事件是同姓諸侯王首次叛亂所引起的事件，雖然繼位的文帝並不以為過，同姓諸侯王沒有遭到秋後算帳，側面反映出當時同姓諸侯王勢力的龐大，不宜對同姓諸侯王有激烈的懲處而激其變，可是此事件亦影響文帝對於諸侯王的政策進行改變；二為惠帝絕嗣，造成高祖嫡長子的帝系就此斷絕，故往後有淮南厲王劉長、吳王劉濞等反叛，因為嫡長子帝系斷絕，使得身為旁系的同姓諸侯王在爭奪皇帝之位時，有理由否定當朝皇帝，此對漢初政治局勢將有所影響；三為諸呂成為漢朝外戚為亂的代表，可是諸呂實不為亂，「諸呂為亂」是政治鬥爭後被貼上的標籤，成為當時漢朝人以及往後之人所持的主流看法。但是需注意，外戚為亂政治之事仍然屢見不鮮，不僅僅是漢代，甚至是往後的歷朝歷代，時常有外戚干政、為亂，造成政局混亂、衰敗，以至於走下坡的情況，因此這不但是漢朝政治上的問題，也是中國古代政治的重大問題。

　　漢初的同姓諸侯王，「連城數十，跨地數郡」，占去漢朝半壁以上的疆土，且連成一氣，牽一髮而動全身，「動一親戚，天下圜視而起」，〔註 7〕成為漢初政治上的一大問題，其對漢中央的威脅一刻也沒有停止，《史記》、《漢書》所記錄的一場場同姓諸侯王的謀反、叛亂就是證據。文帝之後，漢中央開始對同姓諸侯王推行一系列的政策，即文帝時期的「眾建諸侯少其力」、「以親制疏」；景帝時期的「削藩」、「改革王國官制」；武帝時期的「推恩眾建」、「酎金律」、「左官律」、「附益之法」等。其中文帝的析藩與以親制疏對於七國之亂的平定，發揮著相當的作用，顯示文帝與賈誼有政治遠見。武帝以「推恩眾建」與「酎金律」的互相配合，對諸侯王國進行蠶食，再以「左官律」、「附益之法」進一步孤立諸侯王，最後諸侯王只能衣食租稅，與富家無異了。〔註8〕

　　張家山漢簡《二年律令》中，透露出漢中央與諸侯王的對立情勢，並且文帝以前的諸侯王政策有了進一步認識，即漢初從建國，或從呂后時期到文、景、武時期，漢中央對諸侯王的政策有了變化，是由消極性政策轉變為積極性政策。

　　張家山漢簡《二年律令·津關令》中有禁止黃金、馬匹出杆關、鄖關、

〔註 7〕　《漢書》，卷四十八，〈賈誼傳第十八〉，頁 2234。
〔註 8〕　《漢書》，卷十四，〈諸侯王表第二〉，頁 395，云：「景遭七國之難，抑損諸侯，減黜其官。武有衡山、淮南之謀，作左官之律，設附益之法，諸侯惟得衣食租稅，不與政事。」頁 396，又云：「至哀、平之際，皆繼體苗裔，親屬疏遠，生於帷牆之中，不為士民所尊，勢與富室無異。」

武關、函谷關、臨晉關等五關的規定，透露出漢初中央與諸侯王的對立。但是《津關令》顯示漢中央與諸侯王的對立是一種消極的對立。漢初以法令禁止馬匹流向關東，乃因為漢中央本身馬匹就少，加上軍事上的需求，更加不能流失，而因馬匹在當時是一種身分的象徵，所以在《津關令》裡才有特許買馬的規定，基本上關東的諸侯王是不能買馬於關中，因為漢中央不想自身資源流失，讓諸侯王增加力量與提升身分地位。而黃金在當時是一種財富，基於相同理由，漢中央當然不想讓黃金流向關東的諸侯王手上，但是諸侯王在其封國內，有鹽、鐵、銅等自然資源，其可以鑄錢、煮鹽，來增加自身的經濟力量，如齊國、吳國等。漢初對於諸侯王的政策主要是用「法律」，此為一種防備消極性措施，並無實際積極性措施，在《二年律令》中就有許多防範與限制諸侯王的法律，但以限制中央直轄郡的人民與諸侯王國接觸的居多，但是如此的規定對諸侯王影響不大。

漢中央對於諸侯王的政策從消極轉為積極的改變，在漢初政治局勢發展是十分重要的，其代表皇帝的皇權增強、擴展，而同姓諸侯王等地方割據的力量就減弱、限縮，等到武帝時期，中央集權已經逐步鞏固，同姓諸侯王失去了與皇帝對抗的力量，無法威脅中央，漢初最大的政治問題得到解決，武帝能夠東征西討、開疆拓土也是基於諸侯王的威脅消失為前提。

漢初的軍功功臣，雖然與同姓諸侯王聯手鬥倒政敵，但其形成「列侯政治」所發揮穩定漢初政局的一定作用也是不可抹殺。軍功功臣的沒落，並非統治者刻意為之，而是自身或其子孫後裔因犯法、絕後等，〔註9〕以至於多在武帝末年以前失侯。所以雖然軍功功臣中的列侯掌控中央官職，甚至是地方王國相、郡太守之位，但其顯赫的政治地位，終因其後代子孫不肖而漸漸黯淡失色，並無法長期壟斷中央政柄，因此在中央漢朝皇帝得以集權，形成「君尊臣卑」之勢。

值得注意，在張家山漢簡《二年律令》裡有許多軍功功臣的特權，顯示軍功功臣在漢初有一定的政治地位，受到統治者高祖劉邦等的重視，如此是報答軍功功臣在建立漢朝過程中的努力，亦可視為一種利益與權利的分配。而漢文帝改變賜爵制度，由賜戶爵變成普賜民爵。文帝的改革，一方面勢必

〔註9〕《史記》，卷十八，〈高祖功臣侯者年表第六〉，頁877～878，云：「漢興，功臣受封者百有餘人。……子孫驕溢，忘其先，淫嬖。至太初百年之間，見侯者五，餘皆坐法隕命亡國，耗矣。罔亦少密焉，然皆身無兢兢於當世之禁云。」

造成《二年律令》中軍功功臣的特權將改革其內容，甚至取消，另一方面將擴大皇帝的公權力支配結構，〔註10〕擴大並加深中央集權。

綜觀中國古代政治，外戚、諸侯王（封建）問題在各朝各代都時常見到。皇帝制度建立後，歷朝歷代的皇帝，有以外戚為誡鑑者，亦有重用外戚，授以權柄，以為「外戚之助」，〔註11〕此或因於皇帝欲獨攬權力，但自身能力無法負荷，或是皇帝好逸惡勞，不喜政事，因而把權力交給有姻親關係的外戚，但是並非所有外戚都賢能無私心，不賢者可能使政治日壞，不軌者可能謀朝篡位。外戚勢力的膨脹，也可能造成政治勢力的分裂，對政治局勢興起一陣波濤，在漢初的諸呂事件即是此一情況的代表，諸呂雖不為亂，但是因為軍功功臣不願屈居於外戚之下，加上同姓諸侯王欲謀皇帝之位，偶然的結合下，外戚諸呂就成為政治鬥爭的犧牲品。但是諸呂事件的重心不在於諸呂是否欲為亂，而是在於中國皇帝制度建立以來第一次因外戚而產生的問題，以及其過程與結果對往後各朝代產生的警惕和誡鑑。諸侯王的問題，牽涉到是否行封建的問題，秦代有行郡縣或行封建的爭論，但王綰等人之論並非全面恢復封建，而是有鎮撫遠疆之任務，漢初因秦孤立而亡，大行封建，而漢初也曾嘗到封建的痛苦，可是漢朝能夠順利解決此一問題，雖然各朝代的時空背景不同，但亦為後代樹立一個典範，提供一種模式。

漢初的政治局勢中的相關政治問題，可為後代統治者提供一些經驗。從前漢二百多年的歷史來看，漢初的政治局勢，對於前漢興衰有著重要的影響。因為在漢初，北方有重要的外族匈奴，漢高祖曾被其圍困於平城，呂后對其卑躬屈膝，但是自武帝後漢朝能展開全面反攻，乃因為此時漢朝中央集權已經穩固，因為地方上的同姓諸侯王無論是封域或權力過大問題都解決，因此無後顧之憂，若當時同姓諸侯王問題沒有得到解決，可能剛統一的漢朝又將走向分裂，甚至衰亡；中央方面，外戚因諸呂事件後暫時消沉，但武帝時正醞釀一股新的力量，軍功功臣完成其穩固政局的作用，漸漸沒落，繼之而起的文法吏，多唯君命是從，君尊臣卑形勢形成，因此武帝有其資本將漢朝推向盛世。而漢初政治局勢的發展，是皇權逐漸強化，集權中央，使漢朝走向鼎盛。

〔註10〕 參見西嶋定生著，武尚清譯，《中國古代帝國的形成與結構——二十等爵制研究》，頁449。

〔註11〕 《漢書》，卷九十七上，〈外戚傳第六十七上〉，頁3933，云：「自古受命帝王及繼體守文之君，非獨內德茂也，蓋亦有外戚之助焉。」

附錄：《二年律令・秩律》各級縣秩級
統計表及其數點討論

表一　《二年律令・秩律》千石～三百石各級縣秩級統計表

千　石

秩	縣　名	漢初屬郡	備　註
千　石	櫟　陽	內　史	
千　石	長　安	內　史	
千　石	頻　陽	內　史	
千　石	臨　晉	內　史	
千　石	成　都	蜀　郡	郡治
千　石	雒	廣漢郡	
千　石	雒　陽	河南郡	
千　石	酆	楚　國	（豐）高帝湯沐邑
千　石	雲　中	雲中郡	郡治
千　石	新　豐	內　史	
千　石	槐　里	內　史	
千　石	雍	內　史	據周振鶴說〔註1〕
千　石	好　畤	內　史	漢初屬內史
千　石	沛	楚　國	高帝湯沐邑
千　石	郃　陽	內　史	

〔註1〕 周振鶴，〈《二年律令・秩律》的歷史地理意義〉，《張家山漢簡《二年律令》
　　　　研究文集》，頁 354。

八百石

秩	縣　名	《漢書・地理志》	備　註
八百石	胡	內　史	建元年間更名湖
八百石	夏陽	內　史	
八百石	彭陽	北地郡	
八百石	朐忍	巴　郡	
八百石	臨邛	蜀　郡	
八百石	新都	廣漢郡	
八百石	武陽	蜀　郡	整理小組以爲漢初屬廣漢郡
八百石	梓潼	廣漢郡	郡治
八百石	涪	廣漢郡	
八百石	南鄭	漢中郡	
八百石	宛	南陽郡	
八百石	穰	南陽郡	
八百石	溫	河內郡	
八百石	脩武	河內郡	
八百石	軹	河內郡	
八百石	楊	河東郡	
八百石	臨汾	河東郡	
八百石	九原	雲中郡	據周振鶴說〔註2〕
八百石	咸陽	雲中郡	
八百石	原陽	雲中郡	
八百石	北輿（興）	雲中郡	
八百石	旗（？）陵		地望不詳
八百石	西安陽	雲中郡	據周振鶴說〔註3〕
八百石	下邽	內　史	
八百石	鯦	內　史	
八百石	鄭	內　史	

〔註2〕 同前注，引文，頁359。
〔註3〕 同前注，引文，頁359。

八百石	雲 陽	內 史	
八百石	重 泉	內 史	
八百石	華 陰	內 史	
八百石	愼	淮陽國	據周振鶴說〔註4〕
八百石	衙	內 史	
八百石	藍 田	內 史	
八百石	新 野	南陽郡	
八百石	宜 成	南 郡	
八百石	蒲 反	河東郡	
八百石	成 固	漢中郡	
八百石	圜 陽	上 郡	
八百石	巫	南 郡	
八百石	沂 陽	上黨郡	據晏昌貴說〔註5〕
八百石	長 子	上黨郡	郡治
八百石	江 州	巴 郡	郡治
八百石	上 邽	隴西郡	
八百石	陽 翟	潁川郡	
八百石	西 成	漢中郡	
八百石	江 陵	南 郡	
八百石	高 奴	上 郡	
八百石	平 陽	河東郡	
八百石	降（絳）	河東郡	
八百石	鄳	楚 國	
八百石	贊	南陽郡	鄳國
八百石	城 父	楚 國	
八百石	池 陽	內 史	
八百石	長 陵	內 史	
八百石	濮陽	東 郡	

〔註4〕 同前注,引文,頁 359。
〔註5〕 晏昌貴,〈張家山漢簡釋地六則〉,《江漢考古》,2005 第 2 期,頁 78。

六百石

秩	縣　名	《漢書·地理志》	備　註
六百石	汾　陰	河東郡	
六百石	汧	內　史	
六百石	杜　陽	內　史	
六百石	沬（漆）	內　史	
六百石	上　雒	內　史	
六百石	商	內　史	
六百石	武　城	內　史	
六百石	翟　道	內　史	
六百石	烏　氏	北地郡	
六百石	朝　那	北地郡	
六百石	陰　密	北地郡	
六百石	郁　郅	北地郡	
六百石	薗	北地郡	
六百石	褐　邑		地望不詳
六百石	歸　德	北地郡	
六百石	朐（昫）衍	北地郡	
六百石	義渠道	北地郡	
六百石	略畔道	北地郡	
六百石	朐衍道	北地郡	據周振鶴說〔註6〕
六百石	雕　陰	上　郡	
六百石	洛　都	上　郡	
六百石	襄城（襄洛）	上　郡	襄洛在上郡
六百石	漆　桓	上　郡	
六百石	定　陽	上　郡	
六百石	平　陸	上　郡	
六百石	饒	上　郡	

〔註6〕 周振鶴，〈《二年律令·秩律》的歷史地理意義〉，《張家山漢簡《二年律令》研究文集》，頁359。

六百石	陽 周	上 郡	
六百石	原 都	上 郡	
六百石	平 都	上 郡	
六百石	平 周	上 郡	
六百石	武 都	雲中郡	
六百石	安 陵	內 史	
六百石	徒 涅	上 郡	疑似徒經之誤
六百石	西 都	上 郡	
六百石	中 陽	上 郡	
六百石	廣 衍	上 郡	
六百石	高 望	上 郡	
六百石	平樂（道）	廣漢郡	
六百石	狄 道	隴西郡	
六百石	戎 邑	隴西郡	
六百石	□□□陵		缺
六百石	江 陽	廣漢郡	
六百石	臨 江	巴 郡	
六百石	涪 陵	巴 郡	
六百石	安 漢	巴 郡	
六百石	宕 渠	巴 郡	
六百石	枳	巴 郡	
六百石	沮	漢中郡	《漢書・地理志》屬武都郡
六百石	旬 陽	漢中郡	
六百石	安 陽	漢中郡	
六百石	長 利	漢中郡	
六百石	錫	漢中郡	
六百石	上 庸	漢中郡	
六百石	武 陵	漢中郡	
六百石	房 陵	漢中郡	
六百石	陽 平	東 郡	

六百石	桓	河東郡	
六百石	濩（濩）澤	河東郡	
六百石	襄　陵	河東郡	
六百石	蒲　子	河東郡	
六百石	皮　氏	河東郡	
六百石	北　屈	河東郡	
六百石	彘	河東郡	
六百石	潞	上黨郡	
六百石	涉	上郡	《漢書・地理志》屬魏郡
六百石	余　吾	上黨郡	
六百石	屯　留	上黨郡	
六百石	武　安	上黨郡	《漢書・地理志》屬魏郡
六百石	端　氏	上黨郡	《漢書・地理志》屬魏郡
六百石	阿　氏	上黨郡	疑爲陭氏
六百石	壺　關	上黨郡	
六百石	泫　氏	上黨郡	
六百石	高　都	上黨郡	
六百石	銅　鞮	上黨郡	
六百石	涅	上黨郡	
六百石	襄　桓	上黨郡	
六百石	成　安	潁川郡	
六百石	河　陽	河內郡	
六百石	汲	河內郡	
六百石	蕩　陰	河內郡	
六百石	朝　歌	河內郡	
六百石	鄴（鄴）	上黨郡	據晏昌貴說〔註 7〕
六百石	野　王	河內郡	

〔註 7〕 晏昌貴，〈張家山漢簡釋地六則〉，《江漢考古》，2005 第 2 期，頁 78～79。

六百石	山　陽	河內郡	
六百石	內廣（黃）	河內郡	《漢書‧地理志》屬魏郡
六百石	繁（繁）陽	河內郡	《漢書‧地理志》屬魏郡
六百石	陝	河南郡	
六百石	盧　氏	河南郡	
六百石	新　安	河南郡	
六百石	新城（成）	河南郡	
六百石	宜　陽	河南郡	
六百石	平　陰	河南郡	
六百石	河　南	河南郡	
六百石	緱　氏	河南郡	
六百石	成　皋	河南郡	
六百石	熒（滎）陽	河南郡	
六百石	卷	河南郡	
六百石	岐	河南郡	
六百石	陽　武	河南郡	
六百石	陳　留	河南郡	《漢書‧地理志》屬陳留郡
六百石	梁	河南郡	
六百石	圉	河南郡	
六百石	姊（秭）歸	南　郡	
六百石	臨　沮	南　郡	
六百石	夷　陵	南　郡	
六百石	醴　陵	長沙國	據周振鶴說〔註8〕
六百石	孱　陵	南　郡	據周振鶴說〔註9〕
六百石	銷	南　郡	據晏昌貴說〔註10〕

〔註8〕 周振鶴，〈《二年律令‧秩律》的歷史地理意義〉，《張家山漢簡《二年律令》研究文集》，頁359～340。

〔註9〕 同前注，引文，頁358。

〔註10〕 晏昌貴，〈張家山漢簡釋地六則〉，《江漢考古》，2005 第2期，頁79。

六百石	竟 陵	南 郡	
六百石	安 陵	南 郡	
六百石	州 陵	南 郡	
六百石	沙 羨	南 郡	
六百石	西 陵	南 郡	
六百石	夷 道	南 郡	
六百石	下 雋	南 郡	
六百石	析	南陽郡	
六百石	酈	南陽郡	
六百石	鄧	南陽郡	
六百石	南 陵	南陽郡	據晏昌貴說〔註11〕
六百石	比 陽	南陽郡	
六百石	平 氏	南陽郡	
六百石	胡 陽	南陽郡	
六百石	祭（蔡）陽	南陽郡	
六百石	隋	南陽郡	
六百石	西 平	南陽郡	
六百石	葉	南陽郡	
六百石	陽成（城）	南陽郡	
六百石	雉	南陽郡	
六百石	陽 安	南陽郡	據周振鶴說〔註12〕
六百石	魯 陽	南陽郡	
六百石	朗 陵	南陽郡	據周振鶴說〔註13〕
六百石	犫	南陽郡	
六百石	酸 棗	河南郡	
六百石	密	河南郡	
六百石	陽 城	潁川郡	

〔註11〕 同前注，引文，頁79～80。

〔註12〕 周振鶴，〈《二年律令‧秩律》的歷史地理意義〉，《張家山漢簡《二年律令》研究文集》，頁358。

〔註13〕 同前注，引文，頁358。

六百石	苑　陵	河南郡	
六百石	襄　城	穎川郡	
六百石	偃	穎川郡	
六百石	郟	穎川郡	
六百石	尉　氏	穎川郡	
六百石	穎（潁）陽	穎川郡	
六百石	長　社	穎川郡	
六百石	解　陵		地望不詳
六百石	武　泉	雲中郡	
六百石	沙　陵	雲中郡	據周振鶴說
六百石	南　輿	雲中郡	據周振鶴說
六百石	蔓（曼）柏	雲中郡	據周振鶴說
六百石	莫（䵣）	雲中郡	據周振鶴說
六百石	河　陰	雲中郡	據周振鶴說〔註14〕
六百石	博　陵	上　郡	
六百石	許	穎川郡	
六百石	辨　道	隴西郡	據周振鶴說〔註15〕
六百石	武都道	隴西郡	
六百石	予　道	隴西郡	
六百石	氐　道	隴西郡	
六百石	薄　道		地望不詳
六百石	下　辨	隴西郡	
六百石	獂　道	隴西郡	
六百石	略　陽	隴西郡	
六百石	縣（絲）諸	隴西郡	
六百石	方　渠	北地郡	
六百石	除　道	北地郡	
六百石	雕陰道	上　郡	

〔註14〕同前注，引文，頁359。
〔註15〕同前注，引文，頁359。

六百石	青衣道	蜀 郡	
六百石	嚴 道	蜀 郡	
六百石	郿	內 史	
六百石	美 陽	內 史	
六百石	壞（衰）德	內 史	
六百石	共	河內郡	
六百石	館 陰	趙 國	據周振鶴說，即館陶之誤〔註16〕
六百石	隆 慮	河內郡	
六百石	中 牟	河南郡	
六百石	潁 陰	潁川郡	
六百石	定 陵	潁川郡	
六百石	舞 陽	潁川郡	
六百石	啓 封	河南郡	即開封
六百石	閑 陽		地望不詳
六百石	女 陰	淮陽國	據周振鶴說，即汝陰〔註17〕
六百石	索	南 郡	據周振鶴說〔註18〕
六百石	焉（鄢）陵	潁川郡	
六百石	東 阿	東 郡	
六百石	聊 城	東 郡	
六百石	燕	東 郡	
六百石	觀	東 郡	
六百石	白 馬	東 郡	
六百石	東武陽	東 郡	
六百石	茌 平	東 郡	
六百石	甄（鄄）城	東 郡	
六百石	揗（頓）丘	東 郡	
六百石	靈 州	北地郡	
六百石	圜 陰	上 郡	

〔註16〕同前注，引文，頁355及359。
〔註17〕同前注，引文，頁359。
〔註18〕同前注，引文，頁358。

五百石

秩	縣　　名	《漢書‧地理志》	備　　註
五百石	陰平道	廣漢郡	
五百石	蜀（甸）氐道	廣漢郡	
五百石	縣（絲）遞道	蜀　郡	
五百石	湔氐道	蜀　郡	

三百石

秩	縣　　名	《漢書‧地理志》	備　　註
三百石	黃（廣）鄉	梁　國	據據晏昌貴說，即黃鄉無誤〔註19〕
三百石	萬年邑	內　史	

資料出處：張家山二四七號漢墓竹簡整理小組，《張家山漢墓竹簡〔二四七號墓〕（釋文修訂本）》，《二年律令‧秩律》，簡443～466，頁70～79；周振鶴，〈《二年律令‧秩律》的歷史地理意義〉，《張家山漢簡《二年律令》研究文集》，頁 353～361；晏昌貴，〈張家山漢簡釋地六則〉，《江漢考古》，2005 第 2 期，頁 78～81。

表二　《二年律令‧秩律》千石～三百石所屬郡國統計表

	千石	八百石	六百石	五百石	三百石	總計
內　史	9	12	11		1	33
河東郡		5	8			13
上黨郡		2	13			15
河內郡		3	10			13
河南郡	1		21			22
東　郡		1	10			11
潁川郡		1	13			14
南陽郡		4	17			21
南　郡		3	13			16
漢中郡		3	8			11

〔註19〕晏昌貴，〈張家山漢簡釋地六則〉，《江漢考古》，2005 第 2 期，頁 80。

廣漢郡	1	3	2	2		8
蜀　郡	1	2	2	2		7
巴　郡		2	5			7
隴西郡		1	10			11
北地郡		1	13			14
上　郡		2	20			22
雲中郡	1	5	7			13
趙　國			1			1
淮陽國		1	1			2
梁　國					1	1
楚　國	2	2				4
長沙國			1			1
總　　計	15	53	176	4	2	250

說明：1. 旗（？）陵、楬邑、解陵、薄道、閑陽等五縣地望不詳者不列入計算。

　　　2. □□□陵，缺字不列入計算。

　　根據上表一、二，可以得到幾個觀點，分述如下：

　　第一，千石、八百石的縣所屬的郡，除了東郡、潁川郡、南陽郡等之外，大多位在漢帝國版圖的的西半部。其中沛郡的豐、沛二縣是高帝的故鄉，是為「帝鄉」因而直達千石，應是其主因。南陽郡的宛、蜀郡的成都，上黨郡的長子等則應為「郡治」的關係。而位於北方的縣達千石、八百石，應該是戰略地位使然，如雲中郡的郡治雲中，應外當時北方有主要外患「匈奴」的緣故。

　　第二，六百石的縣是國家的主幹，但並非核心的縣。所以由縣的秩等千石、八百石、六百石、五百石、三百石，有從內史一帶以同心圓式的擴散趨勢，此間當然有例外，但是大趨勢來說應該無誤。可以看出關中與關東的縣是有地位上的差別。從上面的表一、二來看這些縣的屬郡的分布，似乎都是漢朝中央所直轄的郡縣，由此可以呼應漢初的立國形勢是關中與關東分立。

　　第三，在整理此表時，有一問題，即東郡屬中央或梁國的問題。《漢書·高帝本紀下》十一年（西元前196年），梁王彭越反誅，立子恢為梁王，因而罷東郡，頗益梁。[註20] 周振鶴《西漢政區地理》也贊同為東郡全屬梁國，[註21]

────────────

〔註20〕《漢書》，卷一下，〈高帝紀第一下〉，頁72。

後來在〈《二年律令‧秩律》的歷史地理意義〉一文已修正其說，[註22] 但仍以存疑態度視之。因此從《二年律令‧秩律》來看，東郡在漢高祖十一年（西元前 196 年）後，屬中央，或屬梁國似乎有值得商榷的餘地。

　　特別值得注意的為第四點，漢初的侯國到底是由誰管轄，柳春藩認為是「侯國一般受直屬中央的郡管轄」。[註23] 周振鶴則提出漢初侯國是直屬中央，七國之亂後，才改分屬所在郡國管轄。[註24] 廖伯源認為「漢初侯國有領轄於郡，亦有領轄於王國者。大約在文景之世，侯國只轄於郡而不轄於王國，然到西漢末年，侯國不得轄於王國之限制是否存在，卻成問題。」[註25] 陳鎮蘇則認為漢初侯國在漢郡者歸漢郡管，在王國者歸王國管。[註26]

　　上述四人關於漢初侯國歸屬的意見有些分歧，但漢初侯國可屬漢郡，也可屬王國應該無誤，從《二年律令‧秩律》來看，侯國屬郡者比如南陽郡的鄧國；屬王國者比如梁國的黃鄉、長沙國的醴陵等。但七國之亂後，是否侯國全歸漢郡管則可能要存疑，而廖伯源對漢末侯國不得屬王國的限制是否存在也提出質疑。而從本文第五章表 5～5 來看，武帝元狩元年（西元前 122 年）淮南王劉安謀反，有三列侯與之有關，其中一人屬淮南王國，二人屬漢郡，可知似乎在武帝元狩年間，侯國仍可屬漢郡與諸侯王國，與漢初情況相同。

〔註21〕周振鶴，《西漢政區地理》，頁 54。
〔註22〕周振鶴，〈《二年律令‧秩律》的歷史地理意義〉，《張家山漢簡《二年律令》研究文集》，頁 360。
〔註23〕柳春藩，《秦漢封國食邑賜爵制》，頁 78。
〔註24〕周振鶴，《西漢政區地理》，頁 232。
〔註25〕廖伯源，〈漢代爵位制度試釋（上篇）〉，《新亞學報》第 10 卷第 1 期（下），頁 135。
〔註26〕陳蘇鎮，〈漢初侯國隸屬關係考〉，《文史》2005 年第 1 輯，頁 9。

參考書目

一、文獻史料

1. 商鞅撰，蔣禮鴻集注，《商君書錐指》，五卷，北京：中華書局，1986 年 4 月第 1 版。

2. 荀況撰，北大哲學系注釋，《荀子新注》，三十二篇，台北：里仁書局，民國 72 年 11 月初版。

3. 韓非撰，王先慎集解，《韓非子集解》，二十卷，北京：中華書局，1998 年 7 月第 1 版。

4. 呂不韋撰，王利器注疏，《呂氏春秋注疏》，二十六卷，成都：巴蜀書社，2002 年 1 月第 1 版。

5. 司馬遷撰，《史記》，一百三十卷，標點本，台北：鼎文書局，民國 91 年 12 月第 13 版。

6. 荀悅撰，《漢紀》，三十卷，北京：中華書局，2002 年 6 月第 1 版。

7. 劉安撰，劉文典集解，《淮南鴻烈集解》，二十一卷，北京：中華書局，1989 年 5 月第 1 版。

8. 桓寬撰，王利器校注，《鹽鐵論校注》，十卷，北京：中華書局，1992 年 7 月第 1 版。

9. 陸賈撰，王利器校注，《新語校注》，二卷，北京：中華書局，1986 年 8 月第 1 版。

10. 賈誼撰，閻振益、鍾夏校注，《新書校注》，十卷，北京：中華書局，2000 年 7 月第 1 版。

11. 班固撰，《漢書》，一百卷，標點本，北京：中華書局，2006 年 1 月第 12 刷。

12. 班固撰,《漢書》,一百卷,王先謙補注本,揚州:廣陵書社,2006 年 5 月第 1 版。

13. 范曄撰,《後漢書》,標點本,九十卷,北京:中華書局,2006 年 3 月第 11 刷。

14. 孫星衍輯撰,周天游典校,《漢官六種》,北京:中華書局,1990 年 9 月第 1 版。

二、出土史料

1. 張家山二四七號漢墓竹簡整理小組,《張家山漢墓竹簡〔二四七號墓〕》,北京:文物出版社,2001 年 11 月第 1 版,320 頁。

2. 張家山二四七號漢墓竹簡整理小組,《張家山漢墓竹簡〔二四七號墓〕(釋文修訂本)》,北京:文物出版社,2006 年 5 月第 1 版,229 頁。

3. 彭浩、陳偉、工藤元男主編,《二年律令與奏讞書──張家山二四七號墓漢墓出土法律文獻試讀》,上海:上海古籍出版社,2007 年 8 月第 1 版,頁 405。

4. 連雲港市博物館,《尹灣漢墓簡牘》,北京:中華書局,1997 年 9 月第 1 版,180 頁。

三、專　書

1. 卜憲群,《秦漢官僚制度》,北京:社會科學文獻出版社,2002 年 12 月第 1 版,344 頁。

2. 王恢,《漢王國與侯國之演變》,台北:國立編譯館,民國 73 年 4 月,421 頁。

3. 王鳴盛,《十七史商榷》,上海:上海書店出版社,2005 年 12 月第 1 版,965 頁。

4. 中國社會科學院簡帛中心,《張家山漢簡《二年律令》研究文集》,桂林:廣西師範大學出版社,2007 年 6 月第 1 版,380 頁。

5. 中國社會科學院考古研究所等編,《滿城漢墓發掘報告》,上、下冊,北京:文物出版社,1980 年 10 月第 1 版,751 頁。

6. 司修武,《黃老學說與漢初政治平議》,台北:台灣學生書局,民國 81 年 6 月初版,185 頁。

7. 安作璋、熊鐵基,《秦漢官制史稿》,濟南:齊魯書社,2007 年 1 月第 2 版,998 頁。

8. 邢義田,《秦漢史論稿》,台北:東大圖書股份有限公司,民國 76 年 6 月初版,635 頁。

9. 朱紅林，《張家山漢簡《二年律令》集釋》，北京：社會科學文獻出版社，2005 年 10 月第 1 版，370 頁。

10. 朱紹侯，《軍功爵制研究》，上海：上海人民出版社，1990 年 1 月第 1 版，289 頁。

11. 朱紹侯，《軍功爵制考論》，北京：商務印書館，2008 年 11 月第 1 版第 1 刷，509 頁。

12. 呂思勉，《秦漢史》，台北：台灣開明書店，民國 56 年 1 月第 1 版，825 頁。

13. 宋敘五，《西漢貨幣史》，香港：中文大學出版社，2002 年，147 頁。

14. 余英時，《歷史與思想》，台北：聯經出版社，2001 年 11 月初版第 22 刷，476 頁。

15. 李開元，《漢帝國的建立與劉邦集團——軍功受益階層研究》，北京：生活・讀書・新知三聯書店，2003 年 3 月第 1 版，307 頁。

16. 李劍農，《先秦兩漢經濟史稿》，北京：生活・讀書・新知三聯書店，1957 年，306 頁。

17. 柳春藩，《秦漢封國食邑賜爵制》，瀋陽：遼寧人民出版社，1984 年 12 月第 1 版，228 頁。

18. 吳榮曾，《先秦兩漢史研究》，北京：中華書局，1995 年 6 月第 1 版，379 頁。

19. 周長山，《漢代地方政治史論——對郡縣制度若干問題的考察》，北京：中國社會科學出版社，2006 年 7 月第 1 版，184 頁。

20. 周振鶴，《西漢政區地理》，北京，人民出版社，1987 年 8 月第 1 版，304 頁。

21. 周振鶴編著，《漢書地理志滙釋》，合肥：安徽教育出版社，2006 年 6 月第 1 版，540 頁。

22. 林聰舜，《西漢前期思想與法家的關係》，台北：大安出版社，1991 年 4 月第 1 版，267 頁。

23. 河南省商丘文物管理委員會等編，《芒碭山西漢梁王墓地》，北京：文物出版社，2001 年 8 月第 1 版，362 頁。

24. 俞正燮，《癸巳類稿》，台北：世界書局，民國 69 年 11 月第 3 版，616 頁。

25. 施之勉，《漢書補注辨證》，九龍：新亞研究所，民國 50 年 10 月初版，368 頁。

26. 施之勉，《漢書集釋》，十二冊，台北：三民書局，2003 年 2 月初版，6222 頁。

27. 姜泓冰等，《2000 天和兩千年》，徐州：徐州漢兵馬俑博物館，1999 年 2 月初版，135 頁。

28. 郭沫若，《十批判書》，北京：東方出版社，1996 年 3 月第 1 版，522 頁。

29. 郭嵩燾，《史記札記》，台北：樂天出版社，民國 60 年 3 月初版，463 頁。

30. 陳玉屏，《秦漢魏晉南北朝史論稿》，成都：四川民族出版社，1995 年 8 月第 1 版，318 頁。

31. 陳玉屏，《西漢前期的政壇》，成都：成都出版社，1996 年 1 月第 1 版，239 頁。

32. 陳直，《史記新證》，台北：學海出版社，民國 69 年 9 月初版，205 頁。

33. 陳其泰，《再建豐碑——班固和《漢書》》，北京：生活・讀書・新知三聯書店，1994 年 11 月第 1 版，286 頁。

34. 陳其泰，《史學與中國文化傳統》，北京：學苑出版社，1999 年 8 月第 1 版，514 頁。

35. 陳其泰、趙永春，《班固評傳》，南京：南京大學出版社，2002 年 5 月第 1 版，466 頁。

36. 陳蘇鎮，《漢代政治與春秋學》，北京：中國廣播電視出版社，2001 年 3 月第 1 版，453 頁。

37. 陳麗桂，《秦漢時期的黃老思想》，台北：文津出版社，民國 86 年 2 月初版，253 頁。

38. 高敏，《秦漢魏晉南北朝史論考》，北京：中國社會科學出版社，2004 年 7 月第 1 版，347 頁。

39. 高敏，《秦漢史論稿》，台北：五南圖書出版股份有限公司，2002 年 8 月初版，427 頁。

40. 馬乘風，《中國經濟史〔第一冊〕》，收入於《民國叢書〔第一編〕》，上海：上海書店，1989 年 1 月第 1 版，320 頁。

41. 馬乘風，《中國經濟史〔第二冊〕》，收入於《民國叢書〔第一編〕》，上海：上海書店，1989 年 1 月第 1 版，479 頁。

42. 徐天麟，《西漢會要》，上海，上海古籍出版社，2006 年 12 月第 1 版，835 頁。

43. 徐復觀，《兩漢思想史〔第一卷〕》，上海：華東師範大學出版社，2001 年 12 月第 1 版，283 頁。

44. 徐復觀，《兩漢思想史〔第二卷〕》，上海：華東師範大學出版社，2001 年 12 月第 1 版，392 頁。

45. 徐復觀，《兩漢思想史〔第三卷〕》，上海：華東師範大學出版社，2001 年 12 月第 1 版，376 頁。

46. 徐州博物館等編,《徐州北洞山西漢楚王墓》,北京:文物出版社,2003年11月第1版,360頁。

47. 曹旅寧,《張家山漢律研究》,北京:中華書局,2005年8月第1版,300頁。

48. 張維華,《漢史論集》,濟南:齊魯書社,1980年3月第1版,355頁。

49. 黃萬里,《中國貨幣史》,台北:河洛圖書出版社,民國68年10月初版,177頁。

50. 勞榦,《勞榦學術論文集甲編》,二冊,台北:藝文印書館,民國65年10月初版,1591頁。

51. 賀凌虛,《西漢政治思想論集》,台北:五南圖書出版公司,民國77年1月初版,543頁。

52. 傅樂成,《漢唐史論集》,台北:聯經出版社,民國66年9月初版,428頁。

53. 傅樂成教授紀念論文編輯委員會編,《中國史新論》,台北:台灣學生書局,民國74年初版,805頁。

54. 董平均,《西漢分封制度研究——西漢諸侯王的隆替興衰考略》,蘭州:甘肅人民出版社,2003年11月第1版,237頁。

55. 董平均,《出土秦律漢律所見封君食邑制度研究》,哈爾濱:黑龍江人民出版社,2007年4月第1版,442頁。

56. 趙翼,《廿二史箚記》,台北:世界書局,1997年4月初版第12刷,554頁。

57. 廖伯源,《秦漢史論叢》,北京:中華書局,2008年3月,頁406。

58. 熊鐵基,《秦漢新道家》,上海:上海人民出版社,2001年3月第1版,546頁。

59. 鄭良樹,《商鞅及其學派》,台北:台灣學生書局,民國76年8月初版,382頁。

60. 蔡萬進,《張家山漢簡《奏讞書》研究》,桂林:廣西師範大學出版社,2006年5月第1版,245頁。

61. 劉欣寧,《由張家山漢簡《二年律令》論漢初的繼承制度》,台北:國立臺灣大學出版委員會,民國96年11月初版,195頁。

62. 錢大昕,《二十二史考異》,上海:上海古籍出版社,2006年4月第2刷,1576頁。

63. 韓連琪,《先秦兩漢史論叢》,濟南:齊魯書社,1986年8月第1版,544頁。

64. 羅獨修,《先秦勢治思想探微》,台北:文化大學出版部,民國91年1月

初版，210 頁。

65. 譚其驤主編，《中國歷史地圖集〔第二冊：秦、西漢、東漢時期〕》，北京：中國地圖出版社，1996 年 6 月再版，88 頁。

66. 嚴耕望，《中國地方行政制度史——秦漢地方行政制度》，上海：上海古籍出版社，2007 年 3 月第 1 版，440 頁。

67. 〔日〕加藤繁，《中國經濟史考證》，台北：華世出版社，民國 65 年 6 月譯本初版，864 頁。

68. 〔日〕西嶋定生，武尚清譯，《中國古代帝國的形成與結構——二十等爵制研究》，北京：中華書局，2004 年 10 月第 1 版，573 頁。

69. 〔日〕富谷至，柴生芳、朱恒曄譯，《秦漢刑罰制度研究》，桂林：廣西師範大學出版社，2006 年 4 月第 1 版，285 頁。

70. 〔日〕瀧川龜太郎，《史記會注考證》，台北：樂天出版社，民國 61 年 3 月初版，1424 頁。

四、期刊論文

1. 丁邦友，〈試論西漢的「強本弱末」方略〉，《理論學刊》，2006 年第 1 期，頁 106～108。

2. 于振波，〈張家山漢簡中的「卿」〉，《文史》，2004 年 8 期，頁 73～74。

3. 于振波，〈張家山漢簡中的名田宅制及其在漢代實施情況〉，《中國史研究》，2004 年第 1 期，31～42 頁。

4. 王子今，〈秦漢時期法家的命運〉，《社會科學》，2004 年第 9 期，頁 96～103。

5. 王彥輝，〈從張家山漢簡看西漢時期私奴婢的社會地位〉，《東北師大學報》（哲學社會科版），2003 年第 2 期，頁 13～20。

6. 王彥輝，〈論張家山漢簡中的軍功名田宅制度〉，《東北師大學報》（哲學社會科學版），2004 年第 4 期，頁 13～21。

7. 王彥輝，〈《二年律令·戶律》與高祖五年詔書的關係〉，《湖南大學學報》（社會科學版），2007 年第 21 卷第 1 期，頁 8～13。

8. 王惠英，〈從《二年律令》看漢初丞相與御史大夫的關係〉，《徐州師範大學學報》（哲學社會科學版），2004 年第 30 卷第 3 期，頁 81～83。

9. 王瓔琿，〈從《二年律令》看漢初的以法治吏〉，《邊疆經濟與文化》，2004 年第 5 期，頁 90～91。

10. 史建群，〈儒道法治國方略與漢初政治〉，《鄭州大學學報》（哲學社會科學版），1990 年第 3 期，頁 85～91。

11. 石榮傳，〈兩漢諸侯王墓出土葬玉及葬玉制度初探〉，《中原文物》，2003

年第 5 期，頁 62～72。

12. 朱心怡，〈略論漢初之黃老思想〉，《人文與社會學報》，2004 年第 1 卷第 5 期，頁 45～64。

13. 朱紅林，〈從張家山漢簡看漢初國家授田制度的幾個特點〉，《江漢考古》，2004 年第 3 期，頁 75～82。

14. 朱紹侯，〈西漢初年軍功爵制的等級劃分——《二年律令》與軍功爵制研究之一〉，《河南大學學報》（社會科學版），2002 年第 42 卷第 5 期，頁 99～101。

15. 朱紹侯，〈呂后二年賜田宅制度試探——《二年律令》與軍功爵制研究之二〉，《史學月刊》，2002 年第 12 期，頁 12～16。

16. 朱紹侯，〈從《二年律令》看與軍功爵制有關的三個問題——《二年律令》與軍功爵制研究之三〉，《河南大學學報》（社會科學版），2003 年第 43 卷第 1 期，頁 1～5。

17. 朱紹侯，〈從《二年律令》看漢初二十級軍功爵的價值——《二年律令》與軍功爵制研究之四〉，《河南大學學報》（社會科學版），2003 年第 43 卷第 2 期，頁 51～56。

18. 朱德貴，〈張家山漢簡與漢代戶賦制度新探〉，《學術論壇》，2006 年第 6 期，頁 151～153。

19. 李天虹，〈漢簡「致籍」考辨——讀張家山《津關令》札記〉，《文史》，2004 年第 2 輯，頁 33～37。

20. 李均明，〈張家山漢簡所見規範人口管理的法律〉，《政法論壇》（中國政法大學學報），2002 年第 20 卷第 5 期，頁 18～23。

21. 李均明，〈漢簡反映的津關制度〉，《歷史研究》，2002 年第 3 期，頁 26～35。

22. 沈剛，〈《張家山漢簡・二年律令》所見漢初國家對基層社會的控制〉，《學術月刊》，2004 年第 10 期，頁 91～96。

23. 辛德勇，〈張家山漢簡所示漢初西北隅邊境解析——附論秦昭襄王長城北端走向與九原雲中兩郡戰略地位〉，《歷史研究》，2006 年第 1 期，頁 15～33。

24. 辛德勇，〈兩漢州制新考〉，《文史》，2007 年第 1 輯，頁 5～75。

25. 宋治民，〈獅子山西漢王陵的兩個問題〉，《考古與文物》，2000 年第 1 期，頁 22～28。

26. 何爲義，〈也評吳楚七國之亂〉，《遼東大學學報》，1997 年第 2 期，頁 99～102。

27. 吳仰湘，〈漢初「誅呂安劉」之眞相辨〉，《湖南師範大學社會科學學報》，第 27 卷第 1 期，頁 122～127。

28. 周紹賢，〈黃老思想在西漢〉，《國立政治大學學報》，第 26 期，頁 85～102。

29. 芮和蒸，〈論呂后專政與諸呂事件〉，《國立政治大學學報》，第 20 期，頁 233～249。

30. 柯志強，〈賈誼、晁錯、主父偃削藩主張之比較〉，《滁州學院學報》，2006年第 8 卷第 5 期，頁 71～73。

31. 陳偉，〈張家山漢簡《津關令》涉馬諸令研究〉，《考古學報》，2003 年第 1 期，頁 29～43。

32. 陳蓓，〈西漢「禁馬出關」令辨析〉，《陰山學刊》，2007 年第 20 卷第 4 期，頁 46～50。

33. 陳蘇鎮，〈漢初王國制度考述〉，《中國史研究》，2004 年第 3 期，頁 27～40。

34. 陳蘇鎮，〈漢初侯國隸屬關係考〉，《文史》，2005 年第 1 輯，頁 5～10。

35. 陳蘇鎮，〈漢文帝「易侯邑」與「令列侯之國」考辨〉，《歷史研究》，2005 年第 5 期，頁 22～31。

36. 晏昌貴，〈張家山漢簡釋地六則〉，《江漢考古》，2005 第 2 期，頁 78～81。

37. 高建立、劉大倫，〈西漢梁國與七國之亂的平定〉，《南都學壇》（哲學社會科學版），1998 年，第 18 卷第 1 期，頁 12～13。

38. 秦進才，〈漢代白馬之盟初探〉，《河北師院學報》，1984 年第 3 期，頁 101～106。

39. 秦學頎，〈漢初政治格局與諸呂之亂〉，《重慶師院學報》，1992 年第 4 期，頁 102～107。

40. 徐州博物館，〈徐州石橋漢墓清理報告〉，《文物》，1984 年第 11 期，頁 22～40。

41. 張福運，〈西漢吳楚七國之亂辨析〉，《人文雜誌》，2003 年第 5 期，頁 121～125。

42. 張鶴泉，〈《二年律令》所見二十等爵對西漢初年國家統治秩序的影響〉，《吉林師範大學學報》（人文社會科學版），2005 年第 3 期，頁 82～91。

43. 梁安合，〈也談西漢初期諸侯王國的法律制度──與陳蘇鎮先生商榷〉，《咸陽師範學院學報》，2006 年第 21 卷第 1 期，頁 1～5。

44. 連劭名，〈《二年律令》與漢初傳譯制度〉，《四川文物》，2004 年第 4 期，頁 60～62。

45. 楊振紅，〈秦漢「名宅田制說」──從張家山漢簡看戰國秦漢土地制度〉，《中國史研究》，2003 年第 3 期，頁 49～72。

46. 楊頡惠，〈張家山漢簡中「隸臣妾」身分探討〉，《中原文物》，2004 年第

1 期，頁 57～61。

47. 賈麗英，〈漢代「名田宅制」與「田宅逾制」論說〉，《史學月刊》，2007 年第 1 期，頁 32～37。

48. 萬榮，〈張家山漢簡《二年律令》之「司寇」、「城旦舂」名分析〉，《晉陽學刊》，2005 年第 6 期，頁 70～75。

49. 董平均，〈西漢王國分封制度探源〉，《首都師範大學學報》（社會科學版），2003 年第 4 期，頁 15～19。

50. 董平均，〈西漢諸侯「惟得衣食租稅」考疑〉，《首都師範大學學報》（社會科學版），2004 年第 4 期，頁 9～13。

51. 董平均，〈《津關令》與漢初關禁制度論考〉，《中華文化論壇》，2007 年第 3 期，頁 62～68。

52. 董平均，〈《二年律令》所見「卿」與「卿侯」獻疑〉，《首都師範大學學報》（社會科學版），2007 年第 2 期，頁 11～15。

53. 臧知非，〈張家山漢簡所見漢初中央與諸侯王國關係論略〉，《陝西歷史博物館館刊》，第 10 輯，頁 308～314。

54. 臧知非，〈張家山漢簡所見漢初馬政及相關問題〉，《史林》，2004 年第 6 期，頁 69～77。

55. 臧知非，〈秦漢「傅籍」制度與社會結構的變遷——以張家山漢簡《二年律令》為中心〉，《人文雜誌》，2005 年第 1 期，頁 112～118。

56. 廖伯源，〈漢代爵位制度試釋（上篇）〉，《新亞學報》，第 10 卷第 1 期（下），頁 93～184。

57. 廖伯源，〈漢代爵位制度試釋（下篇）〉，《新亞學報》，第 12 卷，頁 183～242。

58. 廖伯源，〈試論西漢時期列侯與政治之關係〉，《新亞學報》，第 14 卷，頁 123～162。

59. 廖伯源，〈《張家山漢簡·秩律》鄜侯國與雍縣考〉，《漢學研究》，第 21 卷第 2 期，民國 92 年 12 月，頁 31～44。

60. 廖伯源，〈封建與郡縣〉，《中國上古秦漢學會通訊》，第 5 期，民國 94 年 9 月，頁 55～80。

61. 鄭曉時，〈漢初「誅呂安劉」政變的過程與歷史意義〉，《台灣政治學刊》，2004 年第 8 卷第 2 期，頁 185～245。

62. 鄭曉時，〈漢惠帝新論——兼論司馬遷的錯亂之筆〉，《中國史研究》，2005 年第 3 期，頁 15～34。

63. 蔡萬進、吳亮，〈從張家山漢簡看楚漢法統關係〉，《中州學刊》，2002 年第 4 期，頁 136～140。

64. 劉少剛，〈漢律偽寫璽印罪與漢初政治鬥爭〉，《出土文獻研究》，第 6 輯，頁 227～237。

65. 劉向明，〈從張家山漢簡《奏讞書》看漢初吏治的特點〉，《安慶師範學院學報》（社會科學版），2005 年第 24 卷第 3 期，頁 51～54。

66. 劉敏，〈張家山漢簡「小爵」臆釋〉，《中國史研究》，2004 年第 3 期，頁 19～26。

67. 閻步克，〈論張家山漢簡《二年律令》中的「宦皇帝」〉，《中國史研究》，2003 年第 3 期，頁 73～90。

68. 閻步克，〈從《秩律》論戰國秦漢間祿秩序列的縱向伸展〉，《歷史研究》，2003 年第 5 期，頁 86～99。

69. 閻步克，〈西漢郡國官秩級相對下降考述〉，《文史》，2004 年第 4 輯，頁 57～72。

70. 謝桂華，〈《二年律令》所見漢初的政治〉，《鄭州大學學報》，2002 年第 3 期，頁 10～12。

71. 顧麗華，〈張家山漢簡《二年律令》研究評述〉，《南都學壇》（人文社會科學學報），2007 年第 27 卷第 2 期，頁 14～20。

72. 龔留柱，〈論張家山漢簡《津關令》之「禁馬出關」——兼與陳偉先生商榷〉，《史學月刊》，2004 年第 11 期，頁 20～25。

五、文集論文

1. 王子今、劉華祝，〈說張家山漢簡《二年律令·津關令》所見五關〉，《張家山漢簡《二年律令》研究文集》，頁 362～373。

2. 王子今，〈說「上郡地惡」——張家山漢簡《二年律令》研讀札記〉，《張家山漢簡《二年律令》研究文集》，109～116 頁。

3. 邢義田，〈試釋漢代的關東、關西與山東、山西〉，《秦漢史論稿》，頁 85～120。

4. 朱紹侯，〈論漢代的名田（授田）制及其破壞〉，《張家山漢簡《二年律令》研究文集》，179～188 頁。

5. 余英時，〈反智論與中國政治傳統——論儒道法三家政治思想的分野與滙流〉，《歷史與思想》，頁 1～46。

6. 余英時，〈「君尊臣卑」下的君權與相權——「反智論與中國政治的傳統」餘論〉，《歷史與思想》，頁 47～75。

7. 李力，〈關於《二年律令》題名之再研究〉，《簡帛研究》2004，桂林：廣西師範大學出版社，2006 年 10 月第 1 版，頁 144～157。

8. 李均明，〈張家山漢簡所反映的二十等爵〉，《張家山漢簡《二年律令》研

究文集》，81～93 頁。

9. 吳榮曾，〈西漢王國官制考實〉，《先秦兩漢史研究》，頁 285～309。

10. 周振鶴，〈《二年律令・秩律》的歷史地理意義〉，《張家山漢簡《二年律令》研究文集》，頁 353～361。

11. 郭沫若，〈稷下黃老學派的批判〉，《十批判書》，151～191 頁。

12. 郭沫若，〈前期法家的批判〉，《十批判書》，326～358 頁。

13. 郭沫若，〈韓非子的批判〉，《十批判書》，359～409 頁。

14. 陳玉屏，〈西漢初呂氏外戚集團的興亡〉，《秦漢魏晉南北朝史論稿》，頁 53～76。

15. 陳其泰，〈「過秦」和「宣漢」：兩漢時代精神之體現〉，《史學與中國文化傳統》，頁 75～98。

16. 高敏，〈漫談《張家山漢墓竹簡》的主要價值與作用〉，《秦漢魏晉南北朝史論稿》，頁 115～119。

17. 高敏，〈從張家山漢墓竹簡《二年律令》看西漢前期土地制度——讀《張家山漢墓竹簡・二年律令》札記之三〉，《秦漢魏晉南北朝史論稿》，頁 126～135。

18. 高敏，〈從《二年律令》看西漢前期賜爵制度〉，《秦漢魏晉南北朝史論稿》，頁 136～144。

19. 高敏，〈《張家山漢墓竹簡・二年律令》中諸律的制作年代試探——讀《張家山漢墓竹簡・二年律令》札記之四〉，《秦漢魏晉南北朝史論稿》，頁 145～157。

20. 高敏，〈西漢前期的「傅年」探討——讀《張家山漢墓竹簡・二年律令》札記之六〉，《秦漢魏晉南北朝論考》，頁 164～170。

21. 孫家洲、張忠煒，〈由新出漢簡看漢初朝廷與諸侯王國之法律關係〉，《安作璋先生史學研究六十周年紀念文集》，濟南：齊魯書社，2007 年 11 月初版，頁 373～385。

22. 曹旅寧，〈張家漢簡所見漢初徭役制度〉，《張家山漢律研究》，頁 200～214。

23. 張維華，〈西漢一代的諸侯王國〉，《漢史論稿》，頁 185～244。

24. 傅樂成，〈西漢的幾個政治集團〉，《漢唐史論集》，頁 1～35。

25. 傅樂成，〈漢法與漢儒〉，《漢唐史論集》，頁 37～63。

26. 傅樂成，〈漢代山東與山西〉，《漢唐史論集》，頁 65～79。

27. 傅樂治，〈西漢七國之亂的分析〉，《中國史新論》，頁 159～195。

28. 勞榦，〈論漢代的衛尉與中衛兼論南北軍制度〉，《勞榦學術論文集甲編》，頁 879～893。

29. 彭浩,〈讀張家山漢簡《行書律》〉,《張家山漢簡《二年律令》研究文集》, 317～324 頁。

30. 廖伯源,〈漢「封事」雜考〉,《秦漢史論叢》,北京:中華書局,2008 年 3 月,頁 233～242。

31. 劉敏,〈張家山漢簡「小爵」臆釋〉,《張家山漢簡《二年律令》研究文集》, 94～104 頁。

32. 韓連琪,〈論漢初的政治經濟政策〉,《先秦兩漢史論叢》,頁 358～377。

33. 〔日〕加藤繁,〈漢代國家財政和帝室財政的區別以及帝室財政的一 班〉,《中國經濟史考證》,頁 26～134。